福州大学"东南法学"学术平台简介

法律不能被束之高阁,法律应当被讨论,在探索与思辨中,方能揭示法律的真谛。"东南法学"作为福州大学法学院的学术交流平台,主要包括:

一、"东南法学"系列专著

为扩展法学研究领域,深化法学研究,提高法学理论水平,学院鼓励和资助教师撰写、出版"东南法学"系列专著,并打造具有学术价值和特色的著作品牌。

二、"东南法学"名家讲坛

以"东南法学"名家讲坛为平台,邀请中外法学名家来院讲学,以学识广博、理论深厚的法学权威引领师生开展科学研究,感悟法律真谛。

三、"东南法学"学术论坛

以"东南法学"学术论坛为平台,积极主办或承办全国性和国际性的法学学术会议,让更多的专家学者来院传经送宝、研讨法学前沿问题,浓厚学术氛围。

四、"东南法学"学术沙龙

以"东南法学"学术沙龙为平台,对社会热点法律现象、法学前沿理论问题进行专题研讨,为师生提供良好的互动交流平台,使教学相长,让学生领略科研之道、学术之美,培植学术志趣。

五、"东南法学"学术期刊

以"东南法学"学术期刊为平台,将师生发表的最新论文整理结集,以纸质、电子媒体等方式制成期刊,集中展示学院的最新学术成果。

福州大学"东南法学"系列专著

民事诉讼程序类型化研究

张旭东 著

厦门大学出版社
国家一级出版社
全国百佳图书出版单位

法律植根于文化之中,它在一定的文化范围内对特定社会在特定的时间和地点所出现的特定需求作出回应。① 程序的设置应当与纠纷的类型相适应。

治学者谓:"学术始于方法,终于方法。"学术者,非只是简单罗列,乃知识体系化是也。又,学术体系化取决于学术方法,是故,学术方法左右学术价值。② 本研究以类型化的方法构建民事诉讼程序及其体系。

---

① 亨利·梅利曼:《大陆法系》(第二版),顾培东、禄正平译,法律出版社

② ……英郎:《诉讼法学方法论》,陈刚、段文波译,中国法制出版社

前　言

我国现行民事诉讼立法和实践基本上都是围绕一般诉讼程序展开的,民事诉讼法规定的诉讼程序几乎可以等同为一般诉讼程序,而民事诉讼同时也沦为一元化的"程序规则"。这种一元化的程序规则与社会的多元化和纠纷的多元化之间的矛盾日益突出,在法制健全的社会中,一般诉讼程序吞噬各种特别诉讼程序的状况必须加以改变。为了保证民事诉讼程序设置更专业化、精细化,更具科学性,民事诉讼程序研究应结合实体法理论的发展以及司法实践的需求进行调整、改革和完善,因地制宜地加强其他诉讼制度的建构,实现民事诉讼程序精细化、多元化。程序的设置应当与纠纷的类型相适应。恺撒的归恺撒,上帝的归上帝,大家各司其位。这样整个诉讼机能才能真正活起来,诉讼活动才能更具有效性和目的性。

民事诉讼程序的设置应当与纠纷的类型相适应,这是诉讼制度的一个基本原理,也是程序制度改革的一个方向。本书立足于以类型化方法构建我国民事诉讼程序及其体系。本书的主要内容:(1)梳理了民事诉讼程序类型化发展的进程;(2)廓清了民事诉讼程序类型与民事诉讼程序类型化的关系;(3)探讨了民事诉讼程序类型化的动因及标准;(4)以类型化方法建构民事诉讼程序及其体系,将各民事诉讼程序之间的脉络关联表现出来;(5)分析了类型化的各民事诉讼程序。本书的主要特色和创新:(1)指出民事诉讼程序类型化研究的目的,在于按照一定的标准对社会纠纷进行归类总结,从而为相应诉讼救济途径的设计或诉讼体系漏洞的弥补奠定社会实证基础;(2)注重在诉讼程序的设计中,根据各类案件的不同特征,在程序的提起以及运作的各个环节上进行繁简有别的设置,保障不同途径各自的个性差异和相应优势,以体现类型化解决的制度优势;(3)通过对各种民事诉讼程序样态的类型化处理,民事诉讼程序亦变得分门别类、井井有条,能够很好地洞察、显现此诉讼程序类型与彼诉讼程序类型的相通或是相异,有效地加强了民事诉讼程序科学化特质;(4)注重实体法与程序法相结合,发掘实体法中的程序规范,探求实体权利的保护对于诉讼程序的特殊要求,体现了法律的科学性、法律技术的精致化,突出了纠

纷解决功能;(5)民事诉讼程序研究并不局限于目前立法所限定的范围,而是以发展的眼光,结合多元化社会的需求,结合实体法的立法和学理的不断发展,构建具有开放性的民事诉讼程序类型;(6)结合2012年《中华人民共和国民事诉讼法(修正案)》最新的立法动态及司法实践,分析修正案中的若干条文,提出自己独立的见解。

  通过对民事诉讼程序类型的科学合理设计,为民事诉权的实现奠定实证基础,以增强权益保护的实效性。这种实体和程序的结合交融就构成了纠纷的处理解决本身。民事诉讼程序类型研究既不能局限于目前立法所限定的范围,也不能局限于程序法的范围,而应当用发展的眼光,结合多元化社会的需求,结合实体法的立法和学理的不断发展,构建具有一定层次性、整体性、系统化、开放性的民事诉讼程序体系。这样一个类型化研究思路一方面有助于对类型化民事诉讼程序在民事诉讼体系中的地位和其独特的功能有充分的认识,同时还有助于造就一个开放的民事诉讼程序体系来实现民事诉讼法对社会发展的回应。

目 录

第一章 民事纠纷与纠纷解决 1
  一、纠纷与纠纷观 1
  二、民事纠纷及其解决机制 10
  三、民事诉讼机能：一种扩张态势 17

第二章 类型化研究：民事诉讼程序研究方法的新尝试 29
  一、类型思维及其法学方法论意义 29
  二、民事诉讼程序之类型化思维——一种基于
      "方法论"的扩展性思考 43
  三、民事诉讼程序类型化研究优势功能 50

第三章 民事诉讼程序类型化理论基础 55
  一、现代民事诉讼程序价值导向：类型化的内在机理 55
  二、民事诉讼程序类型化的法理基础 67
  三、民事诉讼程序类型化机能 77

第四章 民事诉讼程序类型化构造 83
  一、民事诉讼程序类型化追溯 83
  二、当代国外民事诉讼程序类型化及述评 88
  三、民事诉讼程序类型化的动因 96
  四、民事诉讼程序类型与民事诉讼类型比较 100
  五、民事诉讼程序类型化影响因素与立法模式 103

第五章 类型化视野下的我国民事诉讼程序 112
  一、我国民事诉讼程序检视 112
  二、民事诉讼程序类型化标准 123
  三、类型化视野下的民事诉讼程序体系 133

第六章 一般诉讼程序类型化
——以民事简易程序为视角 ………………………… 139
- 一、现行民事简易程序的反思与重构 ………………………… 139
- 二、小额诉讼程序研究 ………………………………………… 146
- 三、速裁程序研究 ……………………………………………… 156

第七章 特别诉讼程序类型化 …………………………………… 167
- 一、我国特别诉讼程序检视 …………………………………… 167
- 二、家事诉讼程序研究——以未成年人利益保护为研究对象 ……… 170
- 三、劳动争议诉讼程序研究 …………………………………… 184

第八章 群体诉讼程序类型化
——以环境诉讼为视角 …………………………………… 194
- 一、群体诉讼的法经济学分析 ………………………………… 194
- 二、环境侵权示范性诉讼制度研究 …………………………… 204
- 三、环境民事公益诉讼法律制度研究 ………………………… 218
- 四、公益诉讼独立性研究——以环境公益诉讼为切入点 ……… 230

参考文献 ……………………………………………………………… 251

第一章 民事纠纷与纠纷解决

一、纠纷与纠纷观

(一) 一般意义上的纠纷及纠纷观

自有人类社会以来,纠纷总是与人们相伴相随。纠纷作为一种社会现象,其表现形态是多样的,不仅表现为公开的暴力冲突,还包括紧张、敌意、竞争及在目标和价值上的分歧。① 但归根结底最终可归结到利益上的冲突。"现代的社会冲突是一种应得权利和供给、政治和经济、公民权利和经济增长的对抗。"②因此,纠纷是指社会主体之间在追求或实现某种利益的过程中,其行为与社会既定秩序、制度规定以及主流价值观念相冲突,产生矛盾,进而引起社会失序的现象。

纠纷作为社会生活中普遍存在的冲突现象,曾受到19世纪末20世纪初许多社会理论家的广泛关注。20世纪40年代中期以后,以帕森斯为代表的结构功能主义者,强调社会成员共同持有的价值取向对维系社会整合、稳定社会秩序的作用,将冲突视作健康社会的"病态",努力寻求消除冲突的机制。50年代中后期,随着第二次世界大战后短暂稳定的消退和冲突现象的普遍增长,一些社会学家开始对帕森斯理论的精确性产生怀疑。他们发现许多社会问题并不是均衡模式所能解释的。他们看到了社会不协调的一面,认为社会是动态的,无时不在变化的,整个社会体系处于绝对不均衡中,社会体系的每一个

---

① [美]伊恩·罗伯逊:《社会学》(上册),黄育馥译,商务印书馆1994年版,第25页。
② [英]拉尔夫·达仁道夫:《现代社会冲突》,林荣远译,中国社会科学出版社2000年版,第3页。

部分中都包含着冲突与不和的因素,这是社会变迁的来源。他们吸取古典社会学家,特别是马克思、韦伯、齐美尔等人有关冲突的思想,批评和修正结构功能主义的片面性,逐渐形成继结构功能主义学派之后有重大影响的社会学流派之一。科塞在《社会冲突的功能》(1956)中最早使用了"冲突理论"这一术语。他反对帕森斯认为冲突只具有破坏作用的片面观点,力图把结构功能分析方法和社会冲突分析模式结合起来,修正和补充帕森斯理论。科瑟尔从齐美尔"冲突是一种社会结合形式"的命题出发,广泛探讨社会冲突的功能。他认为,冲突具有正功能和负功能。在一定条件下,冲突具有保证社会连续性、减少产生两极对立的可能性、防止社会系统的僵化、增强社会组织的适应性和促进社会的整合等正功能。达伦多夫认为,社会现实有两张面孔,一张是稳定、和谐与共识;另一张是变迁、冲突和强制。社会学不仅需要一种和谐的社会模型,同样需要一种冲突的社会模型。为此,社会学必须走出帕森斯所建构的均衡与和谐的"乌托邦",建立起一般性冲突理论。在《工业社会中的阶级和阶级冲突》(1957)中,达伦多夫主要吸取了韦伯关于权威和权力的理论,以此为基础建立其阶级和冲突理论。他认为,社会组织不是寻求均衡的社会系统,而是强制性协调联合体。社会组织内部的各种不同位置具有不同量的权威和权力。社会结构中固有的这种不平等权威的分布,使社会分化为统治和被统治两大彼此对立的准群体。在一定条件下,准群体组织表现为明显的利益群体,并作为集体行动者投入公开的群体冲突,从而导致社会组织内部权威和权力的再分配,社会暂时趋于稳定与和谐。但权威的再分配同时也是新的统治和被统治角色的制度化过程。和谐中潜伏着冲突的危机,一旦时机成熟,社会成员就会重新组织起来,进入另一轮争夺权力(利)的冲突。社会现实是冲突与和谐的循环过程,而"权力和抵制的辩证法乃是历史的推动力"。赖克斯从马克思主义的基本立场出发,反对帕森斯以价值规范为重心的秩序理论,强调物质生活手段的分配应该在建构社会模型时占据优先地位。赖克斯在《社会学理论中的关键问题》(1961)中描述了"统治阶段的情境":统治集团支配社会生活的各个领域,并运用强制性权力迫使社会整合。在这种情形中,经济分配体系向不同群体分发一定量的物质生活资源;政治权力体系以"防范任何破坏经济分配体系的行为发生"分配权力;终极价值体系确认"这种政治权力体系的合法性";宗教仪式则具有"促使人们遵从终极价值体系的功效"。他认为,这种货币→权力→价值→仪式的一体化社会结构,是为统治阶级的利益服务的。生活手段分配上的极端不平等,必然造成被统治阶级不满情绪的日益增长,促使其成员将个人利益置于群体利益之下而结成集体行动者。一旦统治和被统治阶级之间的权力对比发生变化,社会就会由"统治阶段的情境"向"革命情境"运动,最终导致统治阶级的倒台。冲突的双方即使认识到激烈的冲突比适度的让步将会付出更高的代价,从而彼此作出妥协,但这种"休战情境"也是极不稳定的。冲突双方继续寻找能够满足自己单方面利益的手段,一旦找到了这种手段,权力的平衡立即被打破,冲突随即重新取代暂时的和平。柯林斯认为,秩序理论和冲突理论同是有用的理论工具,社会冲突是社会生活的中心过程。与早期冲突论者注重理论和意识形态问题不同,柯林斯强调必须建立假说——演绎的命题系统,并从经验上加以验证。

纠纷(或冲突)既然是社会进程中的一种不可避免的现象,那么,我们又应如何正确对待纠纷(或社会冲突)?对纠纷的基本认识影响着对纠纷的态度,社会学与法学对纠纷(或冲突)有着截然不同的认识和评价。

社会学者从历史发展的动态过程中观察纠纷(或冲突)对于社会发展的促进意义,从而充分肯定了纠纷(或社会冲突)的积极功能。也就是说,社会学者所关心的是社会冲突增强特定社会关系或群体的适应和调适能力的结果,而不是降低这种能力的结果。社会冲突绝不仅仅是"起分裂作用"的消极因素,社会冲突可以在群体和其他人际关系中承担起一些决定性的功能。由于这些公众群体对冲突给予很高的积极评价,他们不仅把注意力集中于冲突现象,而且对这种现象给予肯定性评价。冲突被认为是社会结构中固有的。① 伊曼努埃尔·康德在其《世界公民意图中一般历史的理念》的第四原理里写到,"在一种田园牧歌式的牧羊人的生活里,尽管十分和睦、知足和相亲相爱,一切天才将仍然永远蕴藏在它们的胚胎之中:人像吃草的绵羊一样温顺善良,他们几乎不会为自己的生存创造出比他们的家畜的生存具有更大的价值……因此,感谢大自然的桀骜不驯、好妒忌和争胜好强的虚荣心、无法满足的拥有欲和统治欲!没有它,人类的优秀的天然素质将永远不会发育,将会永远微睡不醒。人们想要和睦;但是,大自然更加了解,什么东西对人的种类更好:它想要不和。"一段康德的语录尚不能证明什么,但康德关于"天然素质"的概念确实值得人们深思。社会就是意味着统治,统治就是意味着不平等,而不平等带来冲突,冲突构成进步的源泉,这种思想是富有意义的。

在纠纷与社会秩序关系的相对把握中,人们已经习惯自然地将纠纷与秩序完全对立。尤其是法学家们,更不愿从纠纷的积极意义上来理解纠纷与秩序的关系,而是偏向对纠纷做完全的否定性评价。法学从现存社会制度和社

---

① [美]科塞:《社会冲突的功能》,孙立平等译,华夏出版社1988年版,第5页。

会秩序出发认识纠纷(或冲突)的反社会性,认为冲突危及统治秩序和法律秩序,从而把冲突视作一种消极存在。正如有学者所言,"在法学意义上认识社会冲突,我们所力图揭示的是这样的机理:社会冲突——无论是统治阶层内部的冲突还是统治阶层外部的冲突都是与现实统治秩序(从而也是与法律秩序)不相协调的,严重的社会冲突都危及着统治秩序或法律秩序的稳定。"① 从法学实践层面来看,人们认识纠纷(或冲突),其主要目的在于抑制冲突的负面效应,防止、减少、解决冲突,冲突具有作为社会控制实践对象的可能和价值。故社会总是意味着行为的规范化。对于这一点,一切分析的结论都是一致的。但是,规范化不可能是虚无缥缈的空中楼阁,因而极力需要通过包括诉讼在内的多种手段解决纠纷(或冲突)。

法人类学家 Laura Nader 和 Harry F. Todd 的"纠纷三阶段"理论为我们完整地理解纠纷的处理机制以及纠纷与秩序的关系提供了一个较为精致的框架。② 这一理论把纠纷过程分为三个阶段:

第一,"不满"(grievance)阶段。这是一种单向的、一个人把某种情况视为不正义的过程,是冲突发生的前奏,当事者认为自己的利益受到了侵害产生不满情绪,并可能采取某些单方面的行动。在这一阶段,感觉不满的当事人可能选择的反应包括:"忍受"、"回避"和"提出谴责或问题"。"忍受"意味着在维持与侵害者原有关系和被认知的侵害依然存在的前提下,放弃与对方进行争议乃至向对方提出问题的机会,从而在自己内心或己方内部"处理"了纠纷。"忍受"往往是当事者在对争议可能获得的收益和付出的成本以及力量对比关系做了计算之后的选择,因而经常是"理性的",也是一种普遍存在的纠纷处理方式。"回避"也可称为"退出",尽管也包括了"忍受"的因素,但当事人采取了与对方切断关系的选择。"忍受"和"回避"使纠纷暂时或长期处于潜在状态,甚至就此消灭,因此,它们都可能是纠纷处理的方式。"提出谴责或问题"是指向对方提出问题、进行指责以表达自己的不满,这是一种更为常见的选择。如果对方就此同时作出了立即改变自身行为、"忍受"或"回避"的反应,纠纷就此停留或消灭;但对方采取争执或对抗的态度或行为,纠纷过程就进入了下一个"冲突"阶段。总之,"不满"是民事纠纷发生的前奏阶段,也是一个动态的过程,随着当事人作出的不同反应,或者导致纠纷的停止或消灭,或者致使纠纷

---

① 顾培东:《社会冲突与诉讼机制》,法律出版社 2004 年版,第 17 页。
② 转引自王亚新:《纠纷,秩序,法治——探寻研究纠纷处理与规范形成的理论框架》,载王亚新:《社会变革中的民事诉讼》,中国法制出版社 2001 年版,第 209~226 页。

升级。

第二,"冲突"阶段(the conflict stage)。冲突是一个双向的过程,是一个纠纷双方相互作用的过程,往往由双方一系列的对抗或争斗行为组成。在这一阶段,当事人自行处理并可能使纠纷终结的情形主要包括"交涉"与"压服"。"交涉"是现代文明社会最为普遍使用的纠纷解决方式,在"交涉"过程中,纠纷当事人往往会使用说服、讨价还价等方式以达到合意、相互妥协,从而解决纠纷。以"交涉"方式解决纠纷的正当性基础在于当事人的意思自治和合意。"压服"是纠纷一方当事人凭借实力强制对方完全服从自己意志的纠纷处理方式。在一般情况下,"压服"被认为是现代社会中难以容忍的、缺乏正当性的纠纷处理方式,它只能使纠纷潜在化或暂时消灭。尽管"压服"一般被认为是现代社会中不具有正当性、缺乏稳定性的纠纷处理方式,但由于民事纠纷的特殊性,这种纠纷处理方式在民事领域的一定范围内仍然是合理的和必需的。

第三,第三者介入的"纠纷"阶段(the dispute stage)。如果纠纷当事人不能自行处理并终结纠纷的话,纠纷之外的主体就会进入纠纷过程并充当纠纷处理的第三者,纠纷就从冲突阶段进入了"纠纷"阶段。第三者的介入可能是应当事人的要求,也可能出于第三者的主动。第三者介入使纠纷具有了三方作用的性质,这意味着纠纷对周围或社会的影响达到了相当程度,也意味着纠纷的进行和处理过程被置于更为广阔的公共空间之中。一般而言,第三者是指区别于纠纷当事人却又介入了该纠纷过程,并能够从中立的立场给纠纷带来解决或终结的主体。理想情境中的第三者应该绝对的中立于纠纷及纠纷当事者,作为现代社会各种正式制度中的法官、仲裁员和调解人员相对地接近于这种意义上的第三者,但在个别正式制度化和许多非制度化的第三者介入和参与处理纠纷的情形中,也存在着与纠纷本身或者纠纷当事者有着种种关系的主体介入纠纷,并发挥了从中立位置上解决纠纷的功能。

根据纠纷是通过合意解决还是裁决解决这一标准,第三者对纠纷的处理又可分为"调解"(mediation)和"审判"(adjudication)两大类型。作为"调解者"(mediator)的第三者在介入纠纷或使纠纷终结时都必须得到双方当事者的同意,因而,这种方式又被称为"根据合意的纠纷解决"。在审判型的第三者纠纷处理机制中,作为判定者(adjudicator)的第三者经一方当事者的请求就可以强制性地介入和能够以裁决强行地终结纠纷,其在纠纷处理过程中具有特殊的位置和功能。日本学者棚濑孝雄根据判定者作出决定规范性程度的高低将这种纠纷解决机制分为四种类型:(1)"非合理的决定过程",即把决定委诸于偶然的情况或者非人力所能控制的自然现象的场面;(2)"实质的决定过程",即第三者根据纠纷中各方实质上的是非曲直来作出决定,其决定基准包括当事者在内的社会成员一般接受的实质性道德准则及正义感;(3)"先例的决定过程",即把对过去事例的决定适用于与过去事例类似的眼前纠纷;(4)"法的决定过程",即将纠纷前存在的一般性规则适用于眼前纠纷。其中,第一种类型是存在于远古社会的"非理性决定过程"的神判,第四种类型是与第一种类型截然相反的"法的决定过程",这个类型就是西方法律传统中关于判定者最为纯粹的形态,即在高度的专门化、制度化的审判程序中,判定者处于一个非常消极的位置。判定者倾听双方当事者的辩论,却很少积极地发挥中介或促进沟通的作用,因为这些作用被理解为已经预先设计进了程序本身。判定者一般也不形成自己的解决方案,而只是在双方提出的方案中做最后的选择。在现实中很难看到这样的纯粹形态,西方社会的司法审判制度就是按照这种判定者作用的观念设计的,它的正当化机制集中体现在当事人主义的程序结构之中。第三者介入的纠纷解决方式早已成为西方学者关注的热点问题。20世纪后半期以来,以美国为代表的西方国家出现了"诉讼爆炸"的社会现象,由于司法诉讼程序被认为具有高成本、低效率、过于专业化形式化、容易与当事人的日常生活逻辑产生隔阂以及容易被律师所操纵等缺陷,以调解型第三者纠纷解决模式为理论原型的"替代性纠纷解决机制"(Alternative Dispute Resolution,简称ADR)应运而生,人们试图以正式司法制度外的纠纷处理来代替法院的处理。ADR在西方各国的民事争议、劳动争议、消费者争议、医疗争议和交通事故争议等领域广泛使用。调解型第三者纠纷解决模式逐渐成为西方社会解决民事纠纷的有效方式。①

(二)和谐社会语境下的纠纷及纠纷观

现代纠纷(或冲突)论在坚持不和谐是社会的固有特征的理论基础上,认为可以通过社会秩序的调整来缓解冲突,并在冲突与缓解的互动中寻求发展,保持一种动态的平衡与和谐。现代冲突理论强调社会冲突的"正"功能,比功能主义更具有建设性。它认为冲突不仅导致了社会不和谐,它还具有社会整合的作用,其兴趣在于冲突通过怎样的机制推动变革,阻止社会系统的僵化。现代纠纷(或冲突)论在承认社会冲突的普遍性的同时,将社会和谐作为了研究落脚点,并建设性地认为社会冲突具有社会整合的功能,是社会变迁的动力。稳定本身是个中性词,可能意味着良性的秩序,也可能意味着保守、滞后、

---

① 蔡仕朋:《法社会学视野下的行政纠纷解决机制》,载《中国法学》2006年第3期。

不公平、酝酿着危机的秩序。表面的稳定可能在为激烈的社会动荡酝酿爆发力,良性、持续的政治发展才能为社会与政治稳定提供长治久安的活力。

"安全阀"理论是现代纠纷(或冲突)论的重要成果。它认为社会应该保持开放、灵活、包容的状态,通过可控制的、合法的、制度化的机制,使各种社会紧张得以释放,社会诉求得以回应,社会冲突得以消解。因此,冲突自身是一种释放敌意并维持群体关系的机制,可以使用"安全阀"这个概念来描述为社会不满提供释放途径的合法冲突机制。释放不满是"清洁空气",通过允许自由表达而防止敌意倾向的堵塞和积累。另外,"安全阀"机制一定程度上还可以转移矛盾的焦点,避免矛盾的积累。① 也就是说,社会紧张不仅可以向不满的原始对象发泄,也可以向替代目标发泄,避免对体制的冲击和整体不和谐。

2006年10月党的十六届六次全体会议审议通过了《中共中央关于构建社会主义和谐社会若干重大问题的决定》(以下简称《构建和谐社会决议》),鲜明地提出了实现社会和谐,建设美好社会,始终是人类孜孜以求的一个社会理想,也是包括中国共产党在内的马克思主义政党不懈追求的一个社会理想。当人们审视和谐社会建构的理论问题的时候,习惯上总是把化解矛盾达到和谐作为一个预设前提来对待。因此,在讨论和谐社会建构所涉及的诸理论问题的学术文献中,人们大致就将冲突问题排除在外了。其实,从现代冲突理论的视角看和谐社会的建构问题,是可以获得一个独特的观察视角的。一方面,和谐的意义之所以得以成立,就是因为它是相对于冲突而言的。在特定的意义结构中,如果没有冲突,和谐的价值前提就丧失掉了。和谐与冲突的对应关系结构,决定了离开冲突就无所谓和谐。另一方面,和谐是对冲突得到解决的结果的称谓。如果我们把和谐当作一个过程来看,从和谐的起点、进展到结果三个阶段,冲突都与之如影随形。和谐的提出是因为要将冲突化解,和谐的进展是要将冲突的程度降低,和谐的结果就是一定冲突的终结。再一方面,达成和谐的动力机制与冲突总是相互伴随的。没有冲突,就没有需要和谐的双方或多方将各自的不一致摆上台面的空间,这个时候,冲突的潜在性就不为人们所留意地威胁着和谐。这个时候,也存在着和谐,但是和谐的达成可能只是一种幻象。只有存在冲突的各方将冲突或不一致摆上台面,并寻求一个大家都基本接受的妥协方案,和谐才可能由虚幻走向真实。可见,离开冲突是无法谈论和谐的。

作为一个从传统向现代转变的当今中国社会,阶级、阶层的重新建构及它

---

① [美]科塞:《社会冲突的功能》,孙立平等译,华夏出版社1988年版,24~26页。

们之间存在的必然矛盾和冲突,是我们所必然面对的事情,绝对不能以回避的态度将社会冲突掩盖起来。权利与利益的分配,在今天是一个难题。因此,由权利和利益分配的不平等导致的社会冲突,将会必然地存在于社会的各个领域之中。这是我们理解转型中中国社会的一个历史处境。根据马克思主义基本原理和我国社会主义建设的实践经验,根据新世纪新阶段我国经济社会发展的新要求和我国社会出现的新趋势新特点,我们所要建设的社会主义和谐社会,应该是民主法治、公平正义、诚信友爱、充满活力、安定有序、人与自然和谐相处的社会。民主法治,就是社会主义民主得到充分发扬,依法治国基本方略得到切实落实,各方面积极因素得到广泛调动;公平正义,就是社会各方面的利益关系得到妥善协调,人民内部矛盾和其他社会矛盾得到正确处理,社会公平和正义得到切实维护和实现;诚信友爱,就是全社会互帮互助、诚实守信,全体人民平等友爱、融洽相处;充满活力,就是能够使一切有利于社会进步的创造愿望得到尊重,创造活动得到支持,创造才能得到发挥,创造成果得到肯定;安定有序,就是社会组织机制健全,社会管理完善,社会秩序良好,人民群众安居乐业,社会保持安定团结;人与自然和谐相处,就是生产发展,生活富裕,生态良好。这些基本特征是相互联系、相互作用的。[①]今天我们讨论和谐社会的建构,就应当在和谐社会建构的冲突认知、化解冲突的平台建设以及将冲突约束在引导社会发展的范围内达成共识。

基于上述分析说明,和谐社会主要是指社会结构稳定合理、社会利益协调平衡、社会生活规范有序的有机共同体。社会结构的稳定合理是和谐社会的基础;社会利益的协调平衡是和谐社会的核心;社会生活的规范有序是和谐社会的基本保障。和谐社会不光是一种理想模式,也是一种治国方略,还是一种社会运行机制。和谐社会的法律意蕴在于和谐社会必然是一个法治的社会,和谐社会的法律意蕴包括法治、公正、秩序和权威等方面。法治是和谐社会的治理方式,公正是和谐社会的价值依归,秩序是和谐社会的客观基础,权威是和谐社会的根本保障。要想使当代中国社会运行有序化、合理化和稳定化,法治应是社会治理的主线,应以法律作为管理社会的主要工具。同时我们还应该认识到,长期以来,我们浸润在全输全赢的革命思维中,对于双赢的现代社会政治经济游戏既不了解、也不关注。因此,一旦我们处理起社会政治经济文化事务,就习惯于将强势一方的理念强加给弱势的一方,并且以为这样就达到

---

① 新华社评论员:《深刻理解构建社会主义和谐社会的重大意义》,新华网,http://news.xinhuanet.com/ news center/2005-02/20/content_2596745.htm,访问日期:2011-3-7。

了高度的统一,而这种统一就是一种和谐。这是一种错觉。事实上,在现代社会中,社会分工的精细与复杂,社会阶级阶层集团各自在分工与合作的社会建制中获得准确的定位与功用,都是必须在精巧的配合中才能相互连接贯通的。因此,解决社会政治经济文化事务,尤其是在绝对的不一致中化解冲突达到一致,是需要纳入社会关联的双方或多方精致的思量、细密的安排与恰当的方式、高超的技艺来寻找共同认可的手段的。①

一旦社会秩序被定位为法律秩序,法律就被赋予实现社会有序化的重任。那么,"通过法律建构社会秩序"观是怎样论证法律在控制冲突、建构秩序方面的优势的?这是"通过法律建构社会秩序"观要面对的问题。在法律秩序下,诉讼是最主要的冲突控制形式,法院承担并垄断法律适用的职能。因为:第一,司法权被预设为中立的、非服从的、独立的。如马克思指出的:"法官除了法律便没有别的上司。"司法权只依照法律的逻辑独立运行,不屈从任何法律以外力量的指挥。相应地,司法权的行使者法官被塑造成"良心守护人"的形象,是由充满职业精神和高尚职业伦理的法律人来充当。并且有确保法官中立、独立、公正裁判的健全制度辅助。这样,由现代司法机关垄断司法权,居中裁判、调整冲突,裁判结果能够被冲突双方全部或者部分认可就具有了可能性。对司法权属性的预设及法官行动的制度保障和文化支持,构成由法官作为第三方居中裁判冲突的正当性基础。正是在此意义上,诉讼方式被提升为社会冲突控制的主要方式;第二,作为冲突控制依据的法律只能是预先存在的、公开的、理性的。由于法院的居中裁断只能依据法律,必然对法律提出更为苛刻的要求。"通过法律建构社会秩序"观中的法律被赋予明确性、稳定性、公开性、不溯及既往、强制性等形式优势以及内容上的理性、公正、自由、平等等价值取向优势。正是凭借这些预设的优势,法律控制才在多种冲突控制竞争机制中逐步获得主导地位。同时"唯法律是从"的原则要求法官要超然于包括当事人在内的任何法外的根据之上裁断冲突;第三,冲突控制是以直接或间接的国家暴力及威胁作为后盾保障实施的。既然是由第三方进行冲突控制,就必须借助对冲突双方都有效用的力量。近代西方社会法律实现依赖的国家强制力,从性质和职能方面来说,是理性和强制性的双重性统一。法律的强制性意味着暴力、压制、服从。理性意味着法律本身蕴涵了协商、妥协、说服、沟通的意思。柯林斯曾指出,一切谈话都是协商。社会中的各个行动者,为了达到其利益目标,除了动用其握有的权力资源以外,还要尽可能发挥其语言能

---

① 任剑涛:《从冲突理论视角看和谐社会建构》,载《江苏社会科学》2006年第1期。

力,进行有效的交谈和对话。在早期,法律对冲突进行外在"控制"意味尤其强,即只要是基于法院合乎程序的判决,国家强制力作为保障其实施的后盾,冲突双方必须接纳。随着社会的发展,现代西方司法的过程,更注重为争讼双方提供一个交流平台,以协调冲突。

通过法律控制冲突以实现社会有序化的过程,既表现为法律在与道德、宗教、政策等规范的竞争过程中节节胜利,又表现为法律自身限度的逐一暴露以及人们对之理性自觉的过程。作为社会的有机组成部分,"通过法律建构社会秩序"的法律必须要求有深厚的社会支持。冲突法律控制效用的发挥必须有其他社会因素的密切配合和支援。法律作为制度化的力量要得到多元要素保障。一方面,法律力量来自文本意义上的法律日臻完美,法律作为控制技术越来越精致。另一方面,有宪法不等于有宪政,有法律不等于有法治。文本意义上的法律力量是与其深厚的经济、政治、文化基础密切相关的。

二、民事纠纷及其解决机制

(一)民事纠纷及类型

现代社会中的纠纷多种多样,大到国家间的纠纷,小到行政管理机关与被管理相对人间的纠纷、企业内部管理纠纷、邻里纠纷、男女感情纠纷等等,但并不是所有纠纷都受到法律调整,有的纠纷受法律调整,有的纠纷不受法律调整。那么,受到法律调整的纠纷,我们怎样来确定哪些纠纷属于民事纠纷,哪些纠纷又不属于民事纠纷。在此有必要对社会生活中的民事纠纷有个基本的认识,并由此认识民事纠纷对纠纷解决方式选择的影响。

民事纠纷,又称民事争议,是指平等主体之间发生的,以民事权利义务为内容的社会争议或冲突。民事纠纷在性质上不仅是一种社会纠纷,同时也是一种法律纠纷。民事纠纷作为法律纠纷的一种,一般来说,是因为违反了民事法律规范而引起的。民事主体违反了民事法律义务规范而侵害了他人的民事权利,由此而产生以民事权利义务为内容的民事争议。作为民事纠纷,纠纷主体间的法律地位是平等的,不存在服从关系或者隶属关系;纠纷内容是以民事权利义务关系为限的;并且纠纷具有可处分性,纠纷主体可以自行处分纠纷,决定其法律上的命运。①

传统意义上的民事纠纷,根据民事纠纷特点和内容,将民事纠纷分为两大类(细分为三小类):一类是涉及民事主体之间财产关系方面的民事纠纷,包括财产所有关系的民事纠纷和财产流转关系的民事纠纷,如:物的损害赔偿纠纷、合同纠纷、海损事故纠纷、货物买卖纠纷、房屋租赁纠纷等。另一类是涉及人身关系方面的民事纠纷,包括人格权关系民事纠纷和身份关系的民事纠纷,如:婚姻家庭纠纷、收养纠纷、名誉权、隐私权、荣誉权等纠纷。事实上,这两种纠纷往往是交相并存的,并且财产关系和人身关系的民事纠纷的发生往往互为前提。有些民事权利,如继承权(继承乃财产之继承,又以身份为基础)、股东权、著作权等,兼有财产和人身的性质,由此发生的民事纠纷则兼有财产和人身的性质。② 在法律特别规定时,纠纷的内容也包括对特定事实的争议,比如德、法、日等国民事诉讼法规定,当事人可以提起要求确认证书真伪的诉讼。

不难发现,民事纠纷的形成,总的来讲,都是因为民事主体之间就有关民事权利或民事权益发生了争执。但就具体而言,由于民事纠纷主体之间的关系不同、争执发生的原因不同、争执所涉及的事实的复杂程度不同、争执所涉及的法律的性质不同等等,而形成了不同类型的民事纠纷。而作为解决民事纠纷的手段,也因参加解决纠纷的主体不同、用于解决纠纷的程序不同、纠纷解决的结果所反映的意志不同,而形成了不同类型的解决民事纠纷的方式。作为社会问题的民事纠纷,要在社会生活中得到有效的解决,就需要有针对其特点的能与解决民事纠纷核心问题相适应的民事纠纷的解决方式的存在。传统民事诉讼所预设的纠纷类型一般都是平等主体间的"一对一"纠纷,法院通过适用立法机关预先制定的法律,确认当事人之间权利义务的归属,最终达到解决纠纷的目的。在这种解决纠纷模式下,主体间的系争利益都是特定化、具体化并且是可以自由处分的私法性质的权益纷争。

民事纠纷不仅指传统意义上的民事纠纷,而且还包括现代型的民事纠纷。近代自由主义民事诉讼法典所创立的民事诉讼,从原理上讲,本质上是一种私益纠纷。20世纪中叶起,随着环境权保护、消费者权益保护、社会福利权保护及其他共同利益保护的呼声愈来愈强烈,不断涌现出许多新型性纠纷,即现代型纠纷,如消费者纠纷、环境纠纷、社会福利纠纷、社会保障纠纷等。如三鹿奶粉事件不光涉及消费纠纷,还涉及食品安全监管问题。这些新型纠纷与传统

---

① 郭翔:《民事诉讼法关键词》,法律出版社2006年版,第3页。
② 江伟:《民事诉讼法专论》,中国人民大学出版社2005年版,第8页。

民事纠纷有所不同：新型纠纷的当事人一方常常是数目众多且为处于弱势的受害人，从而这些新型纠纷超越个人的利害关系，这类纠纷中的多数人一定意义上处于利益共同体的关系。其争点往往具有公共性而得以社会化和政治化，其间存在着公的因素与私的因素之间的紧张关系。现代型民事纠纷，在现代型诉讼中，纠纷当事人往往将维护社会公共利益作为诉讼理由，引发全社会对这类案件的强烈关注。现代型民事纠纷仅适用传统民事诉讼模式是难以解决的——需要用现代型诉讼方式来解决。例如，在日本大阪国际机场噪音诉讼中，包括国际航班在内的飞机的运营时间及频度成为争议的问题，原告的请求实际上是对国家运输政策是否恰当提出了质疑。日本民法原则上以财产上的损害赔偿作为侵权行为的法律效果，而未对停止侵害作出任何规定，因而在法律构成上，事关将来的停止请求较难得到认可，然而日本法院从来没有因此而拒绝受理和裁判此类新型纠纷。就判决而言，日本法院通常认可对于过去所受损害的赔偿请求，但对于停止侵害或要求变更、修正公共政策的请求，则除了极少数的下级法院外，都表现得相当慎重，因为一旦在诉讼中认可其请求，则必然会对诉外的很多利害关系人，甚至对国家的政策方针造成影响。现代型诉讼提供了制度变革和政策形成的契机。随着现代型诉讼的提起和审理，政策发生实质性变更的现象值得重视。例如，在大阪国际机场诉讼中，在一审判决下达之前，根据日本运输省的指示，晚上10点至早上7点的时间段内，夜间航班就已受到了限制；而在一审判决之后，日本《航空机噪音防止法》立即得到了修正，大阪国际机场的航班数因此被削减。与之相对应，民事纠纷的形态也由近代民事诉讼法典调整的个别纠纷演变成现代大规模的群体性纠纷，民事诉讼则除了过去的一对一的个别诉讼外，增加了专门处理多数人纠纷的群体诉讼形式，如美国式集团诉讼、英法中三国的代表人诉讼、德国的团体诉讼、日本的选定当事人制度等等。在现代型诉讼中，法院通过对这些案件中的法律问题和事实问题作出裁决，可以直接促进司法对于涉及重要社会利益的问题的介入，发挥法院在发现规则、确立原则和参与利益分配协调中的社会功能，并使法律原则具体化。20世纪70年代后，日本学界将这类新型的民事诉讼称作"现代型诉讼"，也称"政策形成型诉讼"、"政策指向诉讼"，并从民事诉讼法学及法社会学的角度开展研究，积累了各种经验，也对日本的整个法体系形成了很大的影响。①

---

① ［日］铃木贤：《现代社会中政策形成型诉讼的条件与意义》，载中国人民大学法学院编：《中外法律体系比较国际学术研讨会论文集》，2007年10月13日。

第一章　民事纠纷与纠纷解决

概言之,现代型纠纷一旦进入诉讼领域——现代型诉讼的出现,就势必会对传统民事诉讼理论和运作形成冲击。① 因此,现代型诉讼是建立在自由主义民事诉讼法典基础之上、用于解释和解决现代型纠纷的一种诉讼理念和诉讼制度,它的出现对于传统民事诉讼的辩论主义、证据的提出和收集、当事人适格理论,甚至自由主义诉讼观、纠纷解决的诉讼功能定位等提出了挑战,从而为反思传统民事诉讼理论和制度提供了一个很好的视角和契机。

(二)民事纠纷解决机制及路径选择

1.民事纠纷解决机制

有纠纷就需要解决。针对社会生活中存在的大量民事纠纷,如婚姻家庭纠纷、消费者纠纷、损害赔偿纠纷、合同纠纷、商标著作专利权纠纷、环境纠纷、社会福利纠纷、社会保障纠纷等。民事纠纷若不能得到妥善解决,不仅会损害当事人合法的民事权益,而且可能波及第三者甚至影响社会的安定。因此,各国都很重视民事纠纷的解决并建立了相应的处理民事纠纷的制度。民事纠纷的解决机制,是指缓解和消除民事纠纷的方式和程序。

历史上和现实中,民事纠纷解决机制不是单一的而是多元的。诸多学者对历史上和现实中的解决纠纷机制做过一些描述。美国学者埃尔曼将解决纠纷的方法归为两类:(1)纠纷主体通过协商,自己来确定解决结果。这并不排除作为调解人的第三人在协商中协助解决纠纷。(2)将纠纷交付裁决,这意味着由一位理想的不偏不倚的第三人来决定纠纷主体的哪方优胜。埃尔曼认为,这两种方法可以(有时相互交叉)解决民事、刑事和行政纠纷,在缺乏裁决结构的地方或者蔑视诉讼的地方,通过协商解决纠纷是人们倾向性的选择。

日本京都大学法学部教授棚濑孝雄在其所著《纠纷的解决与审判制度》一书中将纠纷解决过程的类型分为"根据合意的纠纷解决"(合意解纷型)与"根据决定的纠纷解决"(决定解纷型)。"所谓'根据合意的纠纷解决',指的是由于双方当事人就以何种方式和内容来解决纠纷等主要之点达成了合意而使纠纷得到解决的情况。一个典型的例子就是当事人或利害关系人通过自由的讨价还价达成了合意,从而终结纠纷的谈判(即交涉)过程。在那里,纠纷过程的参加人都有自己的利益,为了最大限度地实现自己的利益而动员一切可能动员的手段。通过这种自由的讨价还价达成的合意(当然,也有不能达成合意的

---

① 陈刚、林剑锋:《论现代型诉讼对传统民事诉讼理论的冲击》,载《云南法学》2000年第4期。

时候,在这种情况下,纠纷或者持续下去,或者自然消失),通常即所谓妥协的解决。如果当事人和利害关系人从各自所拥有的手段确认某个妥协点是能够得到的最佳结果,这样的解决即可获得"。① "所谓根据决定的纠纷解决,指的是第三者就纠纷应当如何解决作出一定的指示并据此终结纠纷的情形。为了分析这种纠纷解决的特殊性质,首先可以根据决定的内容是否受规范限制,即按规范性——状况性基轴的两端来构成两个不同的类型。按规范性一端构成的类型是'法的决定过程',按状况性一端构成的类型是'随意的决定过程'"。②

根据纠纷处理的制度和方法的不同可以从以下三种形式来论述民事纠纷的处理机制:①自力救济,包括自决与和解。它是指纠纷主体依靠自身力量解决纠纷,以达到维护自己的权益。自决是指纠纷主体一方凭借自己的力量使对方服从。和解是指双方互相妥协和让步。两者共同点是,都是依靠自我的力量来解决争议,无需第三方的参与,也不受任何规范的制约;②社会救济,包括调解(诉讼外调解)和仲裁。它是只依靠社会力量处理民事纠纷的一种机制。调解是由第三者(调解机构或调解人)出面对纠纷的双方当事人进行调停说和,用一定的法律规范和道德规范劝导冲突双方,促使他们在互谅互让的基础上达成解决纠纷的协议。调解协议不具有法律上的强制力,但具有合同意义上的效力。仲裁是由双方当事人选定的仲裁机构对纠纷进行审理并作出裁决。仲裁不同于调解,仲裁裁决对双方当事人有法律上的拘束力。但是,仲裁与调解一样,也是以双方当事人的自愿为前提条件的,只有纠纷的双方达成仲裁协议,一致同意将纠纷交付裁决,仲裁才能够开始;③公力救济,公力救济是指诉讼。民事诉讼是指法院在当事人和其他诉讼参与人的参加下,以审理、判决、执行等方式解决民事纠纷的活动,以及由这些活动产生的各种诉讼关系的总和。民事诉讼动态地表现为法院、当事人及其他诉讼参与人进行的各种诉讼活动,静态地则表现为在诉讼活动中产生的诉讼关系。民事诉讼是各种民事纠纷解决机制中最权威、最有效的,相对于其他纠纷解决机制,它具有终局性。

2. 民事纠纷解决机制路径选择

针对民事纠纷,人类社会在长期演进过程中形成了复杂的社会控制机制,

---

① [日]棚濑孝雄:《纠纷的解决与审判制度》,王亚新译,中国政法大学出版社1994年版,第10~11页。

② [日]棚濑孝雄:《纠纷的解决与审判制度》,王亚新译,中国政法大学出版社1994年版,第14页。

第一章　民事纠纷与纠纷解决

该机制通常包括下列组成部分：第一，实施控制的主体，即国家及其暴力机构、各种政党、团体、组织、个人等；第二，控制的依据，即借以对纠纷（或冲突）进行安排的社会规范。社会规范分为正式规范和非正式规范两类。前者是指国家法；后者是指法社会学意义上的与"国家法"并列的"活法"，包括道德、风俗、习惯、舆论、宗教等。第三，控制的形式。不同的控制主体依据不同的社会规范进行的纠纷控制，从而形成不同的社会纠纷控制形式。例如，自决（如原始复仇）、和解（如夫妻和解）、仲裁（如族长仲裁）或调解、诉讼（如法官判决）等。

"社会控制"这一概念是由美国社会学家罗斯较早提出来的。在《社会控制》一书中，罗斯指出，社会控制是一种由某种社会组织实施的、有意识的、有目的的社会统治系统。是通过舆论、法律、信仰、社会暗示、宗教、社会价值观、伦理法则等多种手段来实施的，由于社会是不断变迁的，社会控制也必然要随之变迁。从人类社会的历史演进来看，解决纠纷方式的演变经历了一个从愚昧、野蛮的以武力自决的私力救济到相对文明的公力救济这样一个历史进程。在初民社会，社会的基本构成单元是氏族和部落，社会规范是一系列自发形成的原始习惯、原始禁忌、原始宗教规范等。以复仇为动机的暴力杀戮是初民社会人类纠纷的主要形式。这种通过暴力或非暴力手段迫使纠纷一方服从另一方的控制模式，即"自决"。初民社会的"自决"过程并不意味着始终不受规范制约，其遵循了人的社会意识和理性自觉的社会规范。例如摩尔根在《古代社会》中指出："如果被杀者亲属不肯和解，则由本民族从成员中指派一个或多个报仇者，他们负责追踪该杀人犯，直到发现了他并就地将他杀死才算了结。倘若他们完成了这一报仇行为，被报仇一方的民族中任何成员不得以有任何理由为此愤愤不平。杀人者既已偿命，公正的要求乃得到满足"。① 但是，总的来说，当时的社会规范具有明显的粗糙性、原始性，规范的自觉、理性化程度非常低。"自决"这种社会纠纷控制机制是原始性的、初级性的一种选择。现代社会尽管仍有自决方式存在的狭窄空间，但必须是以其具有合法性、正当性为前提条件。

随着国家以及国家公共政治生活的出现，初民社会解体，人类进入传统社会。传统社会以地缘的、身份的、个人的、亲密的、熟悉的、稳定的交往和联结为特征。在社会纠纷控制主体方面，警察、法庭等以国家为核心的机构开始出现，以纠纷主体以外第三方身份调停、仲裁的纠纷控制模式成为发展方向。在社会纠纷控制规范依赖方面，出现道德规范与法律规范，宗教规范与法律规范

---

① ［美］摩尔根：《古代社会》（上册），杨东苑等译，商务印书馆1995年版，第5页。

15

的竞争与较量情形；在社会纠纷的控制形式方面，调解、仲裁与诉讼并存。

随着社会进入近代，一场声势浩大的社会转型拉开帷幕。这一重大的社会变革在滕尼斯看来是从乡土社会到法理社会的转变；在迪尔凯姆看来是从机械团结型社会向有机团结型社会的转变；在梅因看来是从身份社会到契约社会的转变。社会由简单到复杂，传统社会那种地缘的、身份的、个人的、亲密的、熟悉的、稳定的交往和联结被以分工的、科层的、非个人的、匿名的、偶然的、临时的交往和联结所逐步替代。相应的，那种由家庭、邻里、伦理、舆论、风俗、传统、习惯等为依托的非正式规范支撑的社会控制模式被大大削弱。随之而来的现代社会与现代法律逐步占据历史前台。以英、法、美等国家的资产阶级革命建立起的现代国家为标志，主要西方国家渐次实现法律在社会控制体系中优势地位的建构，"原来基于道德的社会控制，将被基于成文法律的社会控制所取代。"① 纠纷的社会控制主体也集中为警察、法庭等专门机构。社会控制形式转向"公力救济"色彩浓厚的"诉讼"为主，甚至一度出现过"诉讼爆炸"现象。通过法律控制纠纷以实现社会有序化，经历了漫长的发展历史，直至今天依然在进行着。

从多元社会控制机制视角看，致力于谈判、仲裁、调解、诉讼等多元机构的科学、协调设置。虽然诉讼是现实性纠纷控制的主导形式，司法机构承担主要的冲突化解功能。但是，诉讼主导地位的确立并非以其他控制方式的彻底退场为代价。事实上，新近的研究表明，实现多元化的纠纷控制模式是很多国家的目标。② 日本学者小岛武司指出，在德国绝大部分的冲突通过诉讼解决，而日本则常使用 ADR。在这两极之间，荷兰、瑞典和丹麦，更接近于日本，美国和英国看来对诉讼的应用越来越少。③ 美国印第安纳大学学者麦宜生对中国的社会纠纷控制研究，也表明"正式的法律就被迫与其他纠纷解决机构竞争，这些纠纷解决机构不仅非常普及，而且能够以一种扩散的方式运作，能扩张到社会的各个角落"，"调解委员会仍然以一种重要的、高度模糊的方式发挥着作用。即使当正式的法律设置被动员起来……仍然反映出在中国法律分裂的本

---

① [美]R.E. 帕克、E.N. 伯吉斯、R.D. 麦肯齐：《城市社会学》，宋俊岭等译，华夏出版社 1987 年版，第 29 页。

② 赵树坤：《社会冲突与法律控制——当代中国社会转型期的法律秩序检讨》，西南政法大学博士学位论文(2007)年，第 109 页。

③ [日]小岛武司：《裁判外纷争处理与法的支配》，有斐阁 2000 年版，第 79 页。

质"。①

庞德从推进人类文明发展的高度,认为法律是社会控制的主要手段,其他手段都只是形式从属于法律并在法律确定范围内的纪律性权力。法律是文明的产物,也是维护和促进文明的手段。通过法律来解决纠纷成为现代社会矛盾纠纷控制机制中最重要的方法和途径,符合现代文明对纠纷解决的要求。文明社会的一个重要标志,就是对纠纷者的利益的解决方式不再运用同态复仇等暴力手段进行私力救济,而是通过公力救济方式和平解决,通过法律对利益关系的裁决解决社会纠纷和利益矛盾。司法解决纠纷的特征之一,是纠纷双方在中立的第三者主持下,通过对话、说理、沟通及妥协解决纠纷。现代司法是一种纠纷理性化解决机制。法律发展始终是现代性话语实践的一个重要维度,法律发展虽有其自身的独特品格,但它更多地则是对社会发展进化的一种应变和回应。

三、民事诉讼机能:一种扩张态势

社会提供的纠纷处理机制呈多元状态,在众多的纠纷解决机制中,诉讼机制由于它具有的国家强制力背景,因此在社会纠纷解决整体系统中占据极为重要的地位。诉讼机能是指法院在审判活动中的职权范围和行动方式,以及法院裁判对社会所产生的影响。它本质意味着人们和社会"对法官的行为和应当行为的方式的期望、价值和态度。"②诉讼机能受制于诸多因素,呈现出复杂的方式。它既与经济和社会发展总体水平有关,更与一个国家特定的经济形态和社会状态相关联。从历史发展角度看,伴随着社会发展,民事诉讼机能总体上处于不断扩张的过程之中。民事诉讼机能是个抽象的概念,我们无法具体地把握其内涵和样态,欲掌握其意义脉络,必须借助"类型化"的方法来辅助思考,借助社会形态的传统性和现代性,勾勒民事诉讼机能的不同面貌。③

---

① 郭星华:《法律与社会——社会学和法学的视角》,中国人民大学出版社2004年版,第97~102页。

② Carlo Guarmier, Pariazia and Pederzoli and C. A. Thomas:*The Power of Judges: A Comparative Study of Courts and Democracy*,Oxford University Press,2002,p68.

③ 从社会形态的传统性和现代性,可以将适用于传统社会形态和现代社会形态的民事诉讼机能分为传统民事诉讼机能和现代民事诉讼机能。

也就是说,从其发展演变及其发挥的社会功能、作用的角度来分析,似乎就是较为恰当的方式。

(一) 原始社会中的民事诉讼机能

虽然不能以今天的法律观念、诉讼观念来看待早期人类社会中的诉讼现象,当时的社会成员也根本不知道什么是法律、诉讼或者说诉讼是什么。但作为法律的'因子'、诉讼的'胚胎',随着早期人类冲突的频频发生,已逐步在这样的社会中出现。原始社会里,家庭的组织原则是年龄和性别等原始角色。亲缘系统表现为一种总体性制度,其制度核心就是亲缘系统,凡是逾越亲缘系统的社会关系,无论是纵向的,还是横向的都不可能存在。这个时期的社会整体尚未解体,整体社会系统与其他次系统几乎不分。整体社会系统是一个没有社会环境的社会系统。人们把生活在其中的社会看作是自然界的组成,把个人自身看作是自然和社会整体的一个成分。在这样的社会中,社会机体都是由这些相同的结构以相同的结构功能维持。

这一时期人类社会中出现的诉讼现象仅仅是人类社会中一种偶然的活动,当时的诉讼甚至还没有成为人类社会的一种习惯。个别性、偶然性、不确定性是最早期诉讼的主要形式特征。梅因曾经对早期的诉讼作过推测,并举了一个形象的例子:"两个带武器的人为了某种引起纠纷的财产而争吵。裁判官,一个因恭敬谨慎和功绩而受尊敬的人,恰巧经过,居间要求停止争执。争吵的人就把情况告诉他,同意由他公断,他们一致同意失败的一方除了放弃争执的标的物外,并应以一定数量的金钱给付公断人,作为麻烦和时间上损失的报酬。"①这一时期的诉讼仅仅是在社会局部环境中对个别社会争议的个别解决和局部秩序的控制和恢复。在这样的社会环境中,诉讼没有属于自己的形式,没有表现自身的鲜明特征,没有所有社会成员的广泛认同,诉讼现象虽然已经存在,但是,诉讼作为一个相对独立的体系尚未分化出来。

随着原始社会的不断进化,偶然的诉讼现象逐步发展为人类的一种行为习惯、一种不自觉的、反反复复出现的一种习惯。诉讼活动由个别的现象逐步变成"反复出现的、个人和群体之间相互作用的模式",社会成员"或多或少地明确承认这种模式产生了应当得到满足的相互的行为期待"。② 当然,这一时

---

① [英]梅因:《古代法》,沈景一译,商务印书馆 2010 年版,第 212 页。
② [美]昂格尔:《现代社会中的法律》,吴玉章、周汉华译,译林出版社 2008 年版,第 46 页。

期的诉讼仍然与其他解决社会冲突、争议的方法相混合。就社会的结构而言，由于诉讼仍然是内在于社会基本结构单元的东西,内在于原始社会中的家庭、家族等社会结构之中。这一时期的诉讼活动,从本质上讲,只是人们社会生活习惯的一部分,没有统一的形式特征,没有公式化的程序规则。

随着人类社会的不断进化,不确定的、无特定形式的诉讼活动不能有效地化解人类面临的范围更加广泛的、更加复杂的冲突和矛盾。个人之间、私人之间、家族之间的纷争解决开始走向部落、社区甚至更广的范围。诉讼方式的社会化必然要求诉讼形式的逐步社会化。以神明裁判的方式审理解决纠纷,成为诉讼早期的雏形。诉讼借助神的力量并使之形式化,黑格尔认为,"在法律发展刚开始的状态中,仪式和手续是冗长繁琐的,它们被看作是事物本身,而不是它的符号。"①在这个时期,诉讼与立法之间并不存在明确的界限,法律体系在整体没有分化。法的准则和司法本身的过程之间的区分,也不像今天的实体法和诉讼法之间的区别那样泾渭分明。这一时期的诉讼形式,只是诉讼形式化的最初形态,是人类认识自然能力极其低下的条件下建立的一种初级的、低层次的、非理性的诉讼形式。从诉讼机能效应的角度来看,有效地抑制了原始诉讼中血亲复仇带来的社会冲突,客观上产生了维护社会和平、稳定社会秩序的功能和价值。

(二)传统民事诉讼机能

随着氏族、部落等社会形式的逐步消失,国家的产生,诉讼从社会母体中分离出来成为国家机器的重要组成,这为诉讼形式获得充分的社会化、专门化创造了条件。在这个时期,诉讼法程序中残留了很多非理性因素。国家虽然承担了社会生活中诉讼的主要功能,但诉讼手段并没有因此得到完全改变,神明裁判并没有随着国家的出现而消失。在很多场合中仍存在着利用专断的权力解决纠纷。诉讼体系对政治权力依附性、与其他政治结构之间的混合性等体系特征决定了传统社会中诉讼功能必然具有工具功能的特性。

在民事诉讼制度中,一般认为,程序保障的含义与民事诉讼制度机能有着密切的关系。以当事人主义为基础的民事诉讼制度的传统机能,主要在于发现案件真实和保护当事人的权利。按这些机能来理解程序保障的含义的话,就是指保障当事人在审判中充分进行主张和举证的机会,与此同时,法院也要认真听取双方当事人的意见,并根据案件的事实作出正当的判断。实际上,在

---

① [德]黑格尔:《法哲学原理》,范扬、张企泰译,法律出版社2001年版,第59页。

真实发现和权利保护机能之下的程序保障的含义,其侧重点仍然在于将程序作为发现已发生纠纷的案件真实(权利存在与否的状况)和对被侵害的权利加以保护(实现实体权利)的重要途径。换言之,在传统程序保障的含义中,程序本身的地位并未得到充分的肯定和重视,显然依赖于实体的成分很大。因此,程序的作用没有被置于独立的地位上,没有能够摆脱对实体的依附性关系。程序的地位被如此放置,显然与认为程序不过是实现实体权利的手段的观念有关。按照这样的观念,实现权利的手段当然不会仅仅限于程序(严格地说是正当程序)。所以,只要能够实现权利,使用的手段可以不加考究。就本质而言,我国传统民事诉讼是一种极为严格的以保护个人权利为目的的救济法。这种重实体,轻程序的观念,很久以来一直支配着很多研究者和司法工作者的思想。

此理论坚持认为,法律程序不是作为自主的和独立的实体而存在,它没有任何可以在其内在品质上找到合理性和正当性的因素,本身不是目的,而是用以实现某种外在目的之工具或手段。民事诉讼程序的价值则体现为它能够查明案情真相,保障权利人的权利,解决民事经济纠纷。除此之外,程序无论设计多么精致、合理,只要它不能产生好的结果,就是不好的和不可取的,任何一项程序规则,只要妨碍实体公正的实现,就应被废除。

英国学者边沁曾对"工具本位主义程序理论"作出经典的阐释,认为:"实体法的唯一正当目的,是最大限度地增加最大多数社会成员的幸福;程序法的唯一正当目的,则为最大限度地实现实体法,程序法的最终有用性要取决于实体法的有用性,除非实体法能够实现社会的最大幸福,否则程序法就无法实现同一目的"。构建和设计其民事审判程序,也必须以其能够最大限度地实现行使实体法为标准,相对于实体法而言,程序只是工具,程序法只是"附属法",它本身不具有任何独立的内在价值。在英美法,许多学者都接受了这一理论,如美国学者诺齐克(R. Nozick)即认为,程序不是为了它本身的目的、确保本身的内在价值而存在的,正当法律程序充其量只是保护实体权利的手段。弗理德曼也指出:"正当法律程序当然是一个崇高的理想。要求公正审判的权利是值得为之奋斗,甚至为之牺牲的。但是,检验法律制度的最终标准是它做些什么和由谁去做,换言之,是实体,而不是程序或形式",因此,程序仅仅是相对于一定目的的手段而已。

(三)现代民事诉讼机能及现代化进程

1. 现代民事诉讼机能

发生在近现代社会中的社会结构分化,主要表现为以"功能分化"为主要形式的社会结构分化过程。社会把以前主要由社会政治领域解决的问题,分别集中于如政治、经济、法律、教育、科学、宗教等不同的功能系统。实现社会机体中各种专门的功能由政治国家领域和其他社会领域进一步向功能化的社会结构系统转移。在这样的社会结构及其功能高度分化的社会里,法律体系乃至诉讼体系从社会整体中分化出来,并与社会整体之间建立起一种比较清晰的结构功能关系。在这一过程中,以近代自然法学思想为主要内容的近代法学思想造就了现代社会诉讼功能的精神品格,诉讼体系成为现代西方社会中具有"普遍性、自治性"的社会结构体系。他们以自然主义世界观来思考法律乃至诉讼功能问题,即诉讼在现代社会中的主要结构功能在于实现自然正义,而不是机械地实现人定法。这种思想为现代诉讼功能的发展开辟了广阔的空间。现代西方社会在理性、人权、社会契约、自然法等思想的影响下,人们认为必须用完全符合理性或人性的法律来代替旧法律或对后者进行深刻改造,并使之高度形式化、理性化。

现代型的民事诉讼,除了保持着传统机能外,其机能已经扩展为促进程序中对话机能和政策形成机能。此一案件中诉讼制度运作效果可能会发生在另一案件中,所以诉讼制度作为国家的一项基本制度,直接影响着社会成员的判断以及对司法的信心。民事诉讼机能的转变,特别是法院功能的转型,部分地满足了市民社会日益膨胀的对规则的需求。正如苏力先生所言:"现代法院的功能确实已经从原先的解决纠纷日益转向通过具体的纠纷解决而建立一套意在影响当下案件当事人和其他人的未来行为的规则……大约也正在这个意义上,法院才更可以说是提供'公共产品'的而不是私人产品的一个机构。"[①]由于利益所涉,社会大众会关心与了解诉讼制度的运作以及法律裁判的程序和结果,并通过各种渠道适时地表达意见,以制约司法,从而形成司法制度与市民社会的良性互动。

然而,随着社会的发展,以及民事诉讼案件的复杂化和多样化,民事诉讼的机能也相应地有了新的发展。这就是保障审判正统性的机能。所谓正统

---

① 苏力:《农村基层法院的纠纷解决与规则之治》,载《北大法律评论》1999年第1期。

性,按照卢曼的论述,应该指的是要求社会全体接受作为决定的前提以及决定本身的条件。关于审判的正统性,日本学者中村治郎指出,它应该是能够要求当事人及其背后的社会全体承认和接受审判的资格和根据。对于审判是否具有正统性的判断基准,随着程序保障论的抬头和势力的壮大,诉讼的目标已经从"结果志向型"向"程序过程志向型"方向转化。在"程序过程志向型"的诉讼中,基于当事人主义的诉讼体制所展开的诉讼过程本身和从过程获得的判决内容已经分离,具有了独立的价值。承认程序本身具有独立的价值,也就不得不承认审判的正统性外,还必须强调保证当事人能够参加公正的程序。因此,保障审判公正性机能下的程序保障含义,应该是保证当事人双方作为对等的诉讼主体平等地参与诉讼程序,并在程序中提出有利于自己的论据和证据。在这一过程中,除了要求法官根据法律作出判断外,还要求当事人和法官共同支配程序的进程,从而求得纠纷的公正解决。在这一含义里边,不仅要求法官适用处于相对静态的法律作出冷静的合法判断,而且还要求程序本身处于积极的运动状态。在这一运动的程序中,当事人和法官的能动性将会得到充分体现,各种权利主张和围绕主张所需要的证据也将得到展现的机会。为了冲破固有的藩篱,19世纪末到20世纪初,以德国学者埃利希(Eugen Ehrlich)、康特洛维奇(Hermann Kantorowicz)和法国学者萨莱耶(Raymond Saleilles)、若尼(Francois Geny)为代表的自由主义法学兴起,主张认可法官在一定范围内的造法活动,以具体案件存在的具体情况为背景,使实在法能够适应社会经济条件的变化。几乎在同一时代,德国法学家 P. 黑格(Philpp Heck)也树起利益法学的大旗,向概念法学发起攻击,主张法律乃是解决利益冲突的规则,所以应该根据不同案件的不同利益进行衡量作出裁判。① 伴随自由主义法学裁判观在立法司法及实践中占据主导的地位,同时也是对社会结构变迁的回应,改革传统的诉讼制度,扩展诉讼机能成为当代诉讼制度的主要课题之一。

在社会日益复杂、国家干预日益增加的情况下,如何保护公民的权益成了现代社会的重大问题。法院地位的崛起某种程度上是对这一重大问题的回应,并成为解决此问题的重要方案之一。由此所带来的后果是诉讼机能的扩张,诉讼机能的扩张构成了当今时代不可逆转的潮流,法院在所承担的功能、所解决的问题以及运作方式等方面均有重大的发展和变化。民事公益诉讼作为一种保护人数众多的分散性利益和公共利益的新型诉讼形式,在结构形式上已突破了一对一的传统民事诉讼模式,更为重要的是这一诉讼制度内在地

---

① 吕世伦:《西方法律思潮源流论》,中国人民公安大学出版社1993年版,第32页。

需要法院超越仅局限于诉讼当事人的裁判视野和结构,而要求法院要面向大众、面向未来,甚至要求把法院裁判过程变成一种公众参与和表达意见的政治性程序。这些事项在法院的传统角色定位和诉讼机能之下,事实上是不可能实现的。日本著名学者小岛武司就指出:"现代型诉讼所涉及的案件,带有传统型诉讼模式抑或解决纠纷模式不能容纳的新要素。处理这类案件,是采用通常所说的公共诉讼模式或结构改革模式。"① 现代型诉讼的出现,在修改传统诉讼观念和诉讼机能的同时,铸就了新的诉讼机能。民事公益诉讼的发展加速了民事诉讼机能的扩张。民事诉讼机能的扩大,是社会发展的必然。

2. 民事诉讼程序现代化

司法现代化是以程序现代化为倾向的。在许多西方学者看来,法律本身就是活生生的程序,法制现代化的一个特色是"法制程序化"。司法作为连接法律与社会生活的中介,连接一般与个别的纽带,其正当性只能来源于诉讼程序,这就是所谓的正当程序原理。通过科学、公正的诉讼程序来使司法过程获得正当性,这是各国司法现代化的普遍趋势。民事诉讼程序的现代化自然是司法现代化的题中之意。具体而言,民事司法改革不仅应革新现行司法体制,还要将民事诉讼程序的建设放在适当的位置上;不仅要克服"重实体轻程序"的偏向,而且还应确立程序公正的观念。只有当诉讼法的独立地位和独立价值得到承认和尊重,当诉讼法与实体法拥有同等的法律尊严时,司法现代化才不会沦为空谈。

对于程序在司法现代化中的枢纽地位,美国学者 M. 格兰特指出,现代司法程序应当严格地适用于每个案件,这些程序制度必须是合理的,并且必须表现为成文规则。掌握它尽管无需不合理的特殊能力,如巫术、宗教仪式等,但必须由掌握法律技术、从事法律职业的专业人员操作。M. 格兰特从现代法律的特征这一角度说明了上个世纪工业社会司法程序某些方面的规定性,其基本精神在 21 世纪的司法发展进程中仍然延续下来,从而构成了现代司法程序特性的一部分。

法律的主要功能在于确定大致的预期,以维护人们的安全感,这就要求成文法必须相对稳定,而不能是朝令夕改的。然而,相对于纷繁复杂的生活世界,相对于不断扩展并且处于恒久变更之中的社会关系,成文法所固有的绝对滞后性、不周延性等缺陷是如此根深蒂固,以至于消除此类缺陷实非人力所能

---

① [日]小岛武司:《现代型诉讼的意义、性质和特点》,载《西南政法大学学报》1999年第1期。

为。故而,成文法固有的稳定性与不断变迁的社会现实之间永远不可避免地会存在着某种紧张,这种紧张潜伏于任何一个部门法系统之中。正如梅因所指出的,社会的需要和社会的意见常常是或多或少走在法律前面的,我们可能非常接近地达到它们之间缺口的接合处,但永远存在的趋向是要把这缺口重新打开来。为此,一方面,我们应当充分考虑到民事诉讼程序与民事纠纷的适应性,尽量让各类民事纠纷都能适用比较适合于其解决的民事诉讼程序,并由此产生高效率地解决民事纠纷的效应。另一方面,我们还应当在总结我们自己经验的同时,借鉴国外的一些先进经验,设立一些我们现在还没有,但是在实践中可能会发挥作用的解决民事纠纷的方式。

要实现司法现代化,必须实现诉讼法学的科学化。民事诉讼法学的科学化是与整个法学的科学化、与社会科学的科学化要求相适应的。程序法学科学化的第一要义是法学方法的科学化,亦即科学的诉讼法学必须仰赖相应的法学方法。反观我国诉讼法学的研究方法,应该说我们还处在一个缺乏方法革新、缺乏法学争鸣的时代,我们至今还未走出"教科书法学"的阶段,所使用的方法并未超出概念法学的方法。应当承认,概念法学在创建和恢复我国社会主义诉讼制度过程中作出了积极贡献,在推动我国民事诉讼法学体系的建立上功不可没。但是,要从理论高度解决市场经济给我们提出的司法现代化这一新课题,仅凭概念法学已不足以完成这一宏业,必须在研究方法上走出传统法学方法的藩篱。在建立现代民事诉讼法学体系的过程中,诉讼法学的重要使命则是对散落着的经验碎片和个别现象进行整理和系统化。就民事诉讼法学而言,欲在方法论上超越概念法学,就要求我们以博大的胸怀和勇敢的自我超越精神去借鉴其他人文社会科学的研究方法,挖掘、创造适合诉讼法学研究需要的方法,如在法学中引入类型化方法论。研究方法的多元化才能带来民事诉讼法学的繁荣,才能使民事诉讼法学形成自己的民事诉讼程序构造学。突破既存的民事诉讼程序体系,从概念到类型民事诉讼程序研究的转变,能够提高民事诉讼法学的理论素养与层次,推动司法现代化进程。

(四)我国民事诉讼机能的转型

我国社会正处于剧烈转型时期,多元价值和多种需求的繁杂交织和剧烈冲突正在打破传统的力量均势,社会各阶层、公权与私权、国家权力结构中各部门之间都在通过显在或潜在的博弈重新调整自己的角色和地位。从历史的视角看,中国正处于从"前现代"的农业社会走向现代工商业社会的这个进程之中。我们很容易发现,中国的民事诉讼机能兼具传统与现代两种特征,并处在逐步从传统向现代转型的阶段。

中国民事诉讼程序改革是在世界各国司法改革的大背景下展开的,改革的最初动因是为了解决当时案件逐渐增多,办案力量不足的矛盾,以减轻法院调查取证的负担。在我国,有不少从事司法审判工作的人持这种观点。① 但是这只是表面现象,中国的司法改革有其特殊的历史条件和背景,解决案多人少的矛盾绝不是改革的唯一原因。要理解中国为什么进行改革,必须考虑到中国司法现代化的现实需要以及我国社会正处在由"礼治社会"到"法治社会"的转型时期这一特定的社会秩序结构特点。

传统中国社会是以内在的良心和习惯服务于外在传统规则的"礼治社会",而现代社会则是一个法理的社会,是一个依靠法律来调整人与人之间关系的社会,也即"法治社会"。今日中国社会从制度层面上讲已步入现代社会,但从实际社会的层面来分析,21世纪的中国社会仍然处在或经历着由传统社会向现代社会的转型过程之中。同转型和过渡时期相伴随,当代中国社会秩序形态呈现出一种极为复杂的情况。我国学者刘作翔将其概括为"法治秩序"与"礼治秩序"、"德治秩序"、"人治秩序"、"宗法秩序"等组合而成的"多元混合秩序"。② 这是对当代中国实际社会秩序的一种概括和描述。梁治平先生也指出,中国最近50年里,国家的正式制度与民间的非正式制度发生着一种互动关系,一方面是国家权力向社会基层的渗透,另一方面是家族制度的复苏,宗教仪式的再现,民间非正式制度的复兴。梁治平先生将此种现象称为"秩序的多元化",它表明了当代中国社会的复杂性:发展的不平衡和内在的不同一性。③ 在这种多元秩序中,国家的司法审判制度能否给人们提供公正、迅速、有权威的纠纷解决办法,能否满足人们的期望,就成为判断民间非正式制度存在的必要程度的指标。民间非正式制度具有根植于社会生活中的合理性,因为它们为社区成员带来的好处更多于它们的害处,而国家的司法审判制度如果缺乏足够的有效性和权威性的话,或者司法体制过于僵化的话,那么国家的正式制度要么彻底退出乡村社会,要么随社会发展对自身作出相应的变革。因此,司法改革的背后潜伏着错综复杂的社会矛盾和冲突,既有司法体制本身

---

① 景汉朝、卢子娟:《经济审判方式改革若干问题研究》,载《法学研究》1997年第5期;另参见张柏峰:《审判方式改革实论》,人民法院出版社1999年版,第1页。

② 刘作翔:《转型时期的中国社会秩序结构及其模式选择》,载《新华文摘》1999年第2期。

③ 刘作翔:《转型时期的中国社会秩序结构及其模式选择》,载《新华文摘》1999年第2期。

所固有的,也有民事诉讼程序结构和具体制度上的,司法改革成为消解各种社会矛盾的突破口。

当前世界民事诉讼制度变革的潮流已在很大程度上强调程序的效益、倡导当事人自治和选择成为各法治国家民事诉讼制度改革的共同取向,为此,小额、简易程序以及替代性纠纷解决方式的发展在这些国家广受关注。当前世界民事诉讼制度改革的最新潮流对我国的法制建设同样有着积极的借鉴意义。人民法院积案成山,表明诉讼效益的问题在我国同样存在;老百姓无力利用司法制度或者干脆告状无门的现象时有发生,说明目前的纠纷解决体系在整体机能上存在严重缺陷。在这种背景下,如果不顾条件、不顾场合地一味追求诉讼程序的严谨和规范,可能带来灾难性的后果。因此,兼顾程序的"正当化"与"简易化",在确立现代诉讼程序基本要件的同时积极扩大司法制度的纠纷解决机能,是当前唯一可取的改革思路。

在中国,司法现代化的实现还面临着传统诉讼文化的挑战。为此,要适应市场经济要求,对传统司法体制进行创造性、根本性的改革或革新。这一任务当然非常艰巨,任重而道远,机遇与挑战并存。规则的变动没有特定的速度,有些规则形成客观形势需要几百年。一切取决于诉讼当事人的力量和意志,及变动的社会力量,即:一方面,我们要发展市场经济这一司法现代化的物质基础;另一方面,要从中国实际情况出发,探寻一条具有中国特色的司法现代化模式。中国不可能完全照抄照搬外国的司法制度,将司法现代化等同于"西化";也不能无视那些反映社会管理及市场经济运行一般规律的外域法律文化的有益因素,闭目塞听,盲目排外。市场经济体制的确立大大刺激了社会对现代法制的需求,使立法活动更符合市场经济的要求,使司法行为和司法程序更符合自由、平等、公正等价值目标。在引进西方诉讼法律制度时,要注意切合中国的土壤,并将其创造性地转化为中国的本土文化。

设定一个符合社会变革需要的规范性模式,使实质正义与形式正义统合在一定的制度之内,通过缩减中间环节和扩大参与机会的方式,在维护普遍性规范和公共秩序的同时,按照法的固有逻辑去实现人的可变的价值期望。在市场经济条件下,社会交往的范围和规模都在扩大,我国的现代型诉讼(环境污染诉讼、消费者诉讼等)也已经出现并且在我国社会生活中引起了人们的广泛关注,改变传统的诉讼观念和审判观念,充实以民事诉讼制度为核心的各种纠纷解决制度及机能,对于我国法律缩短与经济、社会要求的差距,实现法律与社会结构的一致性、同步性,无疑具有重要的意义。从法制的进化过程来看,这种"回应型法"的出现是具有某种必然性的。美国学者诺内特和塞尔兹尼克甚至宣称,回应型法才是这些务实派法律理论的真正纲领。因为它标志着法的进化更高级阶段,是自治型法的继承和发展。从制度设计者的角度来看,民事诉讼制度的目的在于通过具体纠纷解决过程中"法的空间"的形成,来实现实体法体系所欲建构的特定的法秩序。但从每一个利用诉讼程序的当事人的角度来看,这些目的与他们关系并不大,或者说并没有直接的关系;他们关注的只是解决眼前的纠纷,获得他们想要的某种"利益"。这种利益包括某项财产的获得,某种法律关系的确定、变更,某种争执状态的消除,甚至可能仅仅是某种心理上的满足。形态各异的利益要求,在诉讼程序提起之时,都要被翻译成固定的权利话语,因为唯有如此,他们才能获得国家司法制度的承认和救济。由于法治之下的诉讼程序讲求刚性和安定,这种翻译过程不可避免地要剔除(或者说牺牲)当事人的某些要求。但是,在满足法治基本要件的前提下,通过纠纷解决体制的改良来尽量满足当事人的需求,这应该成为一国司法制度的正当追求。

在转型期的中国,一方面,民事纠纷数量大幅增加,纠纷主体寻求诉讼解决日益频繁;另一方面,民事诉讼及相关制度处理纠纷的理念和程序设计上存在诸多问题。由于诉讼程序的一元化和诉讼程序规则的不完善,我国现行民事诉讼程序制度已大大限制了诉讼程序功能的发挥,不符合我们今天亟待解决民事纠纷类型多样化、数量日益增多而司法资源有限这一矛盾的客观现实需要,显然无法满足现代社会对建立多元化的审理方式以及妥当、灵活的程序制度的需要。人们可以预料,法律的特性会因社会生活形态的不同而变化。每一社会都通过法律显示它用以团结其成员的那种方式的最深层奥秘。而且,不同类型的法律彼此之间的冲突还表明:约束社会群体可以有不同的方式。① 民事诉讼程序不仅是现代法治的重要标志,而且关系到实体法的实施、合法权益的保护、司法权威的建立乃至社会正义的实现,意义十分重大。因此,我国《民事诉讼法》应立足于转型期社会民事纠纷解决的需要,尊重并保障当事人的权利;在民事诉讼程序的建设上,应以程序公正和诉讼效益为基本价值目标,以特质的民事纠纷具体要求为标准,全面优化我国的民事诉讼程序。

正如博登海默所言,建立法律体系的全部意义不仅在于颁布法律规则或其他规范,法律体系就其整体而言"乃是普遍化的规范和个别化的适用和实施

---

① [美]昂格尔:《现代社会中的法律》,吴玉章、周汉华译,译林出版社2008年版,第47页。

行为的混合"。① 专业化趋势是与整体化趋势同时出现的,而且随着时间的推移,逐渐显示出其与整体化趋势之间的内在联系。一个有趣的现象是:一门学科愈是专业化,愈是能够对其他学科产生深远影响。为了维护和深化学科的专业性和学术性,我国著名的刑法学家陈兴良教授曾提出构建刑法学的"专业槽"思想,②这一见解不啻是一种洞见。事实上,"专业槽"的构建不仅适用于刑法学,也适用于诉讼法学,甚至整个法律学科。民事诉讼法学现在面临的情况也恰恰如此。实现民事诉讼制度的转型,必须首先改变"大一统"的支配欲和非此即彼的思维定势,形成以回应社会需求为重心的开明的控制模式,并通过细致的技术建构,形成专业化、层次性、多元化、系统性的案件分流和程序分类的民事纠纷解决体系。我国民事诉讼制度改革的基本目标和总体方向应当是司法现代化和司法专业化,完成从"传统"向"现代"的转型。然而,这种转型不是采取任何单一的价值取向或矫枉过正措施,而是要以社会分工的专业化程度为标志实现社会进化,通过精密的分流装置,体现权限分界、职能分层、案件分流、程序分类的基本思路,从而在价值冲突中系统地重构我国现代化的民事诉讼程序。③

---

① [美]E.博登海默:《法理学:法哲学和方法》,邓正来译,中国政法大学出版社2004年版,第220页。

② 陈兴良:《刑法哲学》,中国政法大学出版社1992年版,第701页。

③ 傅郁林:《分界·分层·分流·分类——我国民事诉讼制度转型的基本思路》,载《江苏行政学院学报》2007年第1期。

第二章 类型化研究:民事诉讼程序研究方法的新尝试

"方法就是新的观点体系的灵魂"。[①] 一直以来我国学界对民事诉讼程序的研究都是碎片化的,缺乏整体性、系统性。作为一种突破性尝试,我们从实证的视角来观察问题,对民事诉讼程序采取一种类型化研究思路,建立具有一定层次性、整体性、系统化、开放性的民事诉讼程序体系。[②] 这样一个类型化研究思路一方面有助于对类型化民事诉讼程序在民事诉讼体系中的地位和其独特的功能有充分的认识,同时还有助于造就一个开放的民事诉讼程序体系来实现民事诉讼法对社会发展的回应。

一、类型思维及其法学方法论意义

(一)类型及逻辑特征

1. 类型

当人们面对千变万化的自然现象与社会现象时,必然不甘于机械地受着客观事物的支配,而需要寻找出一种规律性的说明,以解释万事万物为何会产

[①] [俄]普列汉诺夫:《马克思主义的基本问题》,张中实译,人民出版社1957年版,第22页。

[②] 方法论是人们进行理论研究的必备条件。没有方法,理论研究就无从下手。方法论为认识主体和实践主体提供思想方法和行动方案。在法学研究中更是如此。可以说,法学方法论是法学家手中的一个工具,是架设在法律材料此岸和法律真理彼岸中间的一座桥梁。方法和方法论是科学进步的必然要求。梁慧星先生认为,法学理论之进步、指导实践和立法任务之达成,端赖法学方法论的科学建构。参见梁慧星:《民法解释学》,中国政法大学出版社2000年版,第206页。

生这些变化,以及如何通过人力来预测、阻止这些变化。这种探究的活动,就是科学的开端。然而,事物只是以一种客观的形态呈现在人们的面前,如何利用人类的智慧来串联起这林林总总的现象并进行体系化的解释,就必须寻求一定的叙述方式。由此就出现了如何解释自然和社会现象的方法论问题。当抽象——一般概念及其逻辑体系不足以掌握某生活想象或意义脉络的多种表现形态时,大家首先会想到的补助思考形式是"类型"。马克斯·韦伯首先将之引入社会学研究。将之导入一般国家学研究的是格奥尔格·耶利内克。近日许多学科都利用此种思考形式,虽然对它的理解未必相同。① 当代汉语辞典中,"类",指具有某种共同特性的事物的集合;种类。"型"指:(1)铸造用的模子;模型;(2)按特征归成的类,如典型、血型。"类型",则指具有共同特征的事物所形成的种类。现代英语中 type 一词主要的两层含义是:(1)具有某种共同特性的人或事物的集合——a person or thing representative of a group because of characteristic possessed in common with individuals of the group;(2)一类事物的共同结构形式或典型——a form of structure common to a group, or the ideal exemplification of it。考夫曼认为,"事物的本质"会指示我们留意——与抽象、一般的概念相反对的——"类型的思考形式",因为"类型"乃是相对比较具体的、事物的普遍性质。严格地讲,类型是介于抽象和具体之间的中介物,其较抽象概念具体;相对讲来,"具有较高的认识价值"。② 由于类型较之抽象概念更接近于生活事实,同时又与具体的、个别的社会现象保留了事物的个别特征,从而使其具有相对的确定性。

法学中所称"类型",是一种"类"思维的方法论原则。它一般发生在抽象概念(或称一般概念)及其逻辑体系不足以掌握某生活现象或意义脉络的多样表现形态时,学者通过借助某种"典型"或者"标准形态"的设定,来诠释相关的类似情境。③

从逻辑学或哲学的角度对"类型"进行划分,有如下三种主要的类型:

经验类型。包括"平均类型或经常类型"与"整体性类型或形态类型"。平均类型的形成以较长时间内不断呈现的平均特征为构成要素,如"典型的"气

---

① [德]卡尔·拉伦茨:《法学方法论》,陈爱娥译,台湾五南图书出版公司 1996 年版,第 337 页。
② 吴从周:《论法学上之'类型'思维》,载杨日然教授纪念论文集编辑委员会:《法理学论丛——纪念杨日然教授学术论文集》,台湾月旦出版社有限公司 1997 年版,第 307 页。
③ 吴从周:《论法学上之'类型'思维》,载杨日然教授纪念论文集编辑委员会:《法理学论丛——纪念杨日然教授学术论文集》,台湾月旦出版社有限公司 1997 年版,第 302 页。

第二章 类型化研究：民事诉讼程序研究方法的新尝试

候状态指与"依通常的发展可以期待"以及"通常"并无不同的气候状态。这时，类型的意义与通常情形或者可期待的情形相当，是典型的类型形式。整体性类型是以某一类事物和现象的共同特征和本质特征为基础构成的类型，这种类型的构成具有全体性及构造性的特色，因而这种类型是以整体的形式来反映事物的一般性，例如"典型的荷兰农舍"这类陈述，虽然实际上每幢房屋的内部结构并不完全等同，但因其类似的样式，使得可以将某一建筑物归入此类。拉伦茨指出，"平均类型或经常类型"与"整体性类型或形态类型"都是经验的类型，因为它们都可借经验来证实。现实生活中的各种行为类型、社会关系类型就是这种经验类型。

逻辑类型。拉伦茨称之为"仅是被想象出来的，在思想上被掌握，以其特殊性被认识的类型"。它来自于人的思维对经验类型的抽象把握，是通过思考所建构的类型，典型的例子即韦伯的"理想类型"，它实际上成为一种"模型"或者"模式"，例如"自由的市场经济"、"封建制度"等表述。法学研究中，逻辑的理念类型更为经常地运用在比较法学和法史学的研究中，研究者将研究对象按照一定的标准塑造类型，把各种类型的共性和成一种发现法律现象发生发展的规律或因果关系。

规范类型。经验类型、逻辑类型上升为立法，成为法律规范，就成为规范类型。拉伦茨指出，如果将上述逻辑理念类型赋予价值上的优越性，就成为了规范的理念类型或"模范型"，这种类型因其纯粹性虽然不能完全实现，但应努力追求。考夫曼认为，当逻辑类型经由评价被赋予规范上的意义，作为规范上要求去实现接近或避免的典范，那么，该逻辑类型就具有规范类型的意义。"类型最初是发生在法律生活中，然而，立法者不需要原封不动的摄取法律生活中的类型，他可以借规整来增添新的特征并排斥其他特征。对于法律所意指的类型而言，决定性的方法是法律对他的规整。"①

经验类型、逻辑类型并非相互孤立，某种类型常常是经验类型和逻辑类型相结合的产物。经验类型、逻辑理念类型和规范类型之间的关系，可以用图2-1 表示：

---

① ［德］卡尔·拉伦茨：《法学方法论》，陈爱娥译，台湾五南图书出版公司1996年版，第382页。

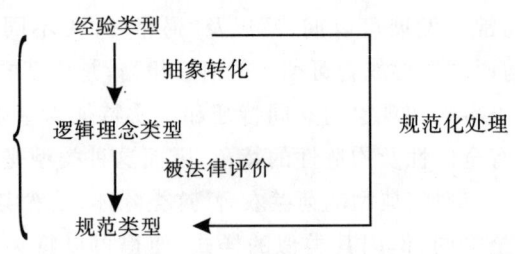

图 2-1

通过这个图式,我们可以大致看到建立法律类型的两条主要途径:① 以经验类型为原型,将其作规范化处理后纳入法秩序之中。拉伦茨称之为"规范的现实类型",这种类型结合了经验的因素、特征,同时又渗透了规范的意旨,并且通过这种规范的评价观点对经验类型进行了整合和裁减。例如合同法上的平均价格和交易价格、特定物和种类物等;② 以逻辑理念类型为基础,经由法的评价建立规范类型,拉伦茨称之为"法上之结构类型",这种规范类型对社会生活起着引导调整的作用。①

从思维行程的方向上看,类型可依以下两种途径寻得:其一是对贴近生活事实的研究对象予以归纳、抽象,将其共同性方面整构成一个类型;其二是对接近于一般法理念和非确定的法概念的研究对象进行具体化,使其丰满成一整体性类型。② 由此可见,类型的形成,不外乎归纳与具体化两条途径,即对抽象者具体化,对具体者抽象化,使抽象者具体,具体者抽象。

2. 类型的逻辑特征

概念虽然是人们用以分析法律问题的必要抽象工具,但相对来说它过于呆板固定。正如德国学者赖德布鲁夫所言:"生活现象的认识只是一种流动的过渡,但概念却强硬地要在这些过渡中划分出一条明确的界限。在生活现象仅仅显得'或多或少'(模糊地带),概念却要求须作出'非此即彼'的判断",因此,"概念的主要成就并不在于'包含',包含某种特定的思维内涵,而在于'界定'。作为一道防护墙,使概念藉以向外隔绝其他的思维内涵。简言之,传统的概念式思维是一种'分离式思维',足以瓦解并败坏生活现象的整体性"。③ 虽然这话未免有些夸张,但是,它却正确地指出了"概念"本身的缺陷。也就是

---

① 李可:《类型思维及其法学方法论意义》,载《金陵法律评论》2003 年第 2 期。
② 黄茂荣:《法学方法与现代民法》,中国政法大学出版社 2001 年版,第 472 页。
③ 吴从周:《论法学上之'类型'思维》,载杨日然教授纪念论文集编辑委员会:《法理学论丛——纪念杨日然教授学术论文集》,台湾月旦出版社有限公司 1997 年版,第 307 页。

说,"概念"将整体的行为、现象予以分割,使我们通过概念所获得的印象只能是一种断裂式的意义回忆。

随着现代人们对自身与外在对象关系认识的发展以及类型学的影响,类型思维在对概念思维的反叛中脱颖而出,向人们展示了它与概念的区别以及概念所不具有的独特功能。类型思维逐渐取代抽象概念思维开始对方法论发挥重要作用。下面从类型与概念的差异和相似两个角度分析类型的逻辑特征。

从类型与概念的差异角度看类型的逻辑特征:

第一,抽象概念可以被定义,而类型不能定义只能描述。如同考夫曼所说,类型在它与真实接近的以及可直观性、有对象性来看,是相对的不可被定义,而只能被描述。它虽然有一个确定的核心,但却没有确定的界限以至于对于一个类型存在的特征"轮廓"或多或少有所缺失。① 抽象概念由固定的特征组成,因此能精确地定义。而类型由其开放性,在本质上不能被定义,只能被描述。这并不要我们详尽地去描述某种类型,这种描述只能不断地去接近类型,但无法掌握绝对的精确性。精确性的事物只能是普遍性的抽象概念。语言上的极端精确只能以内容及意义上的极端空洞为代价。所以确切地说,描述的要旨在于描述意义。因而无论是建构类型,还是运用类型都比形成概念和运用概念进行判断、推理更灵活,它容许人们在有限的认识水平下充满信心而又审慎地探索无限丰富并且变化万千的现实世界。

第二,抽象概念的组成特征绝对不可或缺且具有同等重要地位,而类型注重的是特征构成的整体形象,各特征的重要性是相对的,相互之间的关系也是或强或弱的。类型并无固定的组成特征。在形形色色的特征组合呈现出的"弹性的标记结构"之中,只要能体现出同一意义,就属于一个类型,而其每一个事例内部的众特征则是有机结合、相互依存的,它们共同形成一个意义性。

第三,抽象概念是一种一般性、普遍性的思维,它具有封闭、静止性,在适用上是"非此即彼"的,是一种"分类"思维;类型相对于概念,具有较强的层级性、流动性、开放性和整体性,在适用上是"或多或少"的,如何适用和能在多大程度上适用某一类型需要根据具体情境来决定,它是一种"归类"思维。亨佩尔和奥本海姆在《现代逻辑观点下的类型概念》一书的一开始就指出两种不同逻辑形式的概念:一种是传统逻辑广泛运用的分类概念,另一种是类型概念,或称层级概念、次序概念。一种类型相较于其他类型,界限是暂时的、相对的。

---

① [德]考夫曼:《法律哲学》,刘幸义等译,法律出版社2004年版,第191页。

通过不同的重点强调和特征的变化,一种类型便转化为另一种类型,类型间就具有了流动性和过渡性。类型间的过渡是流动的,学说上都以类型间的"流动过渡"来形容这种现象。通过"流动过渡"形成一种次序排列状态,一种由不同的混合形态或中间形态构成的类型序列,因此类型又被称为如上所述的具有层级性的次序概念。亨佩尔和奥本海姆关于类型形成的现代逻辑形式已经为我们很好地展示了类型的层级性和与层级性密切联系的流动性和开放性。传统的抽象化方法及其抽象思维似有将理论与现实强行割裂之倾向,对于理论本身的生长也构成潜在的障碍。恰恰在这上面,类型思维可以化解过度抽象化的诸多弊害。

类型的整体性特征,有的学者称之为"结构性"。拉伦茨描述类型的整体性时说,类型"是一种'有机组合',一种有意义的结构性整体,在该整体中,每一'要素'皆被联系于——'意义中心',——'精神核心',因而其功能与意义应自整体出发,来加以确定"。[①] 可见,类型是一个"意义——整体",它不仅仅是一种具有弹性特征的有机组合,而且更是特征之间相互依赖的有机组合,正是通过这种特征间相互补充和限制的联系方式得以认识整体。相对来说,概念的特征虽然并不是随意地排列起来,但它只是由特征累积式的连接成为"特征总和",该特征概念的意义范围原则上并不依赖于个别特征彼此间的协作。至于掌握类型整体性的方法,海德认为要依靠直观的方式进行。

第四,在法律适用时,抽象概念采用"价值中立"涵摄方式,而类型始终坚持价值导向的思考程序。类型思维总是维持其与指导性价值观之间的联系,所有被考量的因素都取向于促成类型整体的中心价值(意义)。因为只有它才能对下述问题作最后决定:依其程度及结合的情况,出现的特征或因素是否能正当化等归类。因此,类型是一种价值导向的思考程序。类型思维的实质在于相似而非同一,相异而非迥异,它不需要事物与类型外部特征的全部符合(事物的特征可以"或多或少"、"或强或弱"),而是运用事物本质和意义同一性的整体观去进行事物的归类,从而充分包容个性化的特点。[②]

---

　① 吴从周:《论法学上之"类型"思维》,载杨日然教授纪念论文集编辑委员会:《法理学论丛——纪念杨日然教授学术论文集》,台湾月旦出版社有限公司1997年版,第328页。
　② 雷磊:《类型思维与法学方法论》,载《法制日报》2008年8月3日第11版。

第二章 类型化研究:民事诉讼程序研究方法的新尝试

从类型与概念的共性角度上看类型的逻辑特征:

第一,拉伦茨指出:"事实上,法律概念性规定的后面,经常还是类型。"① 概念和类型应该成为两种相互补充的思考形式,而绝不能舍此求彼。美国法哲学家博登海默就指出:"法律概念乃是解决法律问题所必须的和必不可少的工具。没有严格的专门概念,我们就不能清楚地和理性地思考法律问题。没有概念,我们便无法将我们对法律的思考转变为语言,也无法以一种可以理解的方式把这些思考传达给他人。如果我们试图完全否弃概念,那么整个法律大厦将化为灰烬。"② 当然,类型思维不能取代概念思维在法学中的地位和作用,它与其它任何一种思维方法或理论工具一样,有自身适用范围的有限性。类型没有概念是盲目的,而概念没有类型则是空洞的。概念乃类型之统领,是类型化的依托和前提。类型则是概念的具体化和丰满化,分析化与精致化。

第二,有些类型被较为稳定而准确地描述,以至于人们认为它们是被"精确"地定义了的而被视为概念,如黄茂荣将部分与抽象概念相接近的类型称为"类型式概念"③,韦伯称之为"类型概念"④。除了那些只具有表面的定义形式而实质是类型的概念外,有些概念所蕴涵的价值观念如此突出,外延如此不确定,以至于它可以被视为类型;而另一些类型无论如何无法被看作严格意义上的概念,如"情节严重的行为"。可见,类型与概念在外延上却是两个相交的,它们的关系用欧拉图(图2-2)表示如下:

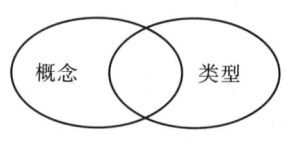

图 2-2

依此理推论,既然在思维上不应采纳单向度的讨论,那么在民事诉讼程序立法上也不应采取纯粹一元的立法,而应该谋求概念与类型、抽象与具体的有

---

① [德]卡尔·拉伦茨:《法学方法论》,陈爱娥译,台湾五南图书出版公司1996年版,第182页。

② [美]E.博登海默:《法理学:法哲学及其方法》,邓正来、姬敬武译,华夏出版社1987年版,第465页。

③ 黄茂荣:《法学方法与现代民法》,中国政法大学出版社2001年版,第23页。

④ [德]卡尔·拉伦茨:《法学方法论》,陈爱娥译,台湾五南图书出版公司1996年版,第378~380页。

机结合,这会使我们在最大程度上避免主观的片面性,向法学知识的真理性和目的性的完美统一趋近。当然在结合中,应注重摆正抽象概念与类型的地位。抽象概念为整个诉讼立法体系奠定了要素基础,提供了逻辑演绎的前提,但仅仅抽象概念本身尚不足于提供具体可行的操作性规则,它还必须进行某种具体化的改造和扩充,亦即进行某种类型化的努力,方能形成可裁判性的规范和行动模式。从这种意义上看,类型化应该成为整个民事诉讼程序立法的核心和主要目标。因为只有凭借它,民事诉讼程序立法才能实现其作为行为规范和裁判规定的基本功能。

(二)类型化、内容及体系

1. 何谓类型化

在抽象概念的思考中,没有"或多或少",只有"非此即彼"可言。此种封闭的"择一式的思考",使其根本无法兼顾"既如此亦如此"的中间类型和混合类型。更有甚者,概念虽有利于提纲挈领,但概念愈是抽象,其内容便愈为空洞,而空洞的代价便是整个体系的意义脉络不复可见,完全为抽象所遮蔽。由此可见,概念式的思维,无可避免地带有抽象性、封闭性与断裂性的特征。正是基于对概念式思维的深刻反省,也正是基于概念式思维的这一重要参照,类型化思维的启发性价值开始日益凸显。①

把类型作为重要的(但不是唯一的)思维形式,遵循类型的逻辑特征,在类型的基础上进行判断、推理、建构理论体系,这样的思维活动我们称之为类型思维,其中所涉及的建构类型、运用类型进行推理和形成理论体系的方法,我们称之为类型思维方法或类型化方法。在方法论上,"类型"作为一种研究方法自上个世纪前半叶从大陆法系流行开来,旨在便于对研究对象的分析和把握,进而对该对象进行建构性分析,以探知其在法律上的意义。台湾学者吴从周博士认为,"Typologies(类型学)"系指运用类型的要素去掌握某一特定对象的科学研究方法。② 类型思维是一种类思维的方法论原则,它从属于类哲学。

类型化是以事物的根本特征为标准对研究对象的类属进行划分。相对于

---

① 黄源浩:《税法上的类型化方法——以合宪性为中心》,台湾大学法律研究所硕士论文(1998)年,第21~28页。

② 吴从周:《论法学上之"类型"思维》,载杨日然教授纪念论文集编辑委员会:《法理学论丛——纪念杨日然教授学术论文集》,台湾月旦出版社有限公司1997年版,第297页。

类型来讲,类型化是个动态的概念。具体来说,类型化是对具有大致相同的外部特征的经验事实和社会现象按照一定的标准进行分类而形成内在要素强弱不同、深浅不一的各种类型组成的类型体系。在类型化之后,形成的各类型在类型体系中有层级和转换的关系,重要性也会不同。传统抽象思维在取舍事物特征的过程中易于导向"抽象化过度"的极端,因此,此种思维难以照顾到法律上的个别正义,同时它又易使法律本身趋于僵化。而类型化思维恰好可以克服上述弊端,在抽象与具体之间找到一种权衡。"类型化"方法在思考维度上呈现出明显的双向性。一方面,它是对抽象概念等"元叙事"的进一步区分和演绎,表现为一种具体化的精致思考;另一方面,它更是对生活要素和具体个案的提炼与归纳,体现为一种抽象化的概括思维。自然无形的生活事实,在未经人类认识的加工之前,经常是断裂和缺乏意义联系的。它们只是一些孤零零散落的原子和碎片,需要逻辑线索和意义脉络的贯连。此时,通过对具体个案的观察,抽取和提炼出案件事实之间的共通特征,便能够初步形成事实类型的基本轮廓。在此基础上,再以法理念及法目的为导向,对事实类型予以价值和规范性的加工,并在要素之间建立起结构上的联系,便形成了法律上的类型。此种类型之形成与建构过程,一方面固然是法理念、法目的甚至是抽象概念的具体化、演绎化,但另一方面更是生活事实、具体案件的提炼化和归纳化。① 从类型化的对象,到类型化的标准,再到类型化的结果,是一个动态的过程。各种类型形态的形成则是类型化的结果,类型化是一种方法论,是一种手段,其目的是建构理想的类型形态。

2.类型化基本内容(要素)

类型并不是要素的简单堆积和拼凑,而是由若干要素有机结合后所达成的、具有新的质的规定性的系统。因此,要对一个类型进行完整的说明,便必须对组成该类型的要素进行逐一分析,并在此基础上妥当地把握各要素之间的有机联系,以便最后将各要素合并以观,以形成该类型的"整体形象"。从这个意义上讲,对任何一个类型的说明,永远具体地依赖于对其组成要素的说明。类型的结构、功能必须始终以各要素的有机结合为基础;对类型意义的追寻,也必须始终围绕各组成要素的内涵而展开。类型化的基本内容主要有三个方面:一是类型化的对象以及对象的内在结构;二是类型化的标准;三是类型化的结果,即类型本身及其相互关系。

---

① 杜宇:《再论刑法上之类型化思维——一种基于"方法论"的扩展性思考》,载《法制与社会发展》2005年第6期。

类型化的对象及对象的内在结构。类型化的对象是具有共同的"意义核心"、大致相同的外部特征的经验事实和社会现象。换言之,类型所指涉的对象必须具有可比较性。不言而喻,类型暗示了一种评价观点的存在。具体落实到法律上,"法律类型由在法律上有'同等意义的'现象建构而成"。[①] 同一类型在此可以理解为在法律评价上具有同等意义,应作同等对待。类型的建构凸显的是规范的目的,而非规范的结构。换言之,类型直接表现了"评价观点"。

类型化的标准。事实上,无论是建构类型,还是进行归类思维,都是在一定标准下进行的,否则我们连最简单的问题也解决不了。类型化的标准之一是同一类型在理论评价上趋于一致,在相同的条件下它们应受到同等待遇。简言之,类型的建立有赖于"评价性观点"。类型化的标准之二是事物之间的根本特征或属性,类型与原型之间必须存在某种一致性或近似性,以便在理想化状态下将类型当作原型作为研究的对象。不用多言,类型与原型之间不必也不能完全雷同,否则类型化行为就失去其固有的理论意义。类型的标准之三是其对象能以一定的方式反复显现。

类型化的结果,即类型本身及相互关系。类型化的结果是形成内在要素强弱不同、深浅不一的各种类型组成的类型体系。在类型体系中,可以根据各类型与"意义核心"关系之远近分为标准类型、中间类型和非典型类型。在标准类型、中间类型与非典型类型之间并无一条绝对的鸿沟,而是有若干流动着的特征,并且其随着人们观察视角的变化而呈现强弱程度的交替转移。此为其一。从这一意义上讲,类型思维其实就是一种观察者的参照系思维:同一对象在不同视角的探照下极有可能显现出不同的色彩和面目,自然,其归属也就会发生变化;其二是,类型之间的层级交错与转换,要视要素的多少和强弱而定,人们目力所及的类型在外观上是由许多依层次、深浅、强弱不同而排列的类型序列。类型之间是一种"比较级"的关系。可见,类型思维有利于实现法律上的个案正义与比例正义原则。

从广义上讲,法学上的类型应包括上述诸种型态,不过从本体论意义上讲,我们认为在法学上有意义的类型是一种相较于"标准型态"的、较为模糊的"中间型态与非典型类型"或"过渡型态"的类型。尤其是过渡型态,对于打破传统法学抽象化思维一统天下的局面意义特别重大。类型化的法律适用在制

[①] 吴从周:《论法学上之"类型"思维》,载杨日然教授纪念论文集编辑委员会:《法理学论丛——纪念杨日然教授学术论文集》,台湾月旦出版社有限公司1997年版,第323页。

定法上的体现,是从多个法律规范中抽象出一个与待规范的社会关系同构的规范,以作为法官司法的裁判规范。

3.类型的体系

类型化思维是一种具体化、开放化的思维,更是一种能够清晰显现现象与现象、类型与类型之间内在联系的思维,是一种关系化、结构化的思维。类型乃要素之有机结合。要素既是组成类型之部分,亦是决定类型功能与性质的关键所在。类型与类型之间的意义脉络,也正是借助此种内部要素之间的联系与区分去洞察和把握。类型间要素的联系与区分,能够很好地显现类型与类型的相通或是相异。根据这样的知识见解,我们完全可以建立起类型的体系。这样的体系可以区分为纵向与横向两个维度:

其一,从纵向看,上位类型(母类型)能够通过进一步地演绎和分析,区分出其下位类型(子类型);下位类型(子类型)亦可以通过与其他同阶层子类型的比较和权衡,抽象和提炼出其上位类型(母类型)。这便意味着,在类型的轮廓内完全可能再整合化,亦完全可能再类型化。通过一再地汇合或是分殊,类型之花将在纵向上不断繁衍和延伸。举例来说,当我们将两个类型相比较,发现其在要素结构上有相通之处时,我们便可以此种"结构或要素上的关联"为线索,向上抽象出一个母类型。此一母类型再与其他类型相权衡,又可能进一步向上抽象。如此不断推进,类型便可以在纵向上形成序列。当然,反方向的演绎也可达到同样的效果。

其二,从横向看,上述纵向系列中毗邻的子类型,便构成了类型体系的横向系列。从这个意义上讲,横向系列是在纵向系列建构的过程中自然形成的。正如上述,当我们将两个相近类型放在一起比较时,基于其要素上的相通特征,我们可以提炼出其上一位的母类型。但基于其要素上的不同特点,我们又不得不将这两个类型并列处理。此种相互毗邻但仍应予区分的类型,在要素结构上既有相通之处,亦有相异之处,在其上位类型的整体轮廓之内形成一种横向序列。

通过纵向与横向类型的建构,将会最终形成一种"类型的体系"。此一类型体系在思维上的最大实益便在于,作为上位类型,并掌握下位类型的共同点,它能相当清晰地显现类型与类型之间的意义关联。任意给出一个类型,其在整个类型体系中的位置均是固定的。同时,通过锁定这一体系位置,我们可以非常便捷地找出其毗连类型与上位、下位类型,而且,可以非常轻易地探寻这些类型之间在要素结构上的联系与区分。如此一来,不但任意两种类型之

39

间的内在勾连清晰可见,而且整个类型体系的意义脉络亦彰显无遗。①

(三)类型(思维)化在法学上的意义

作为一种规则的法律是人们为了达到某一目的"最确切而最简捷而合乎理性之方法"。② 方法对于法律与法学之重要性可谓不言而喻！对此,前辈学人有言:"法学之研究,探其根本,必然发生方法论的问题;亦可谓法学的研究,至其终结,必须就方法论的问题,加以探讨。"③类型化法学方法论,即以类型化思维为核心的法学研究方法,最本质的特征在于其以些物的根本特征为标准对研究对象进行类属划分。将类型从笼统的概念范畴中分离出来,将类型思维从概念思维中分离出来,应当是法律思维学和法学方法论的重大进步。具体而言,类型思维在现代法学上的意义主要表现在以下几个方面:

第一,在法学方法论思维上,类型打破了"抽象"与"具体"在方法论上的二元对立。类型贴近社会现象,凸显事物个性,直观性较强,而且同时其普遍性又使之区别于个别事物。"事物普遍联系"的观点认为,事物之间存在若干中间和过渡样态,它们无时不在流动融合之中,因而科学的态度应只能是根据事物之间所含共有要素的多少进行分类。抽象概念思维是对无限丰富事物人为、有限地截取,与实际生活之间存在着"断层",难免"抽象化过度"弊端,不能很好地反映生活的本来面目。格雷说:"我们在运用抽象概念的时候,往往面临一种危险,这种危险在其他学科中也同样存在,那就是易于偏离现实世界。"④反映在法律上则扼杀了大量对审判有价值的个性化特点,常常造成规范与事实的严重不对称,从而导致法律事件的同一化处理以及随之而来的个案正义的失落。类型化的优点是保证了规范所面向的社会事实的具体性和原生性。所以,类型思维与传统抽象思维的分殊是法律方法论上的一大突破。

第二,在解释学上,类型具有独特的功能。从类型的观点看,类推等同于解释,而这种类推是相互对向交流的过程。也就是说,进行法律规范的解释时需要考虑到具体事实(法律思考的及物性),进行法律事实的解释时也需要考虑到规范的意旨(事物的意义关联性)。在类型思维观下,映入法律家眼帘的

---

① 杜宇:《再论刑法上之类型化思维——一种基于"方法论"的扩展性思考》,载《法制与社会发展》2005年第6期。
② 何孝元:《诚信原则与衡平方法》,台湾三民书局1977年版,第24页。
③ 涂怀莹:《法学绪论——现代法学十二讲》,自印本,1985年版,第239页。
④ John Chipman Gray, *The Nature and Sources of the Law*, The Macmillan Company,1921,p.4.

是鲜活生动、条理分明的类型形象,在法律解释上的操作性也比抽象概念更强。英美法系的"先例"思维就是一种十足的类型思维。

第三,类型思维是建构法律规范的方法论工具。规范建构的一般过程是,经由"评价观点"将生活类型上升为规范类型,或直接从生活类型中提取规范类型,然后间接或直接地以此为基础建构具体规范。可见,类型思维比概念思维更贴近社会生活的复杂性和变动性。无疑,立法在于对社会生活事实及其关系进行类型化。类型化使得规范时刻与活生生的社会现象保持持久联系,并在个案中易于被具体化。"法律概念之适用范围应根据作为制定法基础之类型加以确定。"①

第四,在法学体系的构成上,传统抽象概念只能对事物的一致性作出描述,而无力对其中所蕴含的差异性予以表达。由此种概念所构建之体系仅能反映该体系形成时人类的认识水平,如欲对其进行修正与更新,类型化就成为必然的选择。在某一评价标准下,通过构成类型的基本特点的变化组成类型谱,可以建立类型体系。可见,类型本身由于其层级性质已经具有体系的结构,应当可以作为体系建立的基础或方法。规范的方法与类型化的方法在属性上是如此贴近,以至于我们不能不认为,规范的形成与阐释是一种"类型化"的过程与结果。在这个意义上,"类型化"方法的意义寓居于规范科学之中,在本质上构成了一种规范学的研究进路。研究发现,作为抽象与具体之联结点的类型在法学体系的生成上作用显著。例如利用类型对私法上的继续性契约进行分析,即能把握其中的共同性:由该类契约发生的给付义务具有持续的给付特征,时间长度对该类契约的给付内容与范围有决定意义。反之,我们又能洞见其中存在的差异性:该类契约可因给付内容而分为租赁契约、使用契约、寄托契约、雇佣契约、工作契约、交互计算契约、合伙契约、出版契约、保险契约、专利实施权之特许契约等。类型以事物之间的共同性为原点,并进而将其触角探向事物之间的殊异性。"在类型内部根据其基本特点构成互相关联之规范集合及生活关系。在此意义下,类型具有体系的特征。"例如人们可以依团体性强弱将人合组织分为私法上之合伙、非法人团体、无限公司、两合公司、有限公司、股份有限公司等。在上述类型序列中,团体性逐级增强,个体性逐级淡化。②

---

① 吴从周:《论法学上之"类型"思维》,载杨日然教授纪念论文集编辑委员会:《法理学论丛——纪念杨日然教授学术论文集》,台湾月旦出版社有限公司1997年版,第339页。

② 李可:《类型思维及其法学方法论意义》,载《金陵法律评论》2003年第2期。

"类型化"观念生成以来,迅速扩展到法理论与实践的各个侧面。英美法系国家的侵权行为法中没有关于侵权行为的一般条款的规定,而是直接塑造和列举侵权行为类型。英国侵权行为法由判例构成,在这些判例中,规定了七种基本侵权行为类型(非法侵入;恶意告发;欺诈、加害性欺骗和冒充;其他经济侵权;私人侵扰;公共侵扰;对名誉和各种人格权的保护)和一种弹性侵权行为类型。美国在它的制定法《美国侵权行为法重述》中,完整描述了13种基本侵权行为。大陆法系侵权行为法上并非没有以列举类型的立法方式,它将侵权行为类型分为一般侵权行为类型和特殊侵权行为类型两种基本侵权行为类型。还以侵权行为人的数量作为标准,将侵权行为划分为单独侵权行为和共同侵权行为。

我国2009年12月26日颁布的《中华人民共和国侵权责任法》(以下简称《侵权责任法》)就是从立法上采用"类型化"成果的体现。我国《侵权责任法》共十二章,分别为:第一章 一般规定;第二章 责任构成和责任方式;第三章 不承担责任和减轻责任的情形;第四章 关于责任主体的特殊规定;第五章 产品责任;第六章 机动车交通事故责任;第七章 医疗损害责任;第八章 环境污染责任;第九章 高度危险责任;第十章 饲养动物损害责任;第十一章 物件损害责任;第十二章 附则。这种侵权责任法立法路径是继承大陆法系的立法传统概括出一般的侵权行为类型,再借鉴英美法系列举类型的方法丰富已有的下位的侵权行为类型。这种一般化与类型化结合的侵权责任法立法路径,条分缕析。这样的类型化立法模式,既能够坚持侵权行为法体系的完整严密,又具有随时根据法律实践的需要补足类型的开放型特征;既能够很好地贯彻侵权行为构成要件中体现的立法意图和指导原则,又能够使人对法律所肯定的侵权行为类型一目了然,具有极强的司法操作性。

在民事诉讼程序领域,我国已经有很多学者尝试作出类型化研究,但大体上属于局部的、碎片化的,尚未提供整体性、体系化的整体方案。人所皆知的事实是:法学方法要受制于法学学科本身的属性,否则就会出现分析方法与分析对象之间"对不上号"和"手段—目标"之间相脱节的现象。因此,基于类型化研究思路,对民事诉讼程序进行层次分明、错落有致、开放性、整体性和体系化研究,乃是民事诉讼程序乃至民事诉讼法研究的重要问题。

二、民事诉讼程序之类型化思维——一种基于"方法论"的扩展性思考

(一)反思:传统民事诉讼程序研究方法

每一研究都是运用一定的方法,或遵循特定的方式来答复自己提出的问题。在法学领域,法学的研究内容与法学的研究方法同等重要,甚至后者优于前者。北大的吴志攀教授更是指出,衡量学术进步的标准不是它的研究对象,而是它的研究方法。在概念法学的影响下,概念受到空前的尊崇,法学界眼里一度只有概念,没有类型。严格意义的概念法学,大致是指19世纪盛行于德国的一种法学思想(在美国,与该学派相似的是由兰德尔所奠立的所谓形式主义或机械主义法学)。马克斯·韦伯把这种概念法学总结为以下5个命题:(1)每个具体的法律决定都是将一个抽象的法律规范(Legal proposition)适用到一个具体的事实情形的结果;(2)从抽象的法律规范中所得到的每个具体案件的决定都是必须能够运用法律逻辑所推导的;(3)法律在事实上肯定是一个由法律规范构成的无缝隙的体系,或者至少说它被看作是一个无缝隙的体系;(4)无论如何那些不能以法律概念的形式被理性地解释的东西,都是与法律无关的;(5)既然法律体系的无缝隙使得所有的社会行为处于一个包罗万象的法秩序之中,那么人类的每个社会行为总是肯定被认为,要么是一个法规的适用,要么是一个法规范的执行,或者被认为是一个法规范的违反。总之,概念法学的基本理念是要创制出一个由法学概念组成的封闭的系统。在这个体系中,除了处于最高层次的概念外,每个概念都能够通过附加一个特殊的特征,而从高一个层次的概念中派生出来。适用法律规范的全过程,本质上就是将某个生活事实归入某个法律概念之下的逻辑涵摄过程。[①] 概念法学强调法律是由法概念作为构成因素的法律规范所组成的一个包罗万象的封闭体系,法的适用是在一套不食人间烟火的法律概念和命题之间的纯逻辑推演。这套法学方法过分注重形式正义而忽略了实质正义,强调法的安定性而忽略了法的

---

① [德]卡尔·拉伦茨:《德国民法通论》(上册),王晓晔、邵建东、程建英、徐国建、谢怀栻译,法律出版社2003年版,第96页。

合目的性。在这种研究和分析模式运用于法律实践的过程中,它还附带性地形成了一种坚持成文法是唯一的法律渊源,并反对在解释法律的过程中渗入价值、目的、利益等主观因素的立场。尽管概念法学对概念的重视和提炼,对完美的法律体系的追求,以及对形式逻辑在法律推理中的强调,极大地推进了法学的发展。但是,随着社会生活的急剧变动,概念法学在法律实践中的弊端日益显现,再适用那套概念和命题来推演法律决定已不合时宜。实践的需要是民事诉讼法学发展的动力。在法律学的全部领域中,民事诉讼法学可谓最迫切需要兼顾理论与实务,衔接与贯通理论与实务的学科。如何避免学者与实务的疏远、隔离,是民事诉讼法学研究方法上的基本课题。① 在此背景之下,利益法学和自由法学就应运而生,在美国与此相对应的法学学派是现实主义法学运动和庞德的社会学法理学。利益法学就是为反对概念法学的概念主义和演绎推理,认为法律在面对日常生活中不断产生的事实问题的多样性和丰富性时,总是不合适的、不完全的,有时甚至是相互矛盾的。② 也就是说法律并不是一个包罗万象的无矛盾的和谐的封闭体系,而是有漏洞的。法律规范的背后存在着利益评价。因此,法官在解决具体的个案纠纷作出正当法律决定的过程并不是一个纯逻辑推理或涵摄过程,而是以立法者的利益评价为标准。耶林以其"目的法学"痛击概念法学在"逻辑崇拜"、"概念的支配"之下对社会生活的脱离,激起了自由法运动。新自然法学、价值论法学、分析实证主义法学、社会学法学、综合法学等法学流派都从不同角度抨击过概念法学。

在法学方法论的长期争论中,法学研究者们对概念在法学中地位和作用的认识日趋冷静。概念虽然有利于提纲挈领,但概念愈是抽象,其内容便愈为空洞。所以,在这个意义上,格雷说:"我们在运用抽象概念的时候,往往面临一种危险,这种危险在其他学科中也同样存在,那就是易于偏离现实世界。"③ 成文法的编纂离不开类型化的方法,至少当今绝大多数大陆法系国家民事诉讼法学今日的特征是一种独有的抽象概念及类型混合并存的情形。1975年的法国新《民事诉讼法典》采取了符合民事诉讼内在特点和立法规范的"总"、"分"式内容编排布局。法典的第1卷"适用于一切法院的通则",包括了所有

---

① 邱联恭:《程序选择权论》,台湾三民书局2001年版,第265页。

② Max Rümelin, etc, *The Jurisprudence of Interests*, Translated and Edited by M. Magdalena Schoch, Harvard University Press, 1948, p. 40.

③ John Chipman Gray, *The Nature and Sources of the Law*, The Macmillan Company, 1931, p. 4.

第二章 类型化研究:民事诉讼程序研究方法的新尝试

的民事法院、商事法院和社会法院共同适用的一般意义上的规定,其内容的展开没有考虑法院是专门法院还是普通法院的因素,而是根据诉讼进展的先后顺序加以规定,从而更符合民事诉讼的规律。法典的第2卷和第3卷则是按照不同种类的法院和不同的案件对相关的诉讼程序做了详细规定。将仲裁置于第4卷。同时在法典中还力求将法官的"争诉活动"、"非诉活动"以及纯司法行政性质的活动做更为细致的划分。在法国新《民事诉讼法典》中,所有的诉讼程序都与各法院的种类和各种案件的特点相适应,以便更好地适应社会对司法的不同需要。这充分显示出法典对灵活性的追求。德国《民事诉讼法》共计1066条,分为10编:第1编是总则,分为法院、当事人、程序三章;第2编是第一审程序,分为地方法院程序、区法院程序两章;第3编是上诉,分为第二审上诉、第三审上诉、抗告三章;第4编是再审;第5编是证书与票据诉讼;第6编是家庭事件程序,分为婚姻事件程序总则、其他家庭事件程序总则、离婚及后续事件程序、撤销及确认婚姻存在不存在程序、亲子事件程序、扶养程序六章规定;第7编是督促程序;第8编是强制执行;第9编是公示催告程序;第10编是仲裁程序。日本1998年施行的新《民事诉讼法》共计400条,分为8编,依次为总则、第一审诉讼程序、上诉、再审、关于票据诉讼及支票诉讼的特别规定、关于小额诉讼的特则、督促程序和执行停止。日本的新《民事诉讼法》是专门规定民事审判程序的狭义的民事诉讼法。日本民事诉讼立法在人事和家事审判方面,做了与普通民事审判迥然不同的规定。日本新《人事诉讼程序法》共计44条,分为四章:第一章是人事诉讼程序总则;第二章是关于婚姻关系诉讼的特例,包括婚姻无效之诉、婚姻撤销之诉、离婚之诉、协议离婚无效及离婚撤销之诉、婚姻关系存否确认之诉;第三章是关于亲子关系诉讼的特别规定,包括亲生子女否认之诉、子女认领之诉、认领无效之诉、认领撤销之诉、确定父亲之诉、亲子关系存否确认之诉;第四章是关于收养关系诉讼的特别规定,包括收养关系无效之诉、收养撤销之诉、离缘之诉、协议离缘无效之诉及离缘撤销之诉、收养关系存否确认之诉。人事诉讼属于特别民事诉讼,民事诉讼法的基本程序法理仍对其发生作用,人事诉讼程序既然是民事诉讼的一种特别程序,那它就与通常的民事诉讼在具体的操作程式上存在诸多不同。此外,日本还颁布了《民事调停法》、《民事执行法》、《民事保全法》和《非诉案件程序法》,基本上建立起了日本近现代的民事诉讼程序立法体系。

从上述立法例看出,立法者采取抽象概念及类型两种方式的中间道路。亦即,既不放弃对类型的构成特征之描述,也不对类型予以太过具体精细之描述,而只是对类型的要素与特点,作出一般地、相对抽象意义之描述。此种做法,一方面是对抽象概念和原则做具体化的构造,以便形成具有操作性的规则;另一方面亦是对具体生活事实和个案进行类型化的抽象,以便形成可反复适用的、稳定的、具有一定张力和弹性的规范体系。这实质上是一种民事诉讼程序安定性与灵活性的折中,一种普遍与特殊的调和,一种抽象正义与具体正义的兼顾。当然,任何折中和调和,都必须要付出代价。我们无法求得圆满意义的立法技艺,而只能采取相对合理的立法方法。并且,在可能的情况下,作为更进一步的优化措施,立法者还不应满足于对类型作出一般意义上的描述,而是应该例示性地指明类型中蕴含的典型情形、通常情形,并允许法官在整个类型的轮廓内,对非典型情形、非通常情形可以比照典型情形和通常情形进行推论和法律发现。此种一般描述与例示规定相结合的立法技巧,一方面可以借由例示性的规定,阐明民事诉讼程序类型的中心意旨,并由此给人以更加具体可感的形象,以此增加民事诉讼程序的安定性;另一方面,由于此种方式并未堵截例示性规定之外的非典型情况,并明确允许法官参照例示性规定进行类比推理(当然是在整个类型轮廓之内),从而也恰当地保持了民事诉讼程序规则的开放和弹性。

明确性原则要求民事诉讼程序应尽可能清晰、明确,以便"从最伟大的哲学家到最普通的公民都能一眼看明白"。① 如何明确规定并落实民事诉讼程序的切实方案,在我看来,唯有"类型化"思维方能提供这一方案。这是因为,要使民事诉讼程序成为指导人们行为的"客观可计性"标准,必须对各种自然无形的事实现象加以整理、归类,将各种行为样态或关系按照不可分割的事理类型观念确立,使民事诉讼程序的形式理性达至完备。舍弃了"类型化"的方法,明确性原则在民事诉讼立法中就成了一副空壳,根本无法实现。

我国民事诉讼法学传统研究方法呈现出单一化,基本上采用概念主义方法论。英国的约翰·密尔曾把中国的长期停滞不前归结为没有个性的发展。从深层次看,我国民事诉讼法学研究方式的单一性是意思自由乃至言论自由没有尽情发挥的产物。中国古代社会乃至于整个封建社会的诉讼程序必然是刑、民不分,以刑为主,以民为辅,且程序合一。这不仅是因为具有伦理指向的家产制小农经济中人们所追求的是所谓的实质正义,而不注重实现这种正义的法律程式和形式,而且从这种社会商品经济极不发达以及纠纷类型十分单一的角度上看,不要说对于民事诉讼程序体系结构的细化,就是单列民事诉讼

---

① 刘艳红:《开放的犯罪构成要件理论研究》,中国政法大学出版社2002年版,第263页。

第二章 类型化研究:民事诉讼程序研究方法的新尝试

程序,从社会经济发展的角度上看,也实在是没有多大的必要。我国现行民事诉讼法作为经济体制由计划经济向市场经济转型初期制定的程序法,虽然制定时我国社会的经济体制已开始发生变化,但是与程序制度所对应的经济形态,基本上仍然是计划经济体制。社会纠纷的类型和形式都十分的单一和简单。与此相适应,诉讼程序和诉讼程序制度体系的设置也十分的简陋和单调。可以说现行民事诉讼法在大的框架结构和诉讼程序体系的设置上,所对应和适应的基本上是过去的计划经济体制。

民事诉讼法学研究方式的单一亦构成我国民事诉讼法学落后的重要原因。以往民事诉讼程序研究以个体、分散、自由研究为主,整体性、层次性、类别化、体系性研究程度较低,这种研究的不利之处在于群体性功能没有得以发挥。且研究议题比较分散,往往难以形成观点的交流和交锋,不利于问题研究的深化,不利于发挥整体研究力量。民事诉讼程序问题往往涉及多方面,需要从多角度考察、分析。① 任何一种方法都不可能达到对民事诉讼程序的终极认识,必须从多维度去把握。通过概念法学,超越概念法学。

法学实证化的结果是,驱逐了价值和意识形态的"纯粹"的法学是一门像奥斯丁和凯尔森所说的规则学。规则的现实存在及其逻辑运行构成了该学说的全部内容,而社会学家则试图在这完美精致的规则体系上打开一个缺口,从而将人们的视线引向浩繁的社会现实。很显然,从一个单纯的法学家到社会(法)学家,这其中必然经历一种方法论上的转向,即从一种"内向性"思维转换到一种"外向性"思维。这一转换在当代中国法学界尤为必要!② "类型化"观念得以生成以来,迅速扩展到法学理论与实践的各个侧面。站在"类型化"的理论视角上,重新审视当今的民事诉讼程序法体系架构,我们甚至会作出这样的判断:当今的民事诉讼程序法学,就是一种"类型民事诉讼程序法学"。

(二)创新与突破:民事诉讼程序之类型化思维研究方法

科学发展的综合化趋势促使人们不断地将目光流转于价值判断与实证分析之间。"当代科学内部既深度分化又高度综合的客观现实"要求我们将实证主义方法与人文主义方法有机地融入现代法学方法论体系中去。面对此种方法论洪流,法学研究岂能拒绝!③ 对于法律的内在理解,尤其是程序法,必须

---

① 邵明:《民事诉讼法理研究》,中国人民大学出版社2004年版,第12页。
② 李可:《法学方法论》,贵州人民出版社2003年版,第533页。
③ 李可:《法学方法论》,贵州人民出版社2003年版,第74页。

使用与其独特品质相适应的方法。长期以来我们一直禁锢于传统的概念法学抽象式的研究方法,但这种研究方法固有的一些特性与构建开放的民事诉讼程序体系之目标之间存在难以克服的矛盾。类型化法学方法论的提出不仅是对传统法学研究方法的创新与突破,更重要的是为我们研究民事诉讼程序体系构建开辟了新的思路。德国学者恩吉施更是率真地认为:"类型是现代所有学门的新兴概念。"①无论其是否言过其实,这至少恰当地提醒我们:"类型"极有可能成为一种具有"横截式"意义的重要思考工具。以往的诸多问题与价值,也极有可能由此得到全方位地重新梳理与评价。甚至,正是基于认识工具的这一关键转换,传统理论将可能获得新的知识增长路径,并由此呈现出相当美妙的发展图景。

诉讼源自社会冲突的存在。作为一种行之有效的社会冲突化解方式,诉讼机制的作用就在于"依据社会冲突的不同状况,运用诉讼手段对冲突实施不同的排解和抑制。"②社会经济的发展状况和水平不同,解决纠纷诉讼程式、方式和方法就有所不同。同时为了适应解决纠纷的实际需要,解决纠纷的诉讼程式、规则和方法,又必须随着社会经济的发展,以及纠纷类型和解决纠纷社会需求的变化而发展。诉讼程序这种随着社会经济的发展、变化而在程序设置和解决纠纷机制上的变化与发展,历史地看不仅是程序制度在纠纷解决形式、方式、类型和机制上的变化,也是程序在正义、公正,以及民主等实质内容上的进化。中外诉讼制度发展、变化的历史,无不昭示和证实着社会经济发展与诉讼程序改革发展的这种对应关系。③ 与此相适应的是,类型化也成为诉讼法学领域最基本的研究方法之一,其目的就在于"按照一定的标准对社会纠纷进行归类总结,以为相应诉讼救济途径的设计或者诉讼体系漏洞的弥补奠定社会实证基础"。④ 综观人类法制文明进化的历史,可以说社会纠纷的多样化与复杂化以及相伴随而来的诉讼手段的类型化与精密化业已成为跨越不同法系的共性规律。

随着我国社会主义市场经济体制的确立及其迅速发展,现行的社会经济形态与过去已有了截然不同的根本性变化。所产生的多种纠纷类型、冲突形

---

① 黄源浩:《税法上的类型化方法——以合宪性为中心》,台湾大学法律研究所硕士论文(1998)年,第21页。
② 顾培东:《社会冲突与诉讼机制》,法律出版社2004年版,第42页。
③ 廖中洪:《中国民事诉讼程序制度研究》,中国法制出版社2004年版,第2页。
④ 樊崇义:《诉讼原理》,法律出版社2003年版,第551页。

第二章 类型化研究:民事诉讼程序研究方法的新尝试

式,对现行民事诉讼程序制度也提出了新的前所未有的处理程式、方式和形式上的程序性要求。站在今天的角度上看现行《民事诉讼法》,可以说在整个程序制度体系的构建和具体程序制度的规定、设置上,不仅问题很多,有些程序制度的设置和相应规定甚至是极不科学和极不合理的。因而随着社会发展需求的变化,以及立法技术的提高,改革现行民事诉讼程序制度,实现程序设置上的科学和促使程序制度的设置更加合理,也就成为了民事诉讼程序自身完善的需要。以类型化方法建构民事诉讼程序体系,将各民事诉讼程序之间的脉络关联表现出来,是法学最重要的任务之一,可以说,是学者现时最重要的任务。从专业视角观之,程序法与实体法不同,程序法是一门涉及大量技术的法律。因而任何程序法设置、规定得好与坏、优与劣,不仅与其指导思想和社会的各种因素有关,而且与立法者的立法技术也密切相关。[①] 换言之,富有技术性的立法,其程序的规定不仅具有逻辑性、严密、规范,而且也有利于适用。反之没有技术性的立法其程序制度的规定必然粗陋、散乱,没有逻辑和章法。由于我国历史上历来重实体、轻程序,不仅具有无视程序法的倾向和传统,即便是已经制定出的有关程序性规定,也是十分粗疏、简陋和单一,根本不存在针对纠纷的不同特点,有针对性地分层分类设置相应解决制度的情况。民事诉讼作为技术性相当强的法律部门,要求人们通常应从纯粹技术性的角度对民事诉讼进行研究和教学。[②] 民事诉讼程序设置技术化是程序类型化、体系化的基础,民事诉讼程序设置技术化决定了程序类型化、体系化的需求。比如,"海事诉讼特别程序"、"小额诉讼程序"、"家事诉讼程序"、"劳动争议诉讼特别程序"、"票据诉讼程序"、"公司诉讼程序"和"知识产权诉讼程序"等设置的做法,不仅是诉讼程序类型化的体现,更是诉讼程序设计专业化、技术化的问题。

在民事诉讼法学领域,将类型化作为最基本的研究方法之一,其目的在于按照一定的标准对社会纠纷进行归类总结,从而为相应诉讼救济途径的设计或诉讼体系漏洞的弥补奠定社会实证基础。站在功能主义的立场,人们不难发现,按照一定的标准对民事诉讼程序进行精细分类进而为权利遭到侵犯的民众提供完整而有效的法律保护,业已成为各国民事诉讼制度共同的发展规律。鉴于我国当下民事诉讼程序类型不完善和民事诉权保护不利的严酷现

[①] 所谓立法技术,是指有关程序制度在设置、规定方面的技巧、经验和知识。

[②] 陈爱娥:《法学方法论导读——代译序》,载[德]卡尔·拉伦茨:《法学方法论》,陈爱娥译,台湾五南图书出版公司1996年版,第138页。

实,近几年来,学界开始关注类型化这一关乎民事诉讼全局的重大问题。越来越多的学者认识到:民事诉讼程序类型的多寡及其设置的科学与否,直接影响到一国公民民事诉权的保护程度。与此同时,增加民事诉讼程序类型的呼声也随着民事诉讼法修订的提上日程而渐次泛起(如公益诉讼、人事诉讼设置问题)。综观以往的研究,学者们虽然提出了民事诉讼程序类型的诸多制度构想,但对于类型构造本身的理论内涵却关注甚少,似乎认为这一概念属于显而易见的问题。

三、民事诉讼程序类型化研究优势功能

"类型化"观念得以生成以来,迅速扩展到法学理论与实践的各个侧面。站在"类型化"的理论视角上,审视当今的民事诉讼程序,我们会发现,民事诉讼程序类型化研究具有一定的优势功能。

(一)民事诉讼程序类型化研究使民事诉讼活动更具有效性和目的性

在现代社会,民事权利具有多元性,民事法律关系具有多样性和多层次性,这就使得现代社会的纠纷呈现多元化和多层次性的特点。为使不同类型的纠纷都能够得到妥当地处理,就有必要设置多元的纠纷解决程序,而且必须根据纠纷类型的性质和特点设立不同类型的程序,易言之,民事诉讼程序的设置应当与纠纷的类型相适应。民事程序设计应当根据案件特性的不同需要,建立多层次、多元化的程序体系,这是程序价值多元化与程序专门化原理之必然要求。民事诉讼纠纷的多元化发展必然推动对应相称程序的设计和建立。对性质特殊的案件更需要设计特别的诉讼程序加以应对,正如我台湾学者邱联恭所言,立法者及法院须因应各该事件之特性需求,设立相当之程序制度。面对种类繁多的民事纠纷,客观上要求根据纠纷或案件的不同类型或性质分别给予不同的制度安排和解决方案。法律的主要作用在于通过对个人行为的安排、社会利益的保护,提供一种正如庞德所言的"通过法律的社会控制"。邱联恭教授指出:"如何将有限的司法资源公平地分配于各种类型的纠纷,避免因程序制度的原因而致使当事人承受不利益,因此,分别妥为建构、选用各类型事件所适合之程序制度、程序法理,并修正民事诉讼法,是21世纪社会的需

求,也是紧要之课题。"①因此,进行民事诉讼程序类型化研究,是切实保障诉讼当事人程序选择权的需要,有助于彰显民事诉讼程序价值多元化。事实上,我国一些学者结合国情正不懈地进行着这方面的努力。如公益诉讼制度,这是大家比较关注的,当我们消费者权益受到损害的时候,当我们的环境受到污染的时候,谁来提起诉讼?有时候就个人来说,只有反射的利益,或者说是间接的利益。根据原告资格理论,他们是难以提起诉讼的,所以有时就没人起诉。这样就有必要建立一个公益诉讼制度,立法机关也已接受这样一个意见。但是目前对这个问题还有很多争论,到底谁来提起,范围有多大,举证责任怎么安排,裁判的效力如何设定,都需要进一步进行研究。②

民事诉讼程序类型化之所以能够成为一个普遍性课题,其根本原因还在于有效权利保护的时代潮流。换句话说,正是出于对民众权利严密而有效保护的需要,不同的诉讼机制才需要密切协作共同构筑严密的诉讼体系之网,不同的民事诉讼程序类型才需要严格划分进而便于为民众所利用。可见,民事诉讼程序类型不只是手段和方法,其根本目的还在于对民众权利进行有效地法律保护。

这样的研究视角有助于促进民事诉讼法对诉讼程序运作"事实"及现实问题的关注,避免"教义主义"倾向。这对于推进我国民事诉讼法理论研究的成熟化非常必要。

(二)民事诉讼程序进行类型化有助于提高诉讼效率

在日常行为中,我们必须不断地作出决定和决策,我们必须在多种可能性中作出选择。在理论研究中同样如此。研究者为达到预定的目标,无一例外地会设计一个行动方案,遵循一定的行动规则,这无疑是方法论研究中的一个重要问题:理论研究的程序和规则是怎样的?分析表明,理论研究的开场白是研究者对其研究论题的择定,在论题的选择上,研究者的个人兴趣起着决定性作用,同时这也表明了研究者的理论兴趣所在。而上述两个方面均直接受制于研究者潜在或显在的价值观念或价值体系,从总体上讲它不可能是一种依

---

① 邱联恭:《程序制度机能论》,台湾三民书局1996版,第200页。
② 江必新:《完善民事诉讼制度的若干思考》,http://www.privatelaw.com.cn/Web_P/N_Show/? PID,访问时间:2011-06-28。

循特定逻辑思路的行为。因此,"论题的本身已经包含了评价"。①

效率是法律必须考虑的价值之一。民事诉讼程序进行类型化有助于提高诉讼效率。民事诉讼程序类型化的方法对诉讼效率贡献主要体现在:其一,通过民事诉讼程序类型化,能摆脱纷繁杂乱的生活事实的干扰,在法律上分门别类地对各种事实类型加以法律定型的处理,各归其位。从而节约司法成本,提高了诉讼效率;其二,民事诉讼程序类型化为司法提供了更具有可操作性的司法归类标准,使得"法律的寻找"和"法律推理"都变得相对简易、便捷,有利于提高司法的效率;其三,民事诉讼程序类型化,等于民事诉讼程序标准化和显性化的实现,为社会大众提供了清晰明确的行为类型标准,人们由此获得了据以理性行动的较为直观的信息,从而减少了行为的盲目性,增强了行为的主动性,有利于增进诉讼效率。

(三)民事诉讼程序类型化有利于实现程序安定性

民事诉讼程序类型化有利于实现程序安定性。安定性一直是法律的重要价值诉求。法律安定性与法的普遍性密切相关。法律关注的对象始终是普遍的。因为只有法律具有一种普遍性时,面对形态各异的世间万象,它才有可能保持一定的弹性与张力,妥善地化解各种问题,而不至于朝令夕改。类型如前所述仍然具有普遍性特征,类型思考是涉及事物本质的思考。在法律规定诉讼程序上进行合理、合法的诉讼活动,可以做到有章可循,此乃安定性的首要保障条件。拉伦茨对此评价到:"有些人认为,相较于借概念来形成构成要件(并配合以涵摄的技术),类型的思考方式比较不能保障法的安定性;这种见解未必正确。"②"与纯粹概念性的观察方式相比,类型化的观察方式有相当大的弹性,这种弹性似乎是以法安定性为代价而取得的,但也只是似乎。事实上,只要有可阶段化的过渡范围或混合类型存在,而没有确定界限,司法裁判就不是以概念性的方式作决定性的陈述……"。③ 民事诉讼程序类型化在两个层面上同时促进了程序安定性。一方面,民事诉讼程序类型化关注生活事实中的一般特征,并以这些特征为基础抽象出定型的诉讼程序,有效地加强了民事

---

① [德]马克斯·韦伯:《社会科学方法论》,杨富斌译,华夏出版社1999年版,第109页。

② [德]卡尔·拉伦茨:《法学方法论》,陈爱娥译,台湾五南图书出版公司1996年版,第17页。

③ [德]卡尔·拉伦茨:《法学方法论》,陈爱娥译,台湾五南图书出版公司1996年版,第183页。

诉讼程序的普遍性特征,并由此增进了民事诉讼程序体系的张力与弹性,使民事诉讼程序内部更趋稳定;另一方面,民事诉讼程序类型化使民事诉讼程序的价值、精神与理念,具体、确定、条理清晰、分门别类地提供给人们,大大地提高了人们理性预测的可能性,有利于克服和防止法官在程序运行、操作中的随意性、随机性,排除恣意和无序,促使司法审判活动能够按照法定的步骤、方式和规程进行。而且更重要的还在于立法的过程中,可以有效地避免由于纠纷类型的性质和特点不同,而导致程序设置上的偏差。由此提升了程序运作的安定性。程序运作的安定性,客观上要求立法在有关诉讼程序的设置及其相关规定上,需作出明确而确定的规定,而不能似是而非,标准不清,规定不明。这也是民事诉讼法解决民事纠纷,保障社会关系稳定基本诉讼目的的客观需要。

不管是刑事诉讼、民事诉讼抑或行政诉讼,都要求程序的设置和操作具有较强的稳定性和安定性,即在保护当事人的合法权益方面,基于解决纠纷的特性相应制定一些合理、精致的类型化程序规则,并能持之以恒地执行。从动态上观察,是合规律或合规则的运动状态。这种运动状态就是合乎逻辑地要求法律秩序保持安定的状态。如果程序规范缺乏稳定性和确定性,程序运作缺乏有序性、终结性和时限性,那么法的安定乃至社会秩序的安定,就无从谈起。正如马斯洛所指出,"我们社会里的一个平常的成年人,一般是宁要一种安全、有序、可预见、有规律、有组织的世界。他能够对这个世界有所指望,在这个世界里不会发生预料不到的、难以应付的、混乱的和别有危险的事情。"[①]因此,对于民事诉讼程序的设计和运作要充分地富有意义地保证程序的安定性,且要求法律尽可能地表达得明确清楚,力图减少任意地起变化的频率。

(四)民事诉讼程序类型化研究有利于建构开放的民事诉讼程序体系

无论是以概念的方式还是类型的方式还是二者相结合的方式,立法永远也达不到这样的完美程度:它将形态各异的法律上认为重要的生活事件,逐一分配到一个个精细思考所得的抽屉中,只要将该当的抽屉抽出,就可以发现该当的事件。需要关注的生活中的行为类型和关系类型要素经常在法律上得不到完整地显现。但是,根据社会发展以及法律实践的需要,补足和调整诉讼程序,提高民事诉讼程序体系的适应性,不仅有助于司法实践,也有助于整合民

---

① [美]马斯洛:《动机的形成和个性》,王大安译,四川人民出版社1985年版,第41页。

事诉讼程序类型,完善民事诉讼程序机制,避免民事诉讼程序体系僵化、空洞。

在我们看来,所谓科学,是一种系统化、体系化的知识,而体系化与方法几近同义,因此,"科学即方法"。① 对民事诉讼程序进行类型化研究,从横向层面看,类型化不但有利于民事诉讼程序分类,条分缕析,而且通过对各种民事诉讼程序样态的类型化处理,民事诉讼程序亦变得分门别类、井井有条;从纵向层面看,民事诉讼程序类型化处理妥当地连接了上位类型(母类型)与下位类型(子类型),构成民事诉讼程序上下衔接的必要中介,亦使民事诉讼程序体系变得错落有致、层次分明。民事诉讼程序类型化的意义脉络,就在于能够很好地洞察、显现此诉讼程序类型与彼诉讼程序类型的相通或是相异。有效地加强了民事诉讼程序体系化与科学化特质。

民事诉讼程序进行类型化研究与一般的价值研究方法不同,类型化研究体现的是一种价值中立主义立场,通过大胆而合乎逻辑的模式构建来比较研究对象,从中发现其同一性和差异性,由此发掘研究对象的真实原型。类型化研究方法目前在我国民事诉讼法以及证据法理论研究领域已经得到关注并取得了初步研究成果,其中涉及简易程序、反诉、诉讼权利、证明标准、法官自由裁量权等问题。② 民事诉讼程序进行类型化研究进路试图在既有的诉讼程序研究框架之外给人们提供一种全新的研究思路,其意在说明,当前对民事诉讼程序的研究不妨投入一些实证的研究眼光,更多地在"实然"层面加以关注,这样也许能够摆脱以往由于过多地在"应然"层面纠缠而产生的种种困扰。

再就是现代社会的飞速发展,成就了"多元主义"。社会多元化的发展促使民事纠纷呈现出多样化的趋势,在这一趋势之下,纠纷的多样性直接导致了当事人诉争的利益有不同的基点,在客观方面要求法院通过纠纷的个别化来实质地满足自己的要求。一元化的诉讼规则渐渐无法满足多元化纠纷的有效处理,诉讼程序类型化解决的重要性日益凸现。因此,研究民事诉讼程序类型成为多元化社会对民事诉讼提出的必然要求。如何发挥各类型民事诉讼程序的机能,借重其特性,更加快速、有效地解决多样化的社会纠纷,实现诉讼规则由一元化向多元化的转变,成为今后民事诉讼法学研究的一个重要方向。③

---

① 胡玉鸿:《法学方法论导论》,山东人民出版社2002年版,第26页。
② 黄娟:《原理·传统·政策——民事诉讼法基本原则体系的一种类型化研究进路》,载《湘潭大学学报(哲学社会科学版)》2009年第6期。
③ 陈桂明、赵蕾:《中国特别程序论纲》,载《法学家》2010年第6期。

第三章 民事诉讼程序类型化理论基础

现代法制的建设能否成功,不仅取决于政治的力量,也有赖于学术的质量。因为无论是总结本国的实践经验把它抽象为普遍适用的规范,还是借鉴外国的成功方法以缩短摸索的过程或减少失误的代价,都需要能保证择优决策的见地,从而也就需要在法律、制度及其社会效果研究上的理论造诣。任何程序机制的产生、存在与发展都有其相应的基础理论作支撑,对某一程序机制之具体程序规则的构建都必须以其相应的基础理论为指导。

一、现代民事诉讼程序价值导向:类型化的内在机理

(一)现代民事诉讼程序价值初步分析

在所有的法治意义的问题中,无论是宏观的和微观的,前瞻的和现实的,联系的和孤立的,都内在地蕴含了这种实体和程序意义的要素。他们充斥在所有有关法治的问题之中。法治作为整体或者作为实体,其最终的实现不能脱离程序活动,离不开程序规范;且它应当是处在一种不断"运动"中的观念体系,它的实现就是永远处于发展和追求法治正义的正当程序活动之中。换一个角度来说,程序将决定法治实现的程度。

无论是展望未来,还是考察历史,都反映出法治应然的是一个由"法治现实"走向"法治理想"的价值期待中的蓝图。但这一"价值期待中的蓝图"会随着法治的进程,一直处于人们发展着的描绘和展望之中;也一直处于外在的程序化的过程活动之中;更会一直处于不断的自我更新和自我完善之中。法治属性的结论之一:法治是程序化的过程,法治没有终点。从终极意义上讲,法治传统取决于人类的反躬自省,人类对自身局限和生存方式的自觉反思构成

了法治的根本内容。简言之,法学方法论就是法学的自我拷问。归结到一句话,法学方法论是对已有法学研究和方法之反思,是对法学理论体系的重新审视。

由于程序工具论的长期盛行,程序理论在我国一直极为缺乏。即使到二十世纪80年代全面启动法制建设,我国的法律家也是"更多地强调令行禁止、正名定分的实体合法性方面,而对在现代政治、法律系统中理应占据枢纽位置的程序则语焉不详。"①九十年代后,关于程序以及程序价值的理论才逐渐进入国人的视野。对于民事诉讼程序价值的探讨并不仅仅局限于民事诉讼程序在司法实践运作中的实然性,而应当立足于民事诉讼程序的应然性,着重探讨理想的民事诉讼程序应当是什么样的,为什么应当这样,以及对现实的民事诉讼程序应作出何种评价等等。进行这样一个宏观的理论探讨殊非易事,但由于民事诉讼程序价值的存在,意味着民事诉讼程序所达到的理想境界,并使得民事诉讼法学具备了自我反思和评价的功能,成为一门真正的学科。

倾向于实证分析同时又对价值判断多加看顾的美国法学家庞德指出:"价值问题虽然是一个困难问题,它是法律科学所不能回避的,即使是最粗糙的、最草率的或最反复无常的关系调整或行为安排,在其背后总有对各种相互冲突和互相重叠的利益进行评价的某种准则。"②程序是在一定的理念基础上根据不同的价值取向进行设计的。现代法治社会,人们的追求已由一元价值转向多元价值,公正、效率与安定等都是人们孜孜追求实现的价值目标,是人类社会的道德理想和法律目标,也是历来诉讼制度应有的基本价值。现代社会多元的价值需求决定了司法程序的多样化、类型化。

1. 程序正义(也可称之为程序公正)

作为社会公正的最终保障,正义的实现,不论是对公民个人还是对国家,都具有极大的现实意义。美国著名的政治哲学家罗尔斯认为:"公正的法治秩序是正义的基本要求,而法治取决于一定形式的正当过程,正当过程又主要通过程序来体现。"③因此,诉讼程序是否公正,是否具有正义性,在很大程度上决定了法治能否实现。在当前我国推进社会主义法治建设的过程中,树立程

---

① 季卫东:《法治秩序的建构》,中国政法大学出版社1999年版,第10页。
② [美]罗·庞德:《通过法律的社会控制·法律的任务》,沈宗灵、董世忠译,商务印书馆1984年版,第55页。
③ 转引自姜素红:《程序正义及其价值分析》,载《湘潭大学学报(哲学社会科学版)》2005年第1期。

第三章 民事诉讼程序类型化理论基础

序正义理念,关注诉讼程序正义研究,是十分必要的。

在民事诉讼程序的价值体系中,公正是程序的第一要义,这不仅是民事诉讼程序目的的要求,也是现代司法核心内容的体现。美国哲学家罗尔斯说过:"正义是社会制度的首要价值,正像真理是思想体系的首要价值一样。"① 虽然程序本身具有一定的形式性,但当我们把程序问题与正义问题结合起来考虑时,就为程序确立了实质性的目标。正义作为人类社会的首要价值,其实现往往要通过一定的方式,并表现为一定的过程,民事诉讼程序就是其中之一。民事诉讼程序正义是民事诉讼的最高价值理念,为了实现程序的正义,就需要在设计民事诉讼程序的机制时充分考虑程序正义的要求,将程序正义的基本标准反映到程序的具体制度中。在现代民事诉讼正当程序中,程序正义的标准或要求主要有:法官中立、当事人平等、程序公开、程序参与、程序比例等。

在一般意义上,民事诉讼程序的功能主要体现在两个方面:一是为当事人的纠纷解决提供一种公正的程序;二是通过这种程序的进行,获得一个公正的处理结果。这两个方面同时存在并且紧密相连,我们无法离开一个方面孤立谈论另一个方面。但是,基于强调重心的不同,设计出来的诉讼程序在价值取向和运作的实效上会有很大的差别。着眼于结果公正的诉讼程序,通常会对判决"正确与否"投以较多的关注,相应的,对生效判决的救济手段总是唯恐太少;而对程序上的瑕疵则比较"宽容",只要这种瑕疵看起来不至于影响到审判结果,一般不予纠正;另外,关于诉讼运作规程的规定常常缺乏刚性,有时甚至仅仅体现为一种劝导性规范,有关主体不遵循,也没有有效的措施予以制裁。着眼于程序公正的诉讼程序恰恰相反,它更注重程序的自治和程序的安定,它强调,只要程序本身被遵循,结果就应当被认为是公正的;为此,程序刚性是其共同的特征,某一主体违反了法律关于诉讼规程的强制性规定,就会导致对其不利的后果发生。当然,以程序公正为出发点的诉讼程序并非置实体法于不顾。如何有效地实现实体公正,从来都是现代诉讼程序所要面对的基本问题。只是按照程序公正的理念,这种追求体现在了诉讼程序的理性设计当中,就能够在最大程度上保证诉讼所发现的真实是当事人所信赖和所选择的真实,从而在实体方面增强法院裁判的正当性。在具体诉讼过程中,主要是依靠程序的合成,而不是法官的主观努力来实现实体法和实体公正。

程序正义的价值定位不是一成不变的,随着社会、经济的发展,人们的社会关系、利益需求及价值观进一步多元化,自然会导致对程序正义的理解和追

---

① 转引自左卫民、周长军:《刑事诉讼的理念》,法律出版社 1999 年版,第 121 页。

求发生新的情况。从这个意义上讲,法制的改革和完善是一项长期的、不断变化发展的过程,而诉讼程序的公正也永远只停留在它曾经适合的阶段,时代的变迁使其需要不断发展来满足人们对诉讼程序正义的需求。正如柏拉图在《政治家篇》一书中所言,"人之个性的差异、人之活动的多样性、人类事务的无休止的变化,使得人们无论拥有什么技术都无法制定出在任何时候都可以绝对适用于各种问题的规则。"不同条件下的法律规则的正义不同,它表明了在不同的时期,法律规则的正义要求和内容都是不同的,而不同的社会制度对法律规则正义的要求和内容也有可能不同。因此,我们所说的程序的正义只能是相对的,是就空间概念而言的。

程序是为社会正义的分配服务的,而正义分配这一任务的实现又必然要求程序的类型化。正义再分配的核心用一句话来概括就是"得其所得,各得其所"。这个要求不仅是对结果的期望,也是对获得结果的过程的期望。通过程序的创设,使失衡的正义再次达到平衡,又由于程序自身所具有的功能,使它对正义又起到了在法律层面进行分配的作用,与此同时也实现了它自身的目的,即实现正义再分配。既然正义的经典概括为"得其所得",同样地,正义分配的路径也要体现这一思想,换言之,正义分配的程序性要求要体现"得其所得",即用来分配正义的程序应当是具有不同类型的,当分配某个正义时,需要与它相适应的程序与路径,不同的正义分配就需要有不同的程序与路径。具体到司法领域中正义的分配,就应当有不同的诉讼程序与它一致,而司法领域中的正义是以个案的形式实现与分配的,而以个案形式分配的正义又具有特殊性,所以实现正义的程序应当是多类型的。①

无论在实体上还是程序上,如果制定法律总是能考虑从权利上保障理应得到保障的所有人,这项法律就可以看作是正义的。从操作层面来看也是这样,如果通过诉讼程序的规范以进行合理的变通,以保障每个人之应得的能迅速得到,那诉讼程序操作方式就符合法律正义的要求,或可以说在程序上的运作是正义的。社会纠纷的广泛性、复杂性和变化性,决定着人们请求司法机关解决纠纷诉讼请求的多样性,而这种处理解决纠纷的多样性又促使法学自然分化、细化和发展。将案件按照一定的标准进行一定的分流,不仅可以使司法资源在不同的案件中得到大体合理的配置,也可以有效地增强程序的公正性。对不同的程序类型,适用不同的程序规则,立法者对每种程序类型的设置,实

---

① 毛立华:《程序类型化理论:简易程序设置的理论根源》,载《法学家》2008年第1期。

质上是对诉讼制度的反思与构建。① 具体而言,程序的类型化就是要为不同的案件设置不同的程序,使每个人得到应当得到或同等情况下的人们得到同等的对待,实现正义,这是公平的必然体现。

在强调程序正义的时候,要知道程序需要达到的目标是什么?实现法律正义的各种标准只是一种手段,创造良好的法律秩序乃至使整个社会的秩序良好才是其精神。诉讼程序法如果能够真正反映正义的精神,则有利于建立良好的诉讼秩序,以确保诉讼在公正的程序下进行,最终实现司法的公正。我们应该明确的是诉讼程序正义的目标在于最终以最完美的状态实现结果的公正,这是实现程序正义的意义所在,此目的不能缺失。德国法学家鲁道夫·斯塔姆勒认为,"法律理念乃是正义的实现。"其包含的意义在于所有的法律努力的目的,应是以现时现地的条件尽可能地实现人在社会生活中最理想的和谐。

2. 程序效益

在民事诉讼程序设计时,程序效益也是不得不考虑的价值因素。现代社会的一个显著特征是社会生活的各个领域的快节奏,处理问题包括解决纠纷(最为明显的是经济纠纷)迅速快捷成为当代人的价值追求理念。在当代社会,一个国家民事诉讼效率的高低,可以反映出该国民事经济司法制度在实现民主、正义途径中的科学化程度和进步性程度。为此世界各国无不将效率作为民事诉讼中的一项重要的价值目标而积极地加以追寻。程序效益体现为诉讼成本与诉讼收益相适应,努力寻求效益优化的最佳点,让当事人利用诉讼程序或法官指挥诉讼从事审判时,避免不应有的诉讼成本支出和诉讼收益牺牲。"从经济学的角度看,诉讼制度的目的就是要使两类成本之和最小化。第一类成本是错误的判决的成本……同时,我们绝不能忽视诉讼制度的运行成本。"② 从公共资源的公平分配角度看,金钱诉讼的成本和收益都比较单纯,其对于社会的价值主要以标的额为标准衡量,小额诉讼所占用的司法公共资源最多不能大于社会因此而挽回的经济损失,同时从当事人角度来看,如果司法制度不能提供一种使当事人诉讼成本(金钱、时间、精力等等)与其所获得的程序利益相适应的程序设置,那么这种司法制度即使符合当事人主观上"公正"的感觉,但这种公正对于其本人而言是非理性的,对于那些程序利益和机会成

---

① 毛立华:《程序类型化理论:简易程序设置的理论根源》,载《法学家》2008年第1期。

② [美]理查德·A. 波斯纳:《法律的经济分析》(下册),蒋兆康译,中国大百科全书出版社1997年版,第717页。

本都无法获得补偿或完全补偿的对方当事人而言更是不公正的。大陆法系上诉制度所遵循"上诉利益规则"和美国判例法所确定的确定程序正当性的"利益衡量标准",从不同角度认同了一个共同原理:如果当事人所享有的程序保障与其从程序中所获得的利益相适应,这一程序即为"正当程序"。① 程序效益是以诉讼公共成本和私人成本的综合计算为基础,对当事人的程序利益给予更多理性的关注。

追求程序效益既是社会生活发展的客观要求,亦是民事诉讼自身发展的必然,有其深刻的内在原因。表现为正当程序理念下迅速及时结案的要求和民事案件日渐增多与司法资源的有限性的矛盾。民事案件能够得到迅速及时的处理,这是民事诉讼最基本的要求,亦是正当程序理念下的具体内容之一。无论审判能够怎样完美地实现正义,如果付出的代价过于昂贵,则人们往往只能放弃通过审判来实现正义的希望。英国有句古老格言:"迟来的正义为非正义",深刻揭示了诉讼拖延与迟缓将带来许多严重的消极后果。诉讼拖延、迟缓可能使裁判结果的公正作出变得更加困难。

立法者在设置诉讼程序时,必然要考究诉讼成本与诉讼收益的对比关系。任何程序所占用的司法公共资源最多不能大于社会因此而丧失的经济损失。普通程序相对周期较长,效率较低,但当事人的诉讼权利行使得更充分,接近客观真实的概率更大。简易程序成本较低,但程序的严格规范性不强,通过程序发现案件真实的能力较弱。程序自身的设计和适用范围的安排必然要以追求高收益率为价值内核之一,同时,诉讼收益还要兼顾程序利益和实体利益的平衡。无视当事人的程序利益,片面追求发现客观真实以获得实体利益的观点,以及一味强调谋取程序利益的理论和做法都是不科学的。诉讼成本与诉讼收益相适应原理要求我们在立法时,应当充分考虑当事人和国家的诉讼成本与诉讼收益问题,根据事件类型的特性需求设置不同的诉讼程序,允许在一定范围内利用简易程序等其他较为便捷的方式,而不是不管案件类型如何,一律适用普通程序等较为严谨的程序。②

社会纠纷纷繁复杂,不同类型的纠纷各有其个性、特征。面对不同类型的纠纷,应适用不同的纠纷解决方式。从整个社会发生的纠纷类型来看,并不是所有纠纷都要通过诉讼的方式解决,即使通过诉讼方式解决,也应有与不同纠纷类型相适用的不同诉讼程序。对数额相对并不大,案情也并不复杂的纠

---

① 傅郁林:《繁简分流与程序保障》,载《法学研究》2003年第1期。
② 杨荣馨:《民事诉讼原理》,法律出版社2003年版,第421页。

纷,就没有必要适用非常复杂的程序来解决,而应代之以简便、节约的程序,避免不必要的资源浪费,从而使国民在一定的资源条件下获得更多的服务。正如棚濑孝雄所言:"所谓效率性的要求是审判大众化不可避免的产物。因为,诉讼一旦从有产阶级的独占中解放出来,成为向一般民众提供的一种服务时,把诉讼成本置之于度外的制度运行就变得不可能了。"①在讨论审判应有的作用时不能无视成本问题。因为,无论审判能够怎样完美地实现正义,如果付出的代价过于昂贵,则人们往往只能放弃通过审判来实现正义的希望。不仅如此,此种程序制度亦浪费了国家有限的司法资源,因此也损害了公众的利益。

针对不同纠纷类型,设置不同程序,也是程序保障的基本方式。民事诉讼纠纷的多元化发展必然推动对应相称程序的设计和建立。对性质特殊的案件更需要设计特别的诉讼程序加以应对,正如我台湾学者邱联恭所言,立法者及法院须因应各该事件之特性需求,设立相当之程序制度。面对种类繁多的民事纠纷,客观上要求根据纠纷或案件的不同类型或性质分别给予不同的制度安排和解决方案。法律的主要作用在于通过对个人行为的安排、社会利益的保护,提供一种正如庞德所言的"通过法律的社会控制"。根据案件的性质和繁简而设置相应的繁简程序。根据正当程序保障原理和诉讼费用相当性原理(为比例原则的一个具体),对于诉讼标的额较大或案情较复杂的案件,适用比较慎重的程序来解决,而对于诉讼标的额较小或案情较简单的案件,适用简易的程序来解决。②

从目前司法实践来看,民事案件不断增多,而且还有许多新兴民事纠纷案件不断出现,民事诉讼的任务越来越重。所有案件一律都按严格的普通程序进行,势必耗费大量的司法资源,而任何不必要的耗费又将直接或间接影响其他案件的处理,显然既不经济,也不合理。一项良好的民事诉讼程序,除了关注程序公正、结果公正这些价值目标外,还必须符合经济效益的要求。尽可能地提高诉讼效率,保障民事诉讼的良性运转。尽管世界各国的国情、民情及司法实际状况不同,但是,面对诉讼成本高昂,案件积压严重,司法活动拖延的共同难题,世界各国不外乎通过合理地配置有限的司法资源和合理地设计诉讼程序的方法予以解决。为了实现公正与效益价值目标以及最大限度协调二者的矛盾,各国立法最终选择了将一部分民事案件分流出来适用简易程序或者

---

① [日]棚濑孝雄:《纠纷的解决与审判制度》,王亚新译,中国政法大学出版社1994年版,第249页。
② 邵明:《现代民事诉讼基础理论》,法律出版社2011年版,第90页。

速决程序,通过这个途径解决迅速及时结案与案件多、司法资源有限的矛盾。从各国民事司法发展和改革趋势来看,繁简分流旨在以合乎理性的规范使案件各入其道,使程序的正当化在司法资源与司法需求的剧烈冲突中获得现实可能性。案件的及时处理表明其合法权益及时得到了维护,其个体尊严得到了应有的重视。可见,民事诉讼应当迅速进行,案件应当及时处理,这是进行民事诉讼必然的基本要求。

3. 程序安定

"实体法一向是将判断确定什么是合乎正义看作是其一大使命。与此相反,程序法则毫无疑问将维护和贯彻判决的结果、顺应法的安定性要求作为一大特点。"①公正和效益作为现代民事诉讼程序设置和具体制度安排时的两大价值目标追求,虽然是固化司法权威性的主要因素,但不是全部要素。从民事诉讼程序的内在制度价值来看,若一味追求所谓的公正,而不顾裁判的确定性、法的安定性,随时推翻法院已作出的生效裁判,那么,判决所确认的法律关系就没有确定性,社会关系也就不稳定,这非但不能强化和维系司法的权威性,反而会削弱甚至破坏司法的权威性。所以,从提升司法的权威性出发,维护法的安定性,进而维护社会生活的秩序,程序安定应当成为民事程序设计时兼顾的价值。

程序安定,"是指民事诉讼应依法定的时间先后和空间结构展开并作出终局决定,从而使诉讼保持有条不紊的稳定状态。"②对法的安定价值的关注,向来是西方法哲学家们孜孜以求的。德国法哲学家拉德布鲁赫更是强调法的安定性,在其"实证法之不法与超越实证法之法"中提出的判断公式——"法的安定性原则上优先于合乎正义性。"③这种法的安定性必然包含程序法的安定性,即程序规范的安定和由程序规范运作所形成的程序的安定。不管是刑事诉讼、民事诉讼抑或行政诉讼,都要求程序的设置和操作具有较强的稳定性和安定性,即在保护当事人的合法权益方面,制定一些合理、精致的规范制度,并能持之以恒地执行。如果程序规范缺乏稳定性和确定性,程序运作缺乏有序性、终结性和时限性,那么法的安定乃至社会秩序的安定,就无从谈起。程序

---

① [日]三月章、汪一凡:《日本民事诉讼法》,台湾五南图书出版公司1997年版,第29页。

② 陈桂明:《程序理念与程序规则》,中国法制出版社1999年版,第2页。

③ Radbruch, GesetzlichtUnrecht and ubergesetzlichesRecht, in radbruch(N7)S, 339~350。

第三章 民事诉讼程序类型化理论基础

安定这一概念本身即体现了对恣意的抵制和对秩序的尊重,因此,程序本位的立法理念本质上具有对程序安定的内在要求。

程序安定在民事诉讼中具有独立的价值地位。如果程序不安定,则公正与效益就无从谈起。从程序公正来看,程序的有序性要求当事人必须根据先行行为作出后行行为,如果作出的先行行为被随意撤回或撤销,必然影响对方当事人的攻击或防御,而且如果确定裁判被不断推翻重来,也势必影响当事人的信赖利益,这些对其来说都是极不公平的;从诉讼效益来看,民事诉讼需要以其有限司法资源应对众多纠纷,如果任意诉讼,随意变更诉讼标的,因为新证据的出现不断改变终审判决,不仅会造成当事人的讼累,也浪费了国家的司法资源。

从制度设计者的角度来说,民事诉讼制度的目的在于通过具体纠纷解决过程中"法的空间"的形成,来实现实体法体系所欲建构的特定的法秩序。但从每一个利用诉讼程序的当事人的角度来看,他们关注的利益包括某项财产的获得,某种法律关系的确定、变更,某种争执状态的消除,甚至可能仅仅是某种心理上的满足。这形态各异的利益要求,在诉讼程序提起之时,都要被翻译成固定的权利话语,因为唯有如此,他们才能获得国家司法制度的承认和救济。由于法治之下的诉讼程序讲求刚性和安定,这种翻译过程不可避免地要剔除(或者说牺牲)当事人的某些要求。但是,在满足法治基本要件的前提下,通过纠纷解决机制的改良来尽量满足当事人的需求,这应该成为一国司法制度的正当追求。为解决纠纷当事人需求的无限多样性与司法制度满足此种需求能力的有限性之间的矛盾,通过对程序制度的改革,可以设置多种类、多层次的程序制度。纠纷的种类不同,当事人(以及相关群体)对纠纷解决的具体要求也是不同的。比如对小额案件,需要的是快速、节省的解决;对大宗的财产案件,需要的是慎重而正确的解决;对涉及公益、影响广泛的案件,则需要平衡各种考量,加以妥当解决。程序能够安定的前提在于程序的相对独立性,有自己相对独立的发展规律和内在技术性机制。如1877年德国民事诉讼法中关于简易程序、督促程序等,至今仍为许多国家所采用。根据不同的需要,可以设置相应的类型化纠纷解决程序,以类型化、专业化的程序实现纠纷解决效果的最优化。同时还应注重各种程序之间的衔接、照应和配合的规范化,即哪些案件适用普通程序,哪些案件适用简易、小额程序或者其他专业化程序,哪些事项由法律强制性规定,哪些事项当事人可以选择,哪些事项又是法官自由裁量的范围,这一切都应按照现代诉讼理念作出统一的安排。

(二)现代民事诉讼程序价值导向之反思

程序和价值都是人类重要的制度和实践所不可或缺的,它们从根本上说是不可分离的。从终极的意义来讲,程序和价值、目标和手段是同等重要的。这样的范畴,从政治学上来看有很多,比如公平和效率,自由和平等,个人权利和公共利益等,都是对立统一的范畴。可以看到一些学者经常说个人的权利很重要,另外一些学者则说集体的公共利益很重要;一些人说效率重要,另一些人则说公平重要;一些人说自由重要,另一些人说平等更重要。其实它们作为元价值都同等重要。但在现实生活中,它们在不同的特定条件下,确实是有轻重之分的。最初我们谈到的是效率优先,现在我们在发展到一定阶段,这个方针就变了,强调公平、正义优先,强调更多地注重公平。我们看到它是不同的路径,在整个社会推进过程当中,它是不断地在变化,不断地有所调整。在某个时期,对于某个群体来说,确实有优先的次序。①

我国现行民事诉讼程序经过多年的实践及理论的检讨,越来越走向成熟化的发展,在价值的选择上,游走于公正、效率与安定三者之间。诉讼本是一类存在着多种利益因素互动、共生作用的社会关系,单纯片面强调某一方面都是不切实际的。我国所面临的程序问题则如同疑难杂症,任何单一的价值取向都难以解决中国如此复杂的问题。当这个社会多元化,有不同价值观的时候,我们不能强调某一种特定的价值,我们要强调不同的价值能够共存。而且价值能否以相互协调的方式实现功能互补,决定着程序设计能否满足保障程序的正当化这一共同目的。

1. 程序公正与程序效益的艰难选择:现代民事诉讼的尴尬处境

程序公正与程序效益作为现代民事诉讼的两大目标,基本上为世界各国所采用。很少有国家的民事诉讼单一地以效率或公正为目标,不兼及另者,问题只是何者优先。法律在公正与效益之间进行的权衡和抉择,牵涉到中国自古以来就存在的"义"、"利"之争,以及西方思想史当中的正义与功利学说之间的交锋。这种争论至今不息,究其原因在于公正和效益都是法律难以舍弃的重要价值,很难在二者之间简单地作出取舍。公正是法律的灵魂,法律失去了公正便失去了其存在的正当性和价值;而效益则是人类行为所包含的经济逻辑体现,法律必然要体现这一逻辑,否则无法在现实中贯彻执行。程序公正与

---

① 季卫东:《法制重构的新程序主义进路》,http://www.china-review.com/lat.asp?id=26221,访问日期:2011-08-10。

第三章 民事诉讼程序类型化理论基础

程序效益既有一致的一面,两者有和谐共处的可能,但是它们又时常处于深沉的张力之中。当二者处于尖锐对立的状态中时,我们不得不从中作出抉择。

程序公正与程序效益都属于民事诉讼行为的价值,具有一致性。首先,二者是相互包含,相互制约的,程序效益作为满足程序主题需求的一种价值,其中包含着公正的精神。从某种意义上讲,程序效益所追求的是以最经济的方式实现公正的目标。反过来,程序公正对程序效益也具有一定的涵摄力。只有在效益提高的前提下,才能实现更高层次的公正。正像波斯纳在《法律的经济分析》一书中所言"正义的第二种涵义——也许是最普通的含义——效率。"程序应当在合理的期限内实现,否则就是非正义。由于程序的不适当延长会使当事人的程序利益不能得到应有的关注,他们往往会产生受忽视的感觉,难以从心理上接受裁判结果的正当性,因此,一些学者将程序及时原则作为程序公正的一个要素;其次,程序公正与程序效益也是相互依存相互支持的。程序公正作为程序的价值目标,具有多方面的局限性,需要与效率价值目标形成互补。从整体上看,程序公正往往更适合于作为程序法律制度确定与实施的定性根据,而程序效益则适宜对程序法律制度进行定量分析。事实上,许多程序法上的法律现象,仅仅用公正或正义无法作出合理评价。许多权利的安排或手段、方式的选择,必须以公正与效率双重目标为依据。正如培根所言:"不公平的判断使审判之变苦,而迟延不决则使之变酸"。[①]

程序公正与程序效益之间也存在非一致性。程序公正的实现必须以一定的程序耗费为代价,而程序耗费的增加将直接导致诉讼成本的提高,程序效益因此会降低。而对程序效益的无止境追求将会突破程序公正的最低标准,而阻碍程序公正的实现。英国有句古老的法谚曰"迟来的正义等于不正义",司法效率的低下严重影响社会公众对司法的信赖,"通过法律实现正义"也就被大打折扣。这些都意味着程序公正与程序效益之间存在着天然的紧张关系。程序公正与程序效益都不是绝对的。绝对的公正缺乏时代感,绝对的程序效益则不能长久。从逻辑上讲,程序公正和程序效益不存在哪个在先在后的问题,但是具体到历史和现实中,程序公正和诉讼效率总是具有时间差和空间差。也就是说二者发生冲突时哪一个优先,不是一个理论问题,而是一个实践问题。

认识到程序公正与程序效益之间的这种一致性与非一致性,我们可以对

---

① [英]弗·培根:《培根论文集》,张造勋译,中国社会科学出版社 2011 年版,第 193 页。

这两者的权衡与抉择问题作出安排。在对程序公正与程序效益的取舍过程当中,不能简单地将其中某一种价值标准推向绝对化,只能根据当时特定的条件和处境作出尽可能兼顾、又有所侧重的处理。追求程序公正是满足人们追求理想的理性需求,追求诉讼效率是人们实现现实需要的需求要求。诉讼制度或程序真正永恒的生命基础在于它的公正性。① 故公正在诉讼领域始终带有根本性。任何一项诉讼制度必须遵循最低限度的程序公正标准。程序效益的最大化不应损害程序公正的最低要求,对程序效益的追求必须控制在一定范围内才具有现实意义。为了解决这个难题,"二战"以后的西方国家乃至整个世界,进行司法改革的呼声和实践始终在持续,通过诉讼程序的类型化,实现案件处理的程序分流。这不是一个简单的节省司法资源、提高诉讼效率的问题,而是司法资源的合理配制问题。我们在设计诉讼程序的规则,分配诉讼权力和诉讼权利时,应当遵循适合于案件类型的合理的正当程序标准,使之具备程序上的正义性。从正当的类型化程序出发看问题,如人事诉讼、小额诉讼、简易诉讼等程序,其价值取向并非效率优先兼顾公平,而是以程序公正为基础,以程序效益为关键。在程序正义与程序效益之间找到一个使两者价值共同实现的支点。如果过分强调一个方面而忽视另一方面,都会使简易程序失去其存在的合理性和正当性。所以应以程序正义与诉讼效率并举作为其追求的价值目标,实现程序正义与诉讼效率的和谐统一。

2. 程序公正与程序安定

日本学者三月章认为:"裁判既为公权性、强制性解决纠纷的制度,则其中必然一方面存在着必须合乎正义的要求;另一方面又随之出现另一种要求,即既然已经作出裁判,则裁判的存在及其判断的内容就绝对不能轻易被动摇。"②在对待法的正义与程序的安定问题上,存在着制度设计上的价值选择。法的安定性是法律的基本价值——秩序的要求。对法的安定价值的关注,向来是西方法哲学家们孜孜以求的。这种法的安定性必然包含程序法的安定性,即程序规范的安定和由程序规范运作所形成的程序的安定。不管是刑事诉讼、民事诉讼抑或行政诉讼,都要求程序的设置和操作具有较强的稳定性和安定性,即在保护当事人的合法权益方面,制定一些符合纠纷解决类型的合理、精致的程序规范,能持之以恒地执行。如果程序规范缺乏稳定性和确定

---

① 顾培东:《诉讼制度的哲学基础》,载柴发邦:《体制改革与完善诉讼制度》,中国人民公安大学出版社1990年版,第39页。

② 常怡、唐力:《民事再审制度的理性分析》,载《河北法学》2002年第5期。

性,程序运作缺乏有序性、终结性和时限性,那么法的安定乃至社会秩序的安定,就无从谈起。一个完全不具有稳定性的法律制度,只能是一系列仅为了对付一时性变故而制定的特定措施,它会缺乏逻辑上的自洽性和连续性。

程序安定和程序正义在价值意义上并没有严格的界限,有时程序安定与程序公正有着重合的情形。从民事诉讼程序的内在制度价值来看,若一味追求所谓的公正,而不顾裁判的确定性、法的安定性,随时推翻法院已作出的生效裁判,那么,判决所确认的法律关系就没有确定性,社会关系也就不稳定,这非但不能强化和维系司法的权威性,反而会削弱甚至破坏司法的权威性。所以,从提升司法的权威性出发,维护法的安定性,进而维护社会生活的秩序,应当成为各类民事诉讼程序设计时兼顾的价值。因为安定价值的实现,本身受到既对个人有益又对社会有益这个条件的限制。然而,如果对安全的欲求变得无所不包,那么就会产生这样一种危险,即人类的发展会受到抑制或妨碍,因为某种程度的压力、风险和不确定性往往是作为一种激励成功的因素而起作用。因此,在具体程序设计中,对正义(实体)的追求与程序安定的考虑应当作出合理的安排。

我国现行立法显然缺乏有关程序安定的考量。这集中体现在判决的既判力问题上。生效判决具有既判力,非因法定事由并经法定程序,不得对其再行争执,这是现代民事诉讼的基本法理。为此,虽然有些国家也规定了对生效判决进行救济的再审程序,但该程序的适用条件极其严格,实践中也很少使用。反观我国,由于提起再审的主体过多——甚至法院不经当事人申请也可以主动提起再审,程序的提起任意性很大,这使得对生效判决提起再审是再经常不过的事情。这使得我国民事裁判的安定性极其微弱。如果按照程序安定的理念来重构我国民事诉讼法,这种状况是必须改变的。

二、民事诉讼程序类型化的法理基础

民事诉讼程序类型化在制度层面上需要相应的基础理论做支撑。①

---

① 新的理论的发现和创造往往是出于新的方法的引进,新的方法的引进无不导致研究取向的更新和新的研究成果的获得。德国学者加达默尔甚至认为:所有研究的本质是发现新方法。参见[德]卡尔·拉伦茨:《法学方法论》,陈爱娥译,台湾五南图书出版公司1996年版,第135页。

(一)程序类型化理论

从程序的最初设置上看,为了提高司法制度解决纠纷的能力,以便纠纷解决在数量和质量上均达到令人满意的程度,应当在民事诉讼中引入"纠纷的类型化解决"的思路。程序类型化理论也就成为程序创设的真正理论根源。在诉讼程序的设计中,应根据各类案件的不同特征,在程序的提起以及运作的各个环节上进行繁简有别的设置,以体现类型化解决的制度优势。

程序的类型化就是要为不同的案件设置不同的程序,使每个人得到应当得到或同等情况下的人们得到同等的对待。各国(地区)诉讼的发展大都沿着这样的一条路径:将案件按照一定的标准进行一定的分流,对较为重大复杂的案件,按照普通程序或专门程序进行处理,以增强程序的公正性;对简单的案件,采取简易程序进行,促使诉讼程序加快、缩短结案周期,司法资源可以在不同的案件中得到大体合理的配置,但必须在确保最低限度公正性的前提下进行。社会纠纷的广泛性、复杂性和变化性,又决定着人们请求司法机关解决纠纷诉讼请求的多样性,而这种处理解决纠纷的多样性又促使法学自然分化、细化和发展。无论是复杂性还是多样性,任何错综复杂的表象背后总隐藏着能够为人们所认识的共同规律,当人们针对不同的诉讼请求对诉讼的内在规律进行认识、整合时,程序类型便应运而生。从解决社会复杂矛盾和不同类型民事纠纷的角度上讲,现行民事诉讼法有关程序制度的设置过于笼统、简单,以及对于某些特殊类型的纠纷,缺乏有针对性的程序制度设置。

过去谈程序的时候往往强调的是形式,在二十一世纪以后,整个世界的变化已经越来越难以按照形式及法学家所设想的概念计算来把握整个世界,这就是导致在二十世纪初叶德国出现自由法学运动,在美国出现法学现实主义运动很重要的方面和原因。这个社会越来越多元化了,越来越流动化了,已很难按照一个形式的标准来要求它。反过来,把实质性的判断放进来,但是这种判断又不是任意的,又不是仅仅局限于某种价值取向,这就是类型化程序的重要特征。面对正在越来越多元化了的现实,我们有必要重新认识程序,必须深入思索与此相适应的制度配置以及作为制度基础的程序要件,加强程序的进一步分化和在此基础上的自我完结性。

民事司法以简单的技术结构承担着多重社会功能(法律的、政治的、道德的)及解决类型复杂的案件,因此无论在功能、结构或案件规模上以怎样的价值取向或采取怎样的制度模式配置司法权,总不能满足现实需求和达到新的平衡。尤为突出的表现在,按照现行民事诉讼法有关程序制度的规定,无论是什么类型或性质的民事纠纷，一律都只能适用普通程序或简易程序所规定的程式、步骤、规则进行解决。而没有可供选择或适用的其他诉讼程序。然而民事诉讼法作为除刑事和行政案件以外，解决众多民商事纠纷的程序法，其所涉纠纷的类型和范围是十分广泛的。除了家事纠纷、人身伤害等传统民事纠纷，商事纠纷逐步占据民事案件的重要乃至主要地位，随着时代的进步，具有更明显商事特征的公司诉讼，更具有现代特征的公益诉讼，以及具有双重特征的证券诉讼等新类型案件纷纷出现，面对新类型纠纷，传统民事诉讼程序制度显得捉襟见肘。局部修订已改不胜改，不进行整体建构已无法"应付"实践的发展。未来的民事诉讼法必须区分诉讼程序与非讼程序、普通民事诉讼程序与家事诉讼程序及商事诉讼程序，普通程序与简易程序及小额程序、审判程序与调解程序、审判程序与执行程序，探讨不同程序在功能设置、价值取向、结构模式、运作方式、救济途径等方面的相同（相似）性和差异性，而在那些专业性、自治性突出的商事纠纷和医疗纠纷领域，以及政策性、行政性强的劳动纠纷领域，也应当探讨司法权配置的新模式及其相应救济途径。我国程序法的建构已跟不上实体法发展水平，面对新问题，程序法已显得十分落后。由于各类纠纷在性质、类型和社会意义上存在重大区别，因而不仅在民事诉讼程序理论上，应清楚地认识到应当根据纠纷的类型和性质分别设置程序，而且在民事诉讼程序立法上也应根据民事关系纠纷特点的不同，单独设置具有针对性的类型化民事诉讼程序。

程序类型化尽管在不同的历史时期都是一个必然的要求，但是，这种迫切性在现代社会显得尤为明显。随着社会经济的发展，案件的类型出现逐步由简单到复杂，由单一到多元的发展趋势。从现代各国有关民事诉讼程序制度的设置及其立法发展趋势的角度上看，为了适应民商事交往频繁，纠纷类型复杂，以及所涉问题的难易程度和国家对于民事司法救济的直接干预及其调控的需要，各国均针对各种不同类型的纠纷和争议而设置了不少各具特色，且十分有效的诉讼程序。这些在通常程序之外，就某类纠纷的特殊性，有针对性设置的不同于一般程序的特殊程序，不仅较好地且富有效率地解决了某些特殊类型的纠纷，而且已成为普通诉讼程序以外不容忽视的特殊诉讼程序。比较目前西方国家有关民事诉讼程序制度的立法规定，我国现行民事诉讼法中尚未加以规定的这类特别诉讼程序主要包括：人事诉讼程序；小额诉讼程序（虽然2012年《民事诉讼法》第162条有小额诉讼规定，但未对其具体操作程序作出规定。）；劳动争议诉讼程序；票据、支票诉讼程序；知识产权诉讼程序；股东派生诉讼程序；公益诉讼程序（同样，虽然2012年《民事诉讼法》第55条对公益诉讼做了规定,但欠缺对具体操作程序作出规定。);检察机关参与民事诉讼的相应程序性规定等。程序类型化设置,正是依据案件的情况类型来设计相应的程序类型,依据类案情况来施予其相应程序处置,才使得程序自身获得了牢固的形式正义性,确保了符合"相同情况给予相同对待,不同情况给予不同对待"的原理,这正是社会主体需求的体现。

(二)适配性理论

适配就是恰当配合,就词面来看,并不难理解。配合,在机电仪等工程领域,从高级工程师到操作工人都知道,是指装配部件之间的规格型号的一致性。适配论不仅适用于机电等自然科学领域,同时在社会科学领域也有广泛的应用价值。例如就业问题,人的就业权就是人的生存权。"适配性"引申至法学领域中,就是指法律理念、法律程序、法律规则、法律技术、法律适用和法律运行等适配。"精确的匹配通常是通过在反应的信息反馈基础上正确调整最初的努力而实现的。观念与行动之间的悬殊表明了行为必须改变以接近目标行为的数量和方向"[①]

我国当前以权利实现为本位的民事诉讼程序模式,由于没有对民事纠纷案件客观特性有着充分的理解与把握,忽视了不同类型案件的客观差别,甚至混为一谈而同等施力、均衡使力,而不能对不同案件不同对待,导致司法资源配置不科学、不经济,与司法效益最大化原则相背离。在民事程序改革的实践探索中,必然会牵涉到法院与当事人的角色定位问题。受民事审判方式改革中重塑"当事人主义"理念的引导,近几年有来自实务部门的专家提出,民事诉讼程序改革的关键,是在具体制度的设计上,必须根据纠纷类型的性质和特点科学合理地设立不同类型的程序。易言之,民事诉讼程序的设置应当与纠纷的类型相适应,即程序的设立必须遵循程序适配性原理。所谓程序适配性原理,就是指程序的设计应当与案件的性质、争议事项的重要性及复杂程度、争议的金额等因素相适应,由此使案件得到适当地处理。程序适配性原理是构建多元化的民事诉讼程序的基本准则,也是实现民事诉讼的公正和效率价值,保护当事人的裁判请求权的基本要求。

在现代社会,民事权利具有多元性,民事法律关系具有多样性和多层次性,这就使得现代社会的纠纷呈现多元化和多层次性的特点。为使不同类型

---

① [美]A.班杜拉:《思想和行动的社会基础——社会认知论》(上册),林颖等译,华东师范大学出版社2002年版,第87~88页。

的纠纷都能够得到妥当地处理,就有必要设置多元的类型化纠纷解决程序,在最大限度内保障程序的公正,保障当事人合法权益的实现。适配性在民事诉讼程序改革中的理性导入,也是尊重当事人的程序选择权的要求,因为根据适配性原理,必然要设置多元的程序类型,当事人基于对多元价值选择的考虑,可以选择其中某一个程序进行诉讼,从而实现其程序选择权。程序适配性原理还是国家合理配置司法资源所应遵循的基本原则,国家的司法资源是有限的,而社会生活中的纠纷是无限的,因此,不可能对所有的纠纷都适用相同的程序保障。例如,不可能对所有纠纷都适用普通程序,对于一些简单的纠纷,为节省司法成本,就有必要适用比较简化的程序,而不应当适用通常的程序。① 适配性在民事诉讼程序改革中的理性导入,可以使传统民事诉讼程序与新型民事诉讼程序进行交错互补,为民事诉讼程序实效的进一步提高寻找新的力量之源,拓展新的发展空间。对于更新诉讼程序理念,更好地发挥诉讼程序有效实现权利的机能意义重大。

对性质特殊的案件更需要设计特别的诉讼程序加以应对,正如台湾学者邱联恭所言,立法者及法院须因应各该事件之特性需求,设立相当之程序制度。面对种类繁多的民事纠纷,客观上要求根据纠纷或案件的不同类型或性质分别给予不同的制度安排和解决方案。法律的主要作用在于通过对个人行为的安排、社会利益的保护,提供一种正如庞德所言的"通过法律的社会控制"。② 因此,分别妥为建构、选用各类型事件所适合之程序制度、程序法理,并修正民事诉讼法,是21世纪社会的需求,也是紧要之课题。针对纠纷事件之特性,为其采择适合之程序法理,而设置异于一般纷争事件之程序法,也是当前急需修正的内容。③ 因此,民事诉讼程序类型化不是哪个国家的突发奇想,而是民事诉讼纠纷的多元化发展必然要求,是切实保障诉讼当事人程序选择权的需要,有助于彰显民事诉讼程序价值的多元化。

从其他国家和地区的民事司法改革的情况来看,程序适配性原理是其他国家和地区修订民事诉讼法的一项基本原理。英国于20世纪90年代中期开始的民事司法改革的最重要措施就是根据适配原则将案件分配适用不同的审理程序,即英国《民事诉讼规则》第26章中所规定的三种程序:小额索赔程序(the small claims track)、快捷程序(the fast track)和多轨审理程序(the

---

① 刘敏:《论我国民事诉讼法修订的基本原理》,载《法律科学》2006年第4期。
② 章武生:《民事简易程序研究》,中国人民大学出版社2002版,第17页。
③ 邱联恭:《程序制度机能论》,台湾三民书局1996版,第200页。

multi—track)。小额索赔程序旨在为大多数简单案件提供适当的审理程序,使普通的市民能够比较容易地诉诸法院。这一程序适用的范围是诉讼请求金额不超过5000英镑的诉讼和主张人身损害赔偿的金额不超过1000英镑的人身伤害赔偿诉讼等小额诉讼。快捷程序所适用的案件是诉讼请求金额一般为5000英镑至15000英镑的案件。多轨程序一般适用于诉讼请求金额为15000英镑以上的案件。英国新民事诉讼规则所设立的多种审理程序,符合当事人对诉讼程序多元化的要求,符合纠纷的性质与特点,也有助于实现英国国民的宪法上的诉诸法院的权利和公正审理权。日本在对解决通常的以财产关系为对象的普通民事诉讼程序作出规定的同时,又针对婚姻案件、收养案件,以及亲子关系案件的处理专门规定了《人事诉讼程序法》,以及《家事审判法》。在20世纪90年代的修订过程中又增加了小额诉讼程序,以适应解决小额纠纷事件的需要。这都充分体现了程序适配性原理的要求。

我国民事诉讼法在民事诉讼程序设计上,一定程度上也考虑了程序相适应的要求,譬如,根据案件的性质和特点,设立了普通诉讼程序和简易诉讼程序,在通常诉讼程序以外,还设立了督促程序、特别程序。然而,我国现行的立法尚未充分考虑程序适配性原理的要求,还有进一步完善的必要。我国民事诉讼法的修订必须依照程序适配性原理来进行程序设计,以合乎理性的规范缓解司法资源与司法需求的剧烈冲突,从而使不同案件获得不同的程序保障,维护司法的正当性。

(三)程序选择权理论

程序与选择联系起来,是民事诉讼程序文明最生动活泼的领域。① "依上述国民之法主体性、程序主体性原则及程序主体权等原则,纷争程序当事人即程序主体,亦应为参与形式、发现及适用'法'之主体。"② 现代社会是尊重人的主体性的社会,基于保障当事人的人格尊严的需要,应当承认和尊重当事人在纠纷解决机制选择上的程序主体地位,赋予当事人纠纷解决机制选择上的意志自由和处分权。基于此,应当承认当事人双方在一定范围内有合意选择纠纷解决的程序或者单方选择纠纷解决的程序的权利,这就是程序选择权。程

---

① 林晓霞:《民事诉讼程序正义理论及其实现机制研究》,中国政法大学博士学位论文2000年,第25页。

② 邱联恭:《程序选择权之法理》,载《民事诉讼法研讨》(四),台湾三民书局1993年版,第579页。

序选择权,是指导当事人在法律规定的范围内,选择纠纷解决方式,在诉讼过程中选择有关程序及与程序有关事项的权利。它属于民事诉讼权利的一种。民事程序选择权必须以存在两种以上的、功能相当的程序机制为前提。根据对系争的实体利益和系争外利益的分析取舍,当事人在一定范围内有权选择适用解决纠纷的程序。当事人既可以选择使用纠纷解决成本比较高的程序,也可以选择使用纠纷解决成本比较低的程序;既可以选择使用公开性较高的程序,也可以选择使用保密性较高的程序;既可以选择程序保障比较高的程序,也可以选择程序保障比较低的程序。为保护当事人的程序选择权,扩大程序选择权的行使范围,在诉讼程序的设置上,应当尊重当事人的意志自由。民事程序选择权作为一项程序权利,是立法充分尊重当事人意思自由,对当事人进行程序关怀的体现。它强调当事人在诉讼活动中的主观积极性,鼓励当事人选择对自己最有利的程序,实现自己利益的最大化。

当事人拥有程序选择权并在制度上予以实现,是民事诉讼活动应有之意。程序的本质特点既不是形式性也不是实质性,而是过程性和交涉性。唯其如此,方能应付现代社会的变动节奏,根据需要作出不同的决定。① 在多元化的社会中,选择成为生活的主题,从而组织和决定选择的程序的重要性才会突出出来,在民事诉讼程序中,拥有多元化的解决纠纷的程序,例如简易程序、特别程序和普通程序。在普通程序中,存在判决程序、调解程序与和解程序,这种多元化反映了民事纠纷纷繁复杂的特性,反映了解决纠纷工程的细化及专业化分工,在保证正义的前提下提高了效率。

"权利"本身包括了不受非法干预地选择或放弃自己享有的利益的含义,如果将诉讼程序作为一种权利性制度设置,那么,当事人对适用程序有权参与决定。然而,这一权利同时受到"社会资源公平分配"的理念的制约,因而,对于民事纠纷诉讼而言,诉讼程序不仅仅是一种权利性设置,也是一种带有法律强制的义务性制度设置。人类社会总是充满了复杂的利益冲突,而正是由于这种利益冲突导致了社会主体之间的关系更为紧张,社会冲突的性质、形式和激烈程度的不同决定了社会必然根据主体之间的关系距离设计出不同的解决社会矛盾的方式。诚然,解决冲突、缓解矛盾的手段、方式也必然是多样的。

各国民事诉讼法改革的重点集中在"改革对控制中的形式主义、简化诉讼程序、提高诉讼效率、降低诉讼成本、方便当事人诉讼"。让当事人更多地拥有

---

① 季卫东:《法律程序的意义:对中国法制建设的另一种思考》,中国法制出版社2004年版,第33页。

选择相关程序的权利,已成为各国民事诉讼发展的一种现实或必然。1995年6月,英国发表了由常任上诉法官沃尔夫(Lord Woolf)勋爵题名为"通向正义"(Access to Justice)的改革民事诉讼制度的报告,并于1996年7月发表。报告的中心内容就是针对当事人对抗制度存在的诉讼迟延等问题,提出了解决的方案,设立并实施"案件进行管理"制度(case flow management),借此消弱开庭审理前当事人对诉讼程序的控制权,加强法院对案件进行管理的职权。所谓对案件进行管理,是基于具体案件的诉讼标的额和复杂性以及重要程度,选择相应的程序,依照预定的时间和程序设定推进案件的诉讼进程,并由合格的法官来进行适当的管理。为此,建立三种不同的程序供选择使用,目的有:一是在诉讼的早期阶段尽量使当事人就争讼的全部或部分达成和解,终结诉讼;二是当法官发现以非讼方式解决纠纷更适当时,可以及时将诉讼导向非讼方式解决的途径;三是培养当事人的协调精神,避免发生会带来诉讼费用增加和诉讼迟延的格斗气氛;四是让当事人为进入庭审早日决定争点;五是在无望和解或以非讼方式终结诉讼时,尽量在花费不大的前提下,进入庭审阶段。英国的此项改革无疑为当事人提供了程序选择的机制,虽然加强了法院的职权,却也保障了当事人的主体地位,使得民事诉讼程序更加民主和科学。①

随着社会的发展,新的利益冲突和新的纠纷类型会不断出现,生活方式和社会主体的观念也在悄然发生变化。在今天西方的发达国家实行高度法治的同时,在逐渐接受、适应规则和普遍性的统治之后,人们又开始重新发现人与人之间关系的协调和对话的价值;协商性、调解性的方式更为适合主体的需要,诉讼审判则被奉为最为正统、公平和权威的纠纷解决方式。对纠纷解决的自主性和机会合理性给予了更多的重视。更多地从当事人的立场思考程序功能,有助于按照多元的、可选择的价值取向设计出满足市场社会多元价值需求的民事诉讼程序规则。今天的世界,由于人际关系和价值观的重构,在人们的思想理念中更喜欢以多种方式来解决矛盾,因此在纠纷解决机制上开始再度呈现出一种多元化的趋势。作为法社会学派的创始人,庞德这样表述他对法律的基本看法:"为了理解当下的法律,我满足于这样一幅图景,即在付出最小代价的条件下尽可能地满足人们的各种要求。我愿意将法律看成这样一种社会制度,即在通过政治组织的社会对人们的行为进行安排而满足人们的需求为条件而尽可能地满足社会需求——即产生于文明社会生活中的要求、需要

---

① 林晓霞:《民事诉讼程序正义理论及其实现机制研究》,中国政法大学博士学位论文 2000 年,第 77 页。

第三章 民事诉讼程序类型化理论基础

和期望的社会制度。"①付出最小的代价,满足人们尽可能多的要求,这种要求正好吻合了社会主体的需求,而程序又正是作为这样一个处理社会各种矛盾,解决纠纷的机器发挥着作用。国家设置司法制度,都是为了满足社会主体解决纠纷,保护自身权益的需要,是实现正义需要。因此,无论从哪个角度来讲,最大限度地满足社会主体的要求理应成为程序设置的一个基本理念,而社会主体的这种多元化的需要又催生了程序类型化的产生。

在现代社会中,法是可变的、可选择的,但这种选择又不是任意的、无限制的。程序排斥恣意却并不排斥选择。程序使法的变更合法化了,使人的选择有序化了。②那么,现代程序究竟怎样使选择合乎理性呢?其首要的就是程序的结构按照职业主义原理形成,使程序更规范化、合理化。程序的类型化体现出了社会主体对程序的选择权,从某种意义来讲同时又尊重社会主体。就程序的公正价值来说,如果让当事人在程序上自己作出选择,赋予其程序选择权,即便是败诉的当事人也会心悦诚服地接受判决,因为这是他自己的选择,这就是所谓的"作茧自缚"效应。能否做到这一点,与程序自身的公正性有关,也是对其程序评价优劣的一个衡量标准。从程序上看,因为经过了一个又一个体现着人类理性和当事人程序主体性的程序选择环节,不仅充分体现了程序设置的合理性和正当性,而且还体现了对社会主体的尊重。使社会主体对程序的类型化有了更多的青睐。因此,基于纠纷案件性质进行相应的民事诉讼程序类型化设置,有利于当事人进行程序选择。

社会的多元化以及民事纠纷的多元化客观上要求民事诉讼程序的多元化。单一的程序设置和依据单一价值取向所设置的纠纷解决机制都无法实现程序的正当化。例如美国近年来出现的法院办案程序的多元化(如复数窗口法院)、审判人员构成的多元化(如私营法院,退休法官收费办案)、结案技法的多元化等现象都说明了这点。③社会的多元化发展也促使很多国家在司法实践中寻求能够迅速、便宜地解决民事纠纷的办法,以满足不同当事人的需要。民事诉讼程序类型化是当事人程序选择权的前提。只有按照多元价值基础设置多元程序并在此基础上保障当事人的程序选择权,保障当事人根据自己的

---

① [美]E.博登海默:《法理学:法律哲学与法律方法》,邓正来译,中国政法大学出版社 2004 年版,第 147 页。

② 季卫东:《法律程序的意义:对中国法制建设的另一种思考》,中国法制出版社 2004 年版,第 27 页。

③ 季卫东:《正义思考的轨迹》,法律出版社 2007 年版,第 32～33 页。

价值取向对自己程序保障权作出理性的处分,才可能过滤因任何程序都无法避免的不同方面的内在缺陷对程序正当性的损害,缓和诉讼程序与程序保障之间的价值冲突,使司法过程和司法结果在程序主体——当事人的自愿参与下获得正当性。① 在多元化的社会背景下,在各国寻求解决民事纠纷方式的多元化趋势之下,方能凸显特别诉讼程序对民事诉讼程序乃至整个社会的意义。更多地从当事人的立场思考程序功能,按照多元的、可选择的价值取向设计出满足社会多元价值需求的类型化诉讼程序规则。民事诉讼程序类型化不仅满足了社会多元化和多样化的需求,而且通过特别诉讼程序可以体现保护当事人程序利益之趣旨,可以维护社会公众利益之要求,也可以实现诉讼经济之目标。

(四)法律自创生理论

"理性的最大胜利是怀疑它自身的合理性",②直面生活,打破禁忌:一个反身法的思路。自我观察、自我调整、自我描述、自我构成和自我再生产都是自创生的重要形式。自创生中的自我观察不仅是看,更重要的是一种自我重构。以学理的形式说明法律行为、法律规范、法律过程,并对它们进行批判和评论,进而影响法律的形成、发展和制度建构。那些有关法律的制定、修改与补充的法律规范担负着法律自我调整的功能。如果自我调整与自我描述相结合,自我构成的法律一致性被用来作为法律结构改变的标准,那么法律系统就成为自反身的。自我再生产的特点是通过从事件的流动中吸取和组成新要素来再生产自己,然后它通过从中有选择地联结它们来加以使用。③ 法律自创生理论为法律与社会改革提供了切实可行的方案(民事诉讼程序改革也应包含其中)。季卫东教授认为,这种反身法思路的特点在于"改善法制与社会的结构性衔接方式",是一种有控制的自治管理。④

现代社会是复杂的和碎片化的,而且特别化日益严重。在复杂的现代社会,对于特定的决定内容搭乘事实上的合意也是不可能的。为了解决这一问

---

① 傅郁林:《繁简分流与程序保障》,载《法学研究》2003年第1期。
② [英]约翰·巴罗:《不论:科学的极限与极限的科学》,李新洲译,上海科学技术出版社2000年版,第26页。
③ [德]贡塔·托依布纳:《法律:一个自创生系统》,张琪译,北京大学出版社2005年版,第16页。
④ [美]诺内特·塞尔兹尼克:《转变社会中的法律与社会》,张志铭译,中国政法大学出版社1994年版,第8~9页。

题需要另辟蹊径,借助于别的制度装置。卢曼的提案是把正统性概念与学习理论结合起来,这样做所引起的依存于内容的安定的损失由大量的程序分化和再组合去重新获得。诚如美国学者埃尔曼所言:"法律文化的重心和它发展的主要动力不应在由政府所设置的司法制度中寻求,而应见之于社会本身。"① 事实上,任何一项法律制度的建立与变革无不是各种社会因素共同作用的结果。严密而合理的程序是以社会功能分化为前提的。法律关系的日益复杂化要求法制相应地提高其精密度,也促进权力机关与职能机关的进一步分化和功能自治领域的扩大。为此,需要进一步确立权限范围划定的具体标准,改良规范效力的等级结构,整合功能自治性与功能相关性的关系。这种发展也将引起程序的进一步分化和在此基础上的自我完结性。

三、民事诉讼程序类型化机能

无论是复杂性还是多样性,任何错综复杂的表象背后总隐藏着能够为人们所认识的共同规律。当人们针对不同的诉讼请求对诉讼的内在规律进行认识、整合时,程序类型便应运而生。对不同的程序类型,适用不同的程序规则,立法者对每种程序类型的设置,实质上是对诉讼制度的反思与构建。

综观民事诉讼制度发展趋势,民事诉讼程序类型化已成为世界各国民事诉讼制度发展趋势之一。法理分析显示,民事诉讼程序类型化具有极其特殊的法律机能,事关公民民事诉权保护的实效性和民事诉讼程序制度设计的科学性。具体言之,民事诉讼程序类型化机能集中体现在以下几个方面:

(一)公民诉权得以有效实现

法制建设的历程已经证明,诉讼制度是否健全与完善,直接决定着实体法律的实际实效;没有相应的诉讼制度作为依托,实体权利只能是"镜中花,水中月";没有完善的诉讼制度予以保障,实体法律将无法如其所愿地实现其追求的立法目的。更为重要的是,诉讼法制的完善程度如何,还直接反映和体现着一个国家、一个民族进步、文明、民主和法治的程度。美国联邦最高法院法官

---

① [美]H. W. 埃尔曼:《比较法律文化》,贺卫方、高鸿钧译,清华大学出版社2002年版,第200页。

威廉·道格拉斯曾谈到:"权利法案的大多数规定都是程序性条款,这一事实绝不是无意义的。正是程序决定了法治与恣意的人治之间的基本区别。"①

法谚曰:有权利必有救济。作为"现代法治社会中的第一制度性人权"——诉权,实际上就是政治国家为了保证宪法和法律所规定的公民权利得以实现而设定的"权利救济权"。离开了诉权,宪法和民事法律所规定的权利最终都将沦为"纸面上的权利"。德国学者 Kopp 教授主张诉讼种类决定权利保护的范围。②越来越多的学者认识到:民事诉讼程序种类的多寡及其设置的科学与否,直接影响到一国公民民事诉权的保护程度。在现代法治社会,公民权利保护内在地具有"完整性"和"有效性"的双重要求,前者表明了权利保护的广度,后者则昭示了权利保护的深度。事实上,权利保护的完整性和有效性都必须借助于民事诉讼程序的类型化才能得以实现。民事诉讼程序类型化有利于民事诉权的发展。

民事诉讼程序类型化之所以能够成为一个跨法系的普遍性课题,其根本原因还在于有效权利保护的时代潮流。换句话说,正是出于对民众权利严密而有效保护的需要,不同的诉讼机制才需要密切协作共同构筑严密的诉讼体系之网,不同的民事诉讼程序类型才需要严格划分进而便于为民众所利用。可见,诉讼类型化只是手段和方法,其根本目的还在于对民众权利进行有效的法律保护。正如学者在指陈其价值时所言:得以提供民事诉讼当事人及受诉法院,以最经济及最迅速之方法,对于一定之诉讼基础原因,为最妥适之解决,恰如对于一定之病情得以对症下药也。

(二)提升民事诉讼程序规则设计的理性程度

诚如我国民事诉讼法学者王亚新先生所言:"从诉的提起开始(具体权利要求的设定),经过争议之点在法律意义上的形成(要件事实的确定)、证明和辩论以及上诉等阶段到达判决的确定,具体案件的处理可以被视为一个'法的空间'形成过程。"③民事诉讼的结果就是寻求公正的民事裁判,其实则有赖于一整套理性的程序规则。"程序正义的观念即使不是赋予审判正当性的唯一

---

① 季卫东:《法律程序的意义》,载《比较法研究》1993年第1期。
② 蔡志方:《行政救济与行政法学》(一),台湾三民书局1993年版,第149页。
③ 王亚新:《民事诉讼中的依法审判原则和程序保障》,载梁治平:《法律解释问题》,法律出版社1998年版,第154~155页。

根据,也应当被认为是其重要根据之一。"[①]鉴于现代社会民事争议的多样性与复杂性,不同类型的民事诉讼案件在当事人资格、起诉期限、起诉条件、审理程序、举证责任、暂时权利保护、法律适用、判决形式等方面都有所不同,因而必须根据不同性质、类型的案件设计不同的程序规则。把具有相同性质的民事诉讼案件做程式化的处理,可以使法院统一、高效地处理民事纠纷,从而避免因诉讼程序的混乱而使案件审理受阻。民事诉讼程序类型化,能够使民事诉讼活动更具有效性和目的性。这也是解决民事诉讼纠纷多元化发展的必然趋势。

不同性质、类型的案件设计不同的程序是法官走向专业化的前提和基础。如果法官适用相同的程序规则指导不同类型的案件审判,这必然导致与多样化纠纷类型的本质相冲突,使裁判的效果有失允当。在诉讼程序类型化前提下,法官根据案件自身的特点适用不同的程序进行审理,满足纠纷自身的特性要求,不同的案件要不同地对待,利于提高专业审理的熟练程度和审理期限的缩短。符合司法管理的基本原则,是与司法正当及司法效率的目标相符的。

"法律"并不是一个完全由规则所构成的静态系统,它是不断发展的,尤其是它必须反映并解决社会的需求。现行民事诉讼程序规则设计的粗糙和非理性化直接影响到一些新型民事案件的审理。如近年大量发生的侵害公益性质的纠纷案件就是典型表现。[②]可以预见,随着社会的进一步发展,还会有大量新型民商事纠纷案件涌现,我国现行民事诉讼制度必须作出整体的回应性变革。只有实现民事诉讼程序的类型化才能够促使民事诉讼程序规则的设计更加理性,从而为特定民商事纠纷的及时、公正解决奠定坚实基础。

(三)民事诉讼程序类型化使诉讼争议明晰、案件审理规则系统化

划分诉讼类型,有利于明确不同种类诉讼的争议焦点。诉的引起往往是因为当事人之间存在着争议且又彼此不能妥协退让不得不到法院来解决,这恰恰是诉讼的焦点。如人事诉讼,以身份关系为核心的家事纠纷作为一个特殊的诉讼领域,争议范围主要集中为:婚姻事件、亲子事件、收养事件等几类。

---

① [日]谷口安平:《程序的正义与诉讼》(增补本),王亚新译,中国政法大学出版社2002年版,第10页。

② 在既有的规则体系框架下,仍然可能发生在特定案件中无法找到适合的规则作为裁判依据,或者可以寻找到的规则内容出现矛盾的情形,裁判仍然可能存在裁判依据的缺失问题。

劳动争议诉讼,解决因劳动的权利与义务发生分歧而引起的劳动争议。海事诉讼程序是法院审理海事、海商案件所适用的程序。明确各种诉讼争议的焦点,对于案件的审理、判决、当事人的举证、辩论都具有积极的意义。

不同的诉讼类型,对应着不同的审理规则。具体来讲,这些规则应包括证据规则、法院审理的范围、审理的密度及判决类型等内容。法院在案件审理过程中,这些审理规则都受诉讼类型的限制。人事诉讼程序就是设置采用职权探知主义的特别判决程序。这主要是因为在以确定或形成婚姻、亲子等身份关系为目的的诉讼中,需要将判决效力及于第三人,并在对第三人关系上也需要作出划一的确定,因此在程序上也需要顾及未出现在诉讼中的第三人之利害关系,而作为这种保障的手段。劳动争议诉讼,从世界范围看,为了促进劳动争议诉讼及时解决劳动争议,很多国家对劳动争议案件都实行简易处理,快审快结。专门设立的劳动仲裁和劳动法庭已成为世界通行的解决劳动纠纷的主要手段。因为这种机制在解决同一类型的、发生率较高的劳动纠纷时,具有及时、便利和对应性强的特点,处理程序迅速、合理、低廉,解纷机构及其工作人员具有较高的专业性和针对性,因而能够使劳资纠纷得以有效地控制和解决。在德国,专门从事审理劳动争议案件的劳动法院是从普通法院体系中分离出来而成为一个独立的司法机构体系。1952年制定和颁布的《德国劳动法院法》既包括劳动法院的组成也包括审理劳动争议的诉讼程序。与普通法院审理的一般民事案件不同的一个突出特点是,德国劳动法院或劳动法庭采取职业法官与名誉法官相结合的形式组成。①

(四)正义再分配的实现

正义再分配的核心用一句话来概括就是"得其所得,各得其所"。这个要求不仅是对结果的期望,也是对获得结果的过程——程序的期望。通过程序的创设,使失衡的正义再次达到平衡,又由于程序自身所具有的功能,使它对正义又起到了在法律层面进行分配的作用,与此同时也实现了它自身的目的,即实现正义再分配。不同的正义分配就需要有与它相适应的程序与路径。具体到司法领域中正义的分配,就应当有不同的诉讼程序与它相一致,而司法领域中的正义是以个案的形式实现与分配的,而以个案形式分配的正义又具有特殊性,所以实现正义的程序应当是多类型的。

传统裁判性司法所依据的哲学思想是实质正义的哲学观,即强调判决的

---

① 范跃如:《劳动争议诉讼特别程序原理》,法律出版社2008年版,第111页。

第三章 民事诉讼程序类型化理论基础

正确性优先于及时司法和合理的诉讼开支的考虑。新的《英国民事诉讼规则》在正确判决、成本及时间三个维度上进行了全新、合理的平衡,矫正了"实质正义优于程序安排"的哲学,代之以分配正义的哲学。分配正义的哲学由多元素构成:(1)接受民事司法管理的资源是一定的,就像所有其他公共服务的资源一样,因此,这些资源必须在所有那些谋求或需求司法/正义的人们之间公正地分配;(2)对这些资源的公正分配必须考虑个案的特点,使个案获得不多于应当获得的法院时间和精力的合理份额,法院资源的分配以及时间和金钱上的投资都必须与该案的难度、复杂程度、价值、重要性大致相当;(3)时间和成本与资源分配的考虑有,司法/正义可能带来太高的代价,而对正义的迟延即为对正义的拒绝;(4)司法的责任。法院的责任范围超出了在个案中实现正义的范围,法院对于民事司法管理在整体上,在制度的资源以及资源的公平和正当分配方面,也负有责任。① 这一正义观念的转变适用于裁判性司法的程序结构和程序逻辑,即在案件事实的基础上正确适用法律作出了符合实质正义的判决,因此,也可以说裁判性司法之分配正义也是法官根据具体案件"裁量的正义"。"分配的正义是仲裁人的正义;也就是确定'什么是合乎正义'的行为。无论怎样,如果他在履行他的职责,便可以说是把每一个人的应得分配给每一个人;这是真正的正义分配,可以被称为分配的正义。"② 裁判性司法所追求的"分配正义"这一价值目标,可以说是立法者的价值目标。

正义就是"各得其所""得其所得"在程序类型化中得到充分的体现,③也是立法者及司法者对民事司法自身规律认识和把握不断深化的产物,也是其对国家权力和个人权利关系重新调整和定位的结果。民事诉讼程序类型化设置的目的,就是使每个人得到他应当得到或同等情况下得到同等的对待,从而实现正义。正是依据案件的情况类型设计相应的程序类型,依据案件的情况来施予其相应程序处置,才使得程序自身获得了牢固的形式正义性,确保了符合"相同情况给予相同对待,不同情况给予不同对待"的原理,这正是社会主体需求的体现。所以说,民事诉讼程序类型化的合理内核就是正义,其结果就是通过程序使每个人在他所处时代的物质生活条件和文化背景下得到相同的程

---

① [英]阿德里安 A. S. 朱克曼:《危机中的民事司法》,傅郁林译,中国政法大学出版社 2005 年版,第 16 页。

② [英]布莱恩·巴里:《正义诸理论》,孙晓春、曹海军译,吉林人民出版社 2004 年版,第 12 页。

③ 杨一平:《司法正义论》,法律出版社 1999 年版,第 21 页。

序待遇,而所得的内容又是由每个人自主决定和选择的。因此,民事诉讼程序的类型化正是正义的形式性和实质性的双重结合,同时这也是正义所要求的,是人类认识的进步。

现代法律生活的压力常常要求公正对效率作出适当妥协,然而,无论民事诉讼理论和实践赋予"正义"以怎样新的内涵,也无论名目繁多的简易程序以怎样的标准将案件从普通程序中分流出来,关于这些不同程序以不同原理体现最低程序保障的准则始终是保障"司法之所以成为司法"的最基本内核,抛弃这些内核,公正与效率博弈的结局就不再是平衡或妥协,而是公正的丧失和司法制度的变质。对民事诉讼程序类型化功能的理解应当更多地从纠纷特性、当事人的立场思考程序功能,按照多元的、可选择的价值取向设计出满足社会多元价值需求的民事诉讼程序规则。

第四章 民事诉讼程序类型化构造

有效权利保护的时代潮流,使民事诉讼程序类型化成为跨法系的一个普遍性课题。诚如美国学者埃尔曼所言:"法律文化的重心和它发展的主要动力不应在由政府所设置的司法制度中寻求,而应见之于社会本身。"[1]任何一项法律制度的建立与变革无不是各种社会因素共同作用的结果。20世纪末21世纪以来各国民事诉讼程序类型化发展的共同趋势,无疑是特殊的时代背景使然。对这些类型化程序制度背景的深入考察,不仅能够为民事诉讼程序类型化构造寻求社会正当性的解释,而且还有助于民事诉讼程序类型化构造观念的传播和制度的演进。

一、民事诉讼程序类型化追溯

(一)民事诉讼程序类型化溯源

"制度乃历史产物",若欲全盘把握现行制度,必先了解其历史演进不二。[2] 源自何处,待去何方。类型化诉讼程序的渊源可以追溯到古罗马时期。按照诉讼形式的不同,可将罗马诉讼制度的历史沿革大体上分为三个发展阶段:法定诉讼程序时期,程式诉讼程序时期和非常诉讼程序时期。多数学者认为,约在公元前2世纪以前,罗马以实行法定诉讼程序形式为主逐渐过渡到程

---

[1] [美]H. W. 埃尔曼:《比较法律文化》,贺卫方、高鸿钧译,清华大学出版社2002年版,第200页。

[2] [日]中村宗雄、中村英郎:《致中国读者的话》,载[日]中村宗雄、中村英郎:《诉讼法学方法论:中村民事诉讼法理论精要》,陈刚、段文波译,中国法制出版社2009年版,第2页。

式诉讼程序;其后到公元 3 世纪末,以实行程式诉讼程序形式为主并向非常诉讼程序过渡;再后则完全实行非常诉讼程序。这三个时期之间并无明确的分界。①

在罗马法初时的法定诉讼程序,采取严格的形式主义,如果当事人的诉讼要求不同,诉讼的具体方式和做法也不同。据可考的文献,法定诉讼程序大致分为以下五种:神圣赌金式法律诉讼、审判人或裁定人申请式诉讼、通告式法律诉讼、拘留式法律诉讼和扣押式法律诉讼。前三种与判决程序有关,后两种与执行程序有关。法定诉讼程序只适用于市民,不适用外国人。其诉权范围甚狭,仅限法律有明确规定的。盖尤斯在罗马法解说中指出:"某人因其葡萄树被砍伐在诉状中记载'葡萄树'一语而败诉。因作为该人提出砍伐'葡萄树'的请求依据之《十二铜表法》中明确使用砍伐'树木'一语作为规定,所以其应以'树木'起诉,而不是反其道而行。"②由于它的严重缺陷,如专重形式忽视实质,有失公允,当事人只限市民,且随着社会的发展、生活关系日益复杂化,法律规定的有限的案件模式无力应付社会变动。共和制中叶,采用程式即承认更为自由诉讼的程式诉讼开始与法定诉讼程序并驾齐驱。进入帝政时期,法定诉讼程序原则上为《优利亚私诉法》明令废止,由程式诉讼程序取而代之。

程式诉讼程序分法律审理和事实审理两个阶段,保持公力救济与私力救济相结合的传统。程式诉讼程序的实质,在于确定当事人争议的焦点,并提示判决要旨。由于请求诉讼保护的实体权利多种多样,也就逐渐形成了与各种实体权利相适应的程式,从而形成了不同种类的诉讼。

1. 对人诉讼和对物诉讼

此为诉讼的基本分类,前者即对人的宣誓决讼,后者即对物的宣誓决讼。对人诉讼是保护债权,仅可对特定债务人提起的诉讼。对人诉讼中的程式,例须记载被告的姓名,但也有因案件的性质不记载被告姓名的,如胁迫诉、交出物件诉、损害诉等,以便向有关人员诉追。对物诉讼,为保护物权和身份权的诉讼;按原则对侵害其权利的,无论加害人为谁,均可诉之,在程式中,无须记载被告的姓名。但有的也载明被告的姓名,如"役权确认诉"以明确被告为谁。在对人诉讼中,除被告用诉讼代理人代理外,原则上不须交保;在对物诉讼中,则被告应提供保人,担保其按时出庭,履行判决和不行使欺诈等。兼有对人和

---

① 周枏:《罗马法原论》,商务印书馆 1994 年版,第 857~877 页。

② [古罗马]盖尤斯:《法学阶梯》,黄风译,中国政法大学出版社 1996 年版,第 290 页。

对物两种性质的诉讼,则称混合诉讼,如分析遗产、划定界址等。

2. 市民法诉讼和大法官法诉讼

前者为市民法规定的诉讼,后者为大法官等依据其统治权而创设的诉讼。大法官等即可根据实际情况的需要,创设新的诉讼。主要有:(1)拟制诉讼。大法官根据市民法诉讼而稍加变通所形成的诉讼。或假定未成的事实为已成。例如"遗产占有诉",大法官即假定遗产占有人具有继承人的资格等。(2)事实诉讼。大法官遇到新出现的法律关系而市民法无类似的诉讼可以比拟的,即根据事实制定程式的诉讼。

3. 严法诉讼和诚信诉讼

这一区分是依据大法官授予承审员权限的大小而定的。在严法诉讼中,承审员的职责仅限于按程式中的记载,审查原告的请求有无市民法的根据而做同意与否的判决。在诚信诉讼中,程式中注明"按诚信"原则的字样,使承审员可斟酌案情,根据当事人在法律关系中应该诚实信用,按公平正义的精神而为恰当的判决。不必严守法规,拘泥形式,故原告如有欺诈、胁迫等行为,即使被告未在程式中提出抗辩,承审员也有开释被告之权。一般说来,凡对人诉讼之有确定标的的,或虽无确定标的而原告的请求未附注"按诚信"字样的都是严法诉讼;对人诉讼没有确定标的而于原告请求的附有"按诚信"的记载则为诚信诉讼。严法诉讼用于单务债的,亦称"请求返还诉"。请求返还诉在法定诉讼时期只适用于要求移转所有物的诉讼,故一须为单务债,二须有确定的标的。到了程式诉讼时期,其范围渐宽,即标的不确定的,也可适用。

4. 仲裁诉讼和非仲裁诉讼

前者为大法官于程式中附有"仲裁条款"的诉讼。此项条款授权承审员进行调处。非仲裁诉讼的程式中则无此项条款。上述严法诉讼和诚信诉讼都仅限于对人诉讼,仲裁诉讼即补充其不足,故对物诉讼都是仲裁诉讼,对人诉讼中仅"欺诈诉"、"胁迫诉"、"撤销诉"、"交出原物诉"等属之。

5. 确定诉讼和不确定诉讼

前者的诉讼标的是完全确定的,承审员不需审查其范围,估计其质量,只需审查原告的请求是否成立,对物诉讼和确定金额之债权诉讼属之。不确定诉讼之诉讼标的并不确定,承审员除需审查原告请求是否成立外,还需决定所请求保护之权利的范围,如要求修理房屋和损害赔偿等不确定的对人诉讼,均属之。

6. 私益诉讼和公益诉讼

前者乃保护个人专有权利的诉讼,仅特定人才可提起;后者乃保护社会公

共利益的诉讼,除法律有特别规定者外,凡市民均可提起。公诉又分市民法公诉和大法官法公诉。前者是由市民法所规定,被告所付的罚金归国库,但起诉者可得一定的奖金。后者为大法官等谕令所规定,被告所付的罚金,归起诉者所得。如果对同一案件有数人起诉,则由法官选择一人为原告。

7.永久诉讼和有期诉讼

前者起诉权不受时效的限制,最初为永久性的,特奥多西乌斯二世于公元424年改为30年,抵押权的诉期为40年,但仍沿用旧名;后者仅于规定期间内才可提起。市民法诉讼多为永久诉讼,大法官法诉讼则多为有期诉讼。在消灭时效尚未形成一项制度以前,市民法的诉权以永久为原则,但有一些例外,如瑕疵担保诉为1年或2年,保证诉为2年,遗嘱逆伦诉为2年,后改为5年。罚金诉和撤销诉通常为1年。大法官法诉讼以1年为期。其以补充市民法为目的的,如抵押诉、现行窃盗诉,则为永久诉。市政官诉讼有短至6月或2月的,但有期诉讼经过"证诉",则转变为永久诉讼。

8.可转移诉讼和不可转移诉讼

诉权为财产的一部分,在原告则为资产,在被告则为负债,故以可移转于当事人的继承人为原则,不因一方的死亡而消灭。但亦有些诉权因其性质而不能转移的。在原告方面的,如侮辱诉和遗嘱逆伦诉等,这类诉讼被视为以赔偿原告精神上的损失为目的。至用益权诉、使用权诉和住居权诉,因以保护个人专属的权利,故因原告的死亡而消灭。公诉是原告代表社会集体利益而非个人利益而起诉,故不得视为财产的一部分而移转于继承人。

9.先决诉讼和非先决诉讼

先决诉讼是仅为解决法律或事实问题而非为判罚或开释被告之诉讼,其目的在使原告得以进行另一诉讼,这另一诉讼即为非先决诉讼。先决诉讼都是大法官法诉讼,或通过诉讼解决身份问题,以便再解决继承问题,或解决财产问题等。

不论是法定诉讼程序抑或程式诉讼程序,皆将诉讼程序分为法庭程序与审判人实施的程序。随着元首制的成立,元首及官吏从统治者角度出发采用全面介入当事人纠纷的体制,不再发交承审员审理。设专门大法官负责,他们已不再完全遵守"私法程序"办事。这种自始至终由国家的官吏审理案件,不再遵从原来"诉讼程序"分法律审理和事实审理的办法,已完全摆脱私力救济而进入公力救济,故称"非常诉讼程序"。在这一时期中,基于程式而为的诉讼分类,已无存在的理由,由于习惯的关系,主要是把诉讼分为普通诉讼程序和特别诉讼两类,前者适用于一般诉讼而不限于特定事项,例如债权人追偿金钱

的债权,可用"普通请求返还诉",并不论债的性质和其发生的原因怎样;后者仅能用以保护特定的权利,例如寄存诉,委任诉等。

中世纪欧洲封建时期,存在封建割据与僧俗势力并存的局面,导致了审判权的分裂,民、刑诉讼在立法上的分野尚未廓清,但与冲突侵害对象相适应的新的诉讼类别却由此形成:教会诉讼、采邑诉讼、皇室诉讼。侵害宗教教规、宗教权力以及其他宗教事务的冲突,均由宗教法庭运用教会的诉讼程序进行审理。侵害封建领主利益以及其他涉及采邑利益的冲突,则由采邑自己组成的法庭审理。采邑诉讼成为中世纪欧洲的一种独立的诉讼类型。皇室诉讼则与教会诉讼和采邑诉讼相对的一种诉讼类型。皇室诉讼产生的根据在于皇室或邦君利益的冲突的存在,解决这种冲突的需要,导致了皇室诉讼的行程和运用。① 中世纪欧洲封建时期诉讼制度,与中世纪欧洲封建经济以及农民与封建领主的人身依附性相一致,无论是教会诉讼、采邑诉讼、还是皇室诉讼,不仅在类型和性质上必然是以纠问式为基本特征的诉讼制度,即诉讼中当事人不仅是被审问调查的客体,几乎没有任何诉讼权利,而且整个程序制度也充斥着特权、野蛮、偏见和不公。即社会经济的发展以及社会经济形态的不同,不仅在客观上向解决纠纷的诉讼程序制度提出了不同的要求,而且也从根本上限定了诉讼程序的类型、性质和整个机制。时代发展到今天,教会诉讼、采邑诉讼、皇室诉讼这些落后、野蛮的诉讼形式,作为一种独立的诉讼类型早已不复存在。但是,把某一特定种类的社会纠纷交给为此目的而特别设立的程序进行解决,这种专业化思想却并没有过时,并且仍然在对现实诉讼制度发挥着影响。

(二)民事诉讼程序类型发展演变启示

"只有通过历史,才能与民族的初始状态保持生动地联系,而丧失了这一联系,也就丧失了每一民族的精神生活中最为宝贵的部分"。② 对民事诉讼程序类型的研究,唯有对民事诉讼程序类型发展演变的历史进行详尽地梳理与归纳,方能清晰把握、认识民事诉讼程序类型的历史发展规律,也才能基于此,为当下乃至未来我们对民事诉讼程序类型研究提供一些可供遵循的基本

---

① 柴发邦:《体制改革与完善诉讼制度》,中国人民公安大学出版社 1991 年版,第 29~30 页。

② [德]弗里德里希·卡尔·冯·萨维尼:《论立法与法学的当代使命》,许章润译,中国法制出版社 2001 年版,第 87 页。

民事诉讼程序类型化研究

规律。

从解决社会纠纷的角度上讲,诉讼程序与社会及其社会经济的发展是直接相联的。换言之,任何社会为了合理地解决纠纷,都必然需要规定相应的纠纷解决机制,即解决纠纷的诉讼程式、规则和方法;社会经济的发展状况和水平不同,解决纠纷诉讼程式、方式和方法就有所不同。同时为了适应解决纠纷的实际需要,解决纠纷的诉讼程式、规则和方法,又必须随着社会经济的发展,以及纠纷类型和解决纠纷社会需求的变化而发展。诉讼程序这种随着社会经济的发展、变化而在程序设置和解决纠纷机制上的变化与发展,历史地看,不仅是程序制度在纠纷解决形式、方式、类型和机制上的变化,也是程序在正义、公正以及民主等实质内容上的进化。中外诉讼制度发展、变化的历史,无不昭示和证实着社会经济发展与诉讼程序改革发展的这种对应关系。

二、当代国外民事诉讼程序类型化及述评

"外国法能够给我们一种观念,一种刺激,一种智慧的火花"。[①] 归纳分析其他国家民事诉讼程序类型,可以使我们在更广阔的知识背景下,发现本国民事诉讼程序类型立法存在的缺陷与不足,为本国民事诉讼程序类型立法建构提供立法上的参照系。从当前各国民事诉讼立法的发展看,民事案件的审理程序越来越多样化、类型化,通过设立与纠纷案件类型特性相适应的类型化程序,实现民事案件繁简分流,已成为世界民事诉讼法的立法趋势。

(一)国外民事诉讼程序类型化状况

1.英国

民事诉讼在英国司法体系中具有举足轻重的地位。作为普通法系源头的英国法是建立在诉讼程序基础上的,是在"程序的缝隙中渗透出来的"。[②] 不仅"其概念主要是从诉讼程序的古老程式开始",其本身也形成和发展于"法院

[①] [德]伯恩哈德·格罗斯菲尔德:《比较法的力量与弱点》,孙世彦、姚建宗译,清华大学出版社2002年版,第76页。

[②] H. S. Maine, *Early Law and Custom*, Published by B. R. Pub. Corp, 1985, p. 389.

第四章 民事诉讼程序类型化构造

提供诉讼人使用的各种程序的范围之内"。①

在英国,郡法院审理较为简单的或诉讼额较小的案件,高等法院审理较为复杂的或诉讼额较大的案件。这种规则上的差异一方面是由于案件的数额大小与难易程度的不同而在法律上所做的特意安排;另一方面,则纯粹是技术处理上的差异。但无论是在高等法院还是郡法院,民事诉讼程序都是十分复杂的。诉讼程序进行的复杂程度已经成为民众接近司法的障碍。面对现实诉讼制度的弊端,20世纪90年代以来,英国大力推行民事司法改革,更多地展开极具针对性的、体系化的制度设计,将程序相称要求作为诉讼公正的基本标准之一,1999年实施的新《民事诉讼规则》第1条明确规定,规则的基本目标就是简化诉讼程序,公正审理案件,而公正审理案件应做到:(1)保障当事人平等;(2)节省诉讼费用;(3)采取与如下因素相适应的方式审理案件:案件的金额、案件的重要性、系争事项的复杂程度、各方当事人的经济状况;(4)保证便利、公平地审理案件;(5)案件分配与法院资源配置保持平衡,并考虑其他案件资源配置的需要。其中,公正审理案件的第(3)项原则就是程序相称原则。英国于20世纪90年代中期开始的民事司法改革的最重要措施就是根据相称原则将案件分配适用不同的审理程序,即英国《民事诉讼规则》第26章中所规定的三种程序:小额索赔程序(the small claims track)、快捷程序(the fast track)和多轨审理程序(the multi—track)。小额索赔程序旨在为大多数简单案件提供适当的审理程序,使普通的市民能够比较容易地诉诸法院。这一程序适用的范围是诉讼请求金额不超过5000英镑的诉讼和主张人身损害赔偿的金额不超过1000英镑的人身伤害赔偿诉讼等小额诉讼。快捷程序所适用的案件是诉讼请求金额一般为5000英镑至15000英镑的案件。多轨审理程序一般适用于诉讼请求金额为15000英镑以上的案件。再就是设置代表人诉讼、集团诉讼等特别程序,包括行使积极的案件管理,以快捷、公平的审理当事人众多的诉讼。对未成年人家事案件设置特别程序,英国《1989年儿童法案》的第二部分为"关于儿童在家庭诉讼中的指令",其中规定了居住令、探视令、禁止行动令、特定问题令等不同于一般民事诉讼程序的法庭指令。上述诉讼程序的设立,一定程度上解决了诉讼迟延、程序复杂、诉讼结果不确定等诸多弊病,促进社会公众对司法的接近。英国新民事诉讼规则所设立的多种民事诉讼程序,符合当事人对诉讼程序多元化的要求,符合纠纷的性质与特点,也有

---

① [法]勒内·达维德:《当代主要法律体系》,漆竹生译,上海译文出版社1984年版,第300～333页。

助于实现英国国民宪法上的诉诸法院的权利和公正审理权。

2. 美国

1776年美国独立到19世纪中叶，美国各州采用的仍然是英国殖民时代的普通法与衡平法双重诉讼程序制度。19世纪中叶以来，美国进行了所谓的民事诉讼程序法典化运动。美国民事诉讼程序经历了从判例法到法典化的演变。美国民事诉讼程序法典化运动，一是以1848年《纽约州民事诉讼法典》为代表的州法典化运动；二是以1938年《联邦民事诉讼规则》（包括多次修改）为标志的联邦法典化运动。《纽约州民事诉讼法典》在诉讼程序上进行了一些重要改革，表现在：消除了普通法诉讼程序与衡平法诉讼程序之间的区别，废除了复杂的诉答方式，初步确定了当事人收集证据的发现程序等。它是"从普通法的诉讼程序到由1938年的《联邦民事诉讼规则》所导入的美国现代程序的道路上迈出的重要一步"。[①] 1938年《联邦民事诉讼规则》，把各种诉讼形式简化为单一的一种民事诉讼形式，规定了发现程序，规定了集团诉讼，还专章对特别程序进行规定。1990年美国《民事司法改革》，确立了差别化的案件管理、早期司法管理、发现管理及运用替代性纠纷解决方法等民事司法改革思路及政策指导。2000年、2003年以及2006年的《联邦民事诉讼规则》的修正和2005年制定的《集团诉讼公平法》，着重对证据开始程序、集团诉讼的规则以及电子证据开示规则进行了修改和补充，是民事司法程序改革的继续和深化。此外，对一些特别的事项，如家事纠纷案件作为一种特殊类型的案件，由专门的司法机构适用适合纠纷自身特性要求的家事诉讼程序来解决。

3. 德国

与世界上大多数国家一样，德国的初审法院分为普通法院和简易法院两大类，分别审理普通和简单民事案件。在简易法院，除通过督促程序这一特别程序中的简易程序过滤掉大量的案件外，对诉额较小的案件，600欧元以下亦即1200德国马克的小额诉讼案件实行一审终审，其意义在于简化了诉讼程序，减少了诉讼环节，提高了一审效率。在普通法院，1976年《修正法》关于独任法官前程序的规定不仅扩大了独任法官的职权，而且增加了可以适用独任法官审理案件的类型。这些规定都充分体现了民事纷争的程序设置应与案件类型相适应的原理，对于数额相对并不大、案情并不复杂的案件，就没有必要适用非常复杂的程序来解决，而应代之以简便节约的程序。避免不必要的资

---

① [美]史蒂文·苏本、玛格瑞特·伍：《美国民事诉讼的真谛——从历史、文化、实务的视角》，蔡彦敏、徐卉译，法律出版社2002年版，第62页。

源浪费,从而使现有的司法资源得到充分地利用。

德国民事诉讼法自 1877 年颁布以来,一百多年的时期内,据统计截至 1999 年底已进行了 95 次修改。法条规定由最初的 872 条增加到 1600 多条。2002 年 1 月 1 日正式施行的德国《民事诉讼改革法》,基于旧法调解程序的缺陷、程序法之复杂化、上诉程序定位不准等问题,为使民事诉讼程序制度更接近人民,便于人民使用,对调解程序的强化、加强一审程序的事实审功能、以诉讼标的的价额作为限制上诉的条件、上诉制度的定位等等程序和程序性问题,都进行了修改、完善。

《德意志联邦共和国民事诉讼法》也专门设有"家庭事件程序"一编,分六章分别对"婚姻事件程序的一般规定"、"其他家庭事件程序的一般规定"、"离婚事件与离婚后事件的程序"、"撤销婚姻与确认婚姻存在与否的程序"、"亲子事件程序"、"抚养的程序"等作出了专门规定。此外,德国于 1952 年专门制定了《劳动法院法》,专门成立劳动法院,把劳动争议如劳动合同的解除、开除、除名、辞退、辞职、工资、经济补偿、补偿、劳动安全保护等争议归属于劳资双方的民事争议,依照劳动争议诉讼程序专门解决劳动纠纷。

解决群体性纠纷的诉讼制度是团体诉讼制度,其核心内容是规定一定领域中具有法人资格的团体,可以作为适格原告身份代表该团体成员提起诉讼,独立承担诉讼的权利义务并作出实体处分的制度。① 法院判决是针对该团体及其被告作出的,有利判决的效力间接惠及于团体的成员。但是,不利益判决的既判力不得扩张至未参与诉讼程序的团体成员。团体诉讼主要是通过团体提起"不作为之诉"来实现对法律秩序的维护和预防保护功能,但也有国家,可以请求损害赔偿。不过,在"损害"的认定上,并非以各个消费者所受的实际损失计算出实质损失,对被告的制裁力度通常也比较小。

团体诉讼并非一般性的民事诉讼制度或程序,而是通过制定不同的实体法,在特定的法律领域建立的专门性制度或特殊程序。最初确立团体诉讼制度的是反不正当竞争法,最初是作为替代行会的自治性调整机制而设立的,但此后越来越多地在消费者权益保护中发挥重要的作用。目前,其调整的主要领域包括:《反不正当竞争法》、《反对限制竞争法》、《一般交易条件法》、《降价

---

① 范愉:《集团诉讼问题研究》,北京大学出版社 2005 年版,第 231 页。

法》《手工业法》及环境污染保护等领域。① 谷口安平教授认为,团体诉讼"这一制度的特点在于形式上由单一的法人而不是多数当事者来充当原告,但是因原告是由多数个人或法人组成的团体,所以诉讼就具有了集团的性质——诉讼作为集团诉讼的一种来考虑,主要基于以下两个方面的理由。首先,从事实上看,诉讼的提起和进行是以集团成员的合意或共同意愿为基础的。其次,在法律上,判决的效力将及于作为当事者的该团体以外的人员。"②团体诉讼之所以可以被视为一种群体性诉讼,就在于其本质上代表的是团体(集团)的利益,且具有公益性社会功能。

4. 法国

1809 年制定的《民事诉讼法典》,标志着法国近现代第一部《民事诉讼法典》的诞生。其有 1042 条,由法院程序和各种诉讼程序的上下两卷组成,分别对起诉、受理、传唤等诉讼程序,证人、鉴定人等证据制度到债务的强制执行以及婚姻和禁治产等方面作出明确的规定。现行法国 1976 年《民事诉讼法典》是在 1809 年制定的《民事诉讼法典》基础上全面修订而成的。③ 自 1976 年《民事诉讼法典》颁布实施以来,针对民事诉讼程序问题的改革一直在进行。在法国,统一适用于所有法院的民事普通程序是不存在的,因为每类民事案件都有自己的普通程序。大审法院作为对民事案件有普通管辖权的法院,一般认为在大审法院适用的程序是普通程序。实际上,相对于其他民事法院的审理程序,大审法院的审理程序最繁琐、最复杂,而且根据统计数据,它也是耗时最长的程序。

法典第二卷和第三卷按照不同类型的法院和不同的案件对相关的诉讼程序做了详细规定。在继大审法院适用的程序之后,法典对初审法院适用的程

---

① 德国于 1976 年制定的《联邦自然环境保护法》中并没有规定团体诉讼,但 20 世纪 70 年代初环保问题成为社会公众关注的焦点,学界和政界对是否在环保领域引入团体诉讼展开了激烈的论战。认识的不统一迟滞了团体诉讼制度在联邦层面立法上的确立,这种状态一直持续到 20 世纪 70 年代末。1979 年不来梅第一个在它的州的自然保护法中引入团体诉讼制度,此后共有 14 个州规定了自己在自然保护法上的团体诉讼制度,其适用范围各有不同。2002 年 4 月 4 日新的联邦自然保护法将团体诉讼制度引入联邦层面,结束了各州对环保法领域中对团体诉讼规定的不统一状态。参见杨严炎:《群体诉讼研究》,法律出版社 2010 年版,第 29~30 页。

② [日]谷口安平:《程序的正义与诉讼》,王亚新、刘荣军译,中国政法大学出版社 1996 年版,第 198~199 页。

③ 谭兵:《外国民事诉讼制度研究》,法律出版社 2003 年版,第 14~15 页。

序(第 827 条—第 852 条)、商事法院适用的程序(第 853 条—第 878 条)、劳资纠纷仲裁法庭适用的程序(第 879 条,由《劳动法典》相应条文进行具体规定)、农村租约对等法庭(第 880 条—第 898 条)以及上诉法院(第 899 条—第 972 条)适用的程序都做了具体规定。并在法典第三卷"某些案件的特别规定"中,设有对于亲子关系案件、收养关系案件、监护案件等的特别规定。社会保险事物法庭适用的程序不包括在《民事诉讼法典》内(纳入《社会保险法典》),但已建立起与《民事诉讼法典》相协调规则。① 法国的民事诉讼程序多样,缺乏统一性,但同时也增加了制度的弹性和灵活性。就一审普通程序而言,实际上,除了大审法院适用普通程序外,小审法院、商业法院、劳资纠纷法院、社会保障法院、农村土地纠纷法院适用的程序都各有特点,其中最突出的特点是,根据各专业法院管辖案件的专业性质,比照大审法院适用的普通程序,予以调整和简化。法国民事诉讼程序类型的细化,能更好地适应社会对司法的不同需求,充分体现出民事诉讼程序对灵活性的追求。

5. 日本

20 世纪 80 年代,日本民事审判制度面临严重危机,批评者抨击民事审判有繁冗,耗费巨大,普通公众几乎难以理解等弊端。1990 年 7 月,司法部长的咨询机构法律委员会开始进行民事司法改革工作。在日本著名的民事诉讼法学者三月章先生的领导下,历经五年的反复研究、修改,于 1996 年正式颁布了日本新的民事诉讼法(1998 年实施)。日本新《民事诉讼法》是非常细化的,就程序制度而言,新的日本民诉法不仅对争点和证据整理程序、当事人收集证据的手段和程序,以及上诉程序进行了修改和完善,而且新增设了小额诉讼程序。有关金钱债权的诉讼,诉讼标的额不超过 90 万日元者,由简易法院依简易程序审理,简易程序的法官任用要求不像地方法院以上法官那么严格(日本裁判法第 42—45 条),在简易程序中,起诉方式、书面材料准备、当事人和证人出庭、判决书的制作均有相当的变通和简化(日本民事诉讼法第 372、276、277、158、278、170、280 条);诉讼标的额不超过 30 万日元者,依小额诉讼程序审理(日本民事诉讼法第 368 条第 1 项),证人无须宣誓、不采用交叉询问,适当时法官可依职权通过电话会议系统进行询问即可(日本民事诉讼法第 372 条);不许反诉(日本民事诉讼法第 369 条);对小额诉讼程序的判决不得提出上诉至第二审(日本民事诉讼法第 377 条),但是,接到判决送达之日起 2 周内

---

① 〔法〕让·文森、塞尔日·金沙尔:《法国民事诉讼法要义》,罗结珍译,中国法制出版社 2005 年版,第 850 页。

可提出异议申请(日本民事诉讼法第378条)。

随着经济的发展,为进一步充实以及加速程序的进行,日本于2003年又对民事诉讼法进行进一步修改。小额诉讼标的额上限由30万日元调整为60万日元(相当于目前一般职工2个月工资)(日本民事诉讼法第368条);2004年日本在《裁判所法》第33条第1款第1项中,将简易裁判上限金额由90万日元提升至140万日元。对于那些需要专业知识背景的案件,在完善现行鉴定制度的同时,借鉴他国之专家证人制度,建立吸收专业人士参与诉讼的新制度。对证书诉讼、票据诉讼及公示催告程序进行了专章规定。对于知识产权诉讼,进一步强化东京、大阪两地法院作为专利法院的审理机构设置体系,使其充分而高效地发挥作为专利法院的职能。以个人劳动争议案件为中心,引入劳动调解制度来加强。为了确保权利实现的时效性,强化并完善了民事强制执行制度。① 日本在对解决通常的以财产关系为对象的普通民事诉讼程序作出规定的同时,又针对婚姻案件、收养案件,以及亲子关系案件的处理做了专门规定。1898年即制定了《人事诉讼程序法》(2003年7月16日修订为《人事诉讼法》),其第二章、第三章和第四章分别对婚姻关系诉讼程序、亲子关系诉讼程序和收养关系诉讼程序进行了特别规定。1947年制定了《家事审判法》,规定在家庭关系案件中,人事诉讼案件以外的涉及子女监护人的确定、抚养费的负担等争议,依照家事审判程序由家庭法院审理和裁判。

在日本,解决群体性纠纷的诉讼制度是选定当事人制度。根据这一制度,具有共同利益的多数人在参与诉讼时,可以从中选定一人或数人为全体起诉或应诉,之后,其他当事人退出诉讼,诉讼活动由选定的当事人进行,选定当事人在诉讼中具有诉讼实施权。判决在名义上是对选定当事人作出的,但其效力却及于所有选定人。② 这种群体诉讼必须在多数当事人一方确定时才能使用(一般是必要共同诉讼情形)。由于日本的选定当事人制度深受其共同诉讼制度的影响,被选定的人经被选定人之外的有共同利益的人全体选定,并经书面授权,即具有诉讼当事人的资格,代表其进行诉讼。因而其作用和功效都有一定的局限,特别是随着近年来消费侵权、环境污染等公害问题的出现,选定当事人制度已经无法满足现实生活中民众对司法的期待和需要,因而日本民事诉讼法学界不断有人倡导要借鉴美国集团诉讼的成功经验,改造其选定当

---

① 常怡:《外国民事诉讼法新发展》,中国政法大学出版社2009年版,第238页。

② [日]中村英郎:《新民事诉讼法讲义》,陈刚、林剑锋、郭美松译,法律出版社2001年版,第83页。

事人制度。日本的小岛武司教授就是其中的积极倡议者,其观点在他的《诉讼制度改革的法理与实证》一书中已经多有论述。

(二)国外民事诉讼程序类型化评价

美国学者梅利曼在论及大陆法系国家法律解释制度的特征时曾言:"两大法系在司法程序中的重大差异,并不在于两种法院实际上在做什么,而在于它们各自占统治地位的社会习俗观念要求法院应该做些什么。"[①]事实上,对任何一个国家法律制度的理解都离不开对该国特定法律传统的把握。作为民事诉讼程序类型化,它同样浸润着一国久远的历史传统。英美民事诉讼程序设计的共同点在于均采用一次性的审理方式,并将审理、审理前阶段彻底分开,这也是英美民事诉讼程序设计与大陆法系民事诉讼程序设计最大的差别。大陆法系国家民事诉讼程序类型相对于英美国家更为细化、多样,其不仅在民事诉讼基本法中对民事诉讼程序类型作出规定,还出台了很多单行法,对特别诉讼程序作出规定,以解决特殊类型纠纷事件。

上述这些国家的民事诉讼程序制度发展和改革的内容及侧重点,在不同时期和条件下具有各自不同的表现,但是在促使本国民事诉讼程序制度的立法设置和相应的程序性规定更加科学、合理,以及更加适应解决本国社会冲突和各类纠纷的社会需要上,却是相当一致的。处于这种世界性改革大环境中的各国民事诉讼程序制度,以及作为世界程序法制组成部分的各国民事诉讼程序制度,不能再次封闭自己,以及把自己排斥在世界各国民事程序制度的改革、发展之外,应当顺应和适应这种改革发展的趋势。同时,基于自身程序设置的科学、合理也必须进行这种改革和完善。可以说各国民事诉讼程序制度的改革不仅是自身程序设置完善的需要,而且改革也是民事诉讼程序制度走向完善的必由之路。

作为人类社会长期处理民事争议法律规范的经验总结,其中免不了包含大量的审判规律和规则。这些规律和规则作为审判经验的总结不仅具有内在的科学性和合理性,也是理性地处理民事争议必须遵循的必要准则。实践证明这些规则和规律对于公正处理民事争议不仅是必不可少的,也是审判活动必须遵循的原则。法律规定中如果缺少了这些基本的诉讼规则和规律性规定,不仅影响法典本身的科学性,也必然影响司法裁判结果的真实性和可取

---

① [美]约翰·亨利·梅利曼:《大陆法系》(第二版),顾培东、禄正平译,法律出版社2004年版,第48页。

性。而要保证程序法律规则制定中的科学性,首要条件是立法者在立法指导思想上不应有偏见、倾向和自己的利益。①

三、民事诉讼程序类型化的动因

民事诉讼程序类型化就思维逻辑的角度而言,首先涉及的必然是动因问题。即民事诉讼程序类型化是一种理论学术上的冲动,还是社会对解决纠纷诉讼机制的一种客观诉求。主观的意念和学术上的冲动,由于缺乏现实基础支撑,难以落实;客观需求,是民事诉讼程序改革和发展的"正当性"合理内核。由此可见,民事诉讼程序类型化动因不仅决定着民事诉讼程序类型化成效,也决定着其内在合理性及其轨迹。

(一) 经济发展的需要

马克思主义的原理告诉我们:一切社会变迁和政治变革的终极原因,不应当在人们的头脑中,在人们对永恒的真理和正义的日益增进的认识中去寻找,而应当在生产方式和交换方式的变更中去寻找;不应当在有关的哲学中去寻找,而应当在有关的时代的经济学中去寻找。② 一个社会究竟应确立何种纠纷的解决方式不唯是一个理论问题,更多的是一个实践问题。

社会在不断地发展和变化,作为表明和记载特殊经济关系的法律也必然为了适应这种变化而改变自身。现代社会生活的复杂化和社会的高度分工,要求法律活动专门化。诚如美国学者埃尔曼所言:"法律文化的重心和它发展的主要动力不应在由政府所设置的司法制度中寻求,而应见之于社会本身。"③事实上,任何一项法律制度的建立与变革无不是各种社会因素共同作用的结果。回首人类社会的发展历程,我们不难发现民事诉讼的发展进步基本符合人类文明进步的主旋律。随着人类认识世界、改造世界能力的不断提

---

① 廖中洪:《中国民事诉讼程序制度研究》,中国检察出版社 2004 年版,第 156 页。
② 中共中央马克思恩格斯列宁斯大林著作编译局译:《马克思、恩格斯全集》(第三卷),人民出版社 1956 年版,第 424~425 页。
③ [美]H.W.埃尔曼:《比较法律文化》,贺卫方、刘鸿钧译,清华大学出版社 2002 年版,第 200 页。

高,社会的不断进步,各个领域的分工愈来愈细,呈现专业化的趋势。体现在法律发展史上,从最初的诸法合体,刑民不分,程序与实体不分,逐步发展形成了宪法、刑法、民法、刑诉、民诉、行政法等各个法律部门,而且在各个部门法中亦愈分愈细,又分出许多不同的分支,如民法中可细分债权、物权、商法、婚姻法、继承法等等若干门类。又如刑法中的罪名,最初只是笼统地将杀人行为归为杀人罪,后来也是愈来愈细。同样,作为重要程序法的民事诉讼法亦在不断进步,民事诉讼的程序逐步成熟。一方面,体现在各个诉讼阶段的程序与规则不断充实完善;另一方面体现在针对千差万别的民事案件,在普通程序外,简易程序、特别(诉讼)程序得到了较大发展,比如涉外民事诉讼程序,人事诉讼程序、审判监督程序、海事诉讼特别程序、督促程序与公示催告程序等特别程序在各国设立并不断得到完善,也正基于此在各国民事诉讼程序类型化得到确立和发展,体现了人类不断追求科学观念和理性精神,社会文明不断发展。

司法活动的专门化是一个历史的演进过程,是与社会劳动分工的增加、社会生活复杂化的趋势相联系的。到了现代,法律的专门化已基本成为现代社会所接受的一种社会生活的必需。特别是社会分工日益细致化的今天,人们在一定程度上是生活在他或她的现实世界中,而他或她的世界与他人的生活世界不像农业社会那样具有普遍性和一律性。我国目前正在建立社会主义市场经济,劳动分工和专业化的程度也必然随之加强。作为法律这个职业也必然会更加专业化。同时市场经济的发展也要求法律职业更加专业化。从社会经济生活发展的大背景来理解,可以说司法活动专门化是现代社会中社会分工在法律领域的体现,是法律活动职业化和专门化的一种特定形式的延伸。[1] 改革开放以来,我国无论是法院机构还是解决民事纠纷的诉讼程序已有相当的变化,例如先后设立了民事审判庭、行政法审判庭、知识产权;一些城市的法院建立了青少年法庭,甚至出现了专门的金融法庭。[2] 这些变化体现了随着市场经济的发展,我国法律活动专门化得到了不断增强。

(二)人权保障的需要

宪法和法律赋予国民以自由权、人身权和财产权等权利,同时也相应地保

---

[1] 苏力:《法律活动专门化的法律社会学思考》,载《中国社会科学》1994年第6期。
[2] 针对金融类案件具有同质性、专业性、关联性的特点,2008年11月13日,浦东法院宣布成立中国首家金融法庭。自2008年上海市金融法庭成立后,北京、重庆、沈阳、郑州等地法院为应对金融案件迅速增加的局面,也先后成立了金融审判庭。参见:舒眉:《上海:金融法庭试验》,http://www.infzm.com/content/64674,访问日期:2011-12-30。

障国民在这些权利受到侵害或发生争议时,平等而充分地寻求诉讼救济的途径。正如法谚所云:"没有救济的权利就不是真正的权利"。如果某一权利受到侵害后,被侵害者根本无法诉诸司法救济,那么,该权利的存在将毫无意义。为此,国家有义务为国民提供司法保护,以国家的审判权保护国民的合法权益。为实现此诉讼目的,必须对国民开放诉讼制度,使民享有向国家请求利用这一制度的权能。"二战"以来许多国家的宪法确认接受司法裁判是人民享有的一项由宪法保障的基本权利。在英国,1215年《大宪章》中的正当程序条款就已包含了保障公民请求国家开展一定诉讼程序以解决纠纷的权利及要求攻击防御权利之精神。在美国,宪法修正案第5条、第14条关于正当法律程序、平等法律保护的条款蕴含着当事人司法救济权的内容。在意大利,1947年宪法第24条规定:"全体公民都有权向法院提起诉讼以保护自己的合法权益。"1966年《公民权利和政治权利国际公约》将"受公正审判的权利"作为民主法治社会中公民所享有的一项基本人权。为保障人民的自由和权利不受侵害,赋予人民司法救济的权利,成为贯彻法治主义的基本条件。据此也可以说,民事诉讼程序制度作为当事人在人身权益或其他合法权益受到侵害的条件下,通过寻求司法救济来保护自身合法权益的途径、方式,是社会人权保障的另一种需要,即通过民事诉讼程序这种司法救济机制来实现权利保障的需要。

诉讼程序作为人类社会在解决纠纷中创造出来的基本形式,本质上不仅对于纠纷的解决以及限制恣意和维护、实现权利救济都具有十分重要的作用和意义,而且也是当事人合法权利维护的重要方式。正是基于程序所具有的这种作用和意义,美国大法官F.福兰克弗特指出:"自由的历史基本上是奉行程序保障的历史"。① 也正是基于程序所具有的这种作用和功能,以及诉讼领域内人权保障的需要,法律不仅应当给予当事人当然享有的诉讼程序权利,而且还应当从法律的角度充分保障这些资格的享有和权利的行使,以满足人权保障对诉讼程序立法的基本要求。

随着社会发展,特别是民事诉讼领域内当事人程序主体性理论、程序权利保障论,以及体现当事人自主意志的程序选择权理论的兴起,人权保障的基本观念已大为改观,建立适合人权保障的相应民事诉讼程序制度已成为国际共识。20世纪60年代以来,许多西方国家在民众诉讼需求大幅度上升,甚至出现局部性"诉讼爆炸"现象以及纠纷复杂化等背景下,掀起了"接近正义"的司

---

① 转引自季卫东:《程序比较论》,载《比较法研究》1993年第1期。

法运动,其目的在于保障公民接近和利用司法的权利,为民众寻求法律救济,实现个案正义创造更好的制度条件。在现代国家中,基于立法上有关当事人诉讼程序保障和诉讼程序权利授予上存在的缺陷,不仅与人权保障在民事诉讼程序领域内的基本要求不相一致,也与整个人权保障的社会需要不相适应。因而改革、调整和完善现行民事诉讼程序制度,建立充分体现人权保障的民事诉讼程序保障制度,实为各国人权保障在诉讼程序领域内的需要。

(三)程序制度自身完善的需要

任何法律制度,不论设置得有多么的完美和周详,由于都只能是在一定的历史条件下和特定的立法思想指导下,以及相应的立法技术水平的基础上制定的,因而也都难免不受历史和社会环境条件,以及立法技术条件的限制。因而也都存在局限性。美国社会法学派代表庞德指出:"法律必须是稳定的,但不可一成不变"。法律必须服从发展所提出的正当要求。一个法律制度,如果跟不上时代的需要或要求,而且死死抱住上个时代的只具有短暂意义的观念不放,那么是没有什么可取之处的。在一个变幻不定的世界中,如果把法律仅仅视为是一种永恒性的工具,那么它就不能有效地发挥其作用。我们必须在运动与静止、保守与变革、经久不变与变化无常这些矛盾的力量之间谋求某种和谐。① 为此,随着社会的发展和观念的改变,以及立法技术水平的提高,在总结经验吸取教训的基础上不断地进行改革和完善,不仅是任何一种具备科学性、合理性法律制度发展、演变的必然路径,而且也是任何法律扩大功能适应纠纷解决需要所必须遵循的规律和规则。民事诉讼程序制度作为一种法律制度,当然也不能例外。

随着社会发展需求的变化,以及立法技术的提高,改革现行民事诉讼程序制度,实现程序设置上的科学和促使程序制度的设置更加合理,也就成为了民事诉讼程序自身完善的需要。二战后,法系间法律文化传统的界限、国与国之间的法律制度界限逐步被打破,呈现出一种统一化和国际化的趋势。这种趋势表现为大陆法系国家和英美法系国家在立法研究领域,相互吸收、借鉴对方的方法,参考对方的原则、程序等。② 如日本选定当事人诉讼制度,因而其作用和功效都有一定的局限,特别是随着近年来消费侵权、环境污染等公害问题

---

① [美]E.博登海默:《法理学:法哲学与法律方法》,邓正来译,中国政法大学出版社2004年版,第311页。

② 何勤华:《西方法学史》(第三版),中国政法大学出版社2000年版,第446~447页。

的出现,选定当事人诉讼制度已经无法满足现实生活中民众对司法的期待和需要,因而日本民事诉讼法学界不断有人倡导要借鉴美国集团诉讼的成功经验,改造其选定当事人诉讼制度。还有就是我国的代表人诉讼制度,在立法上主要吸收借鉴了美国集团诉讼和日本的选定当事人制度的经验,同时也加入了自己的一些创造而形成一类独立的诉讼制度。两大法系的内容和表现形式逐步趋向一致。可见,各国诉讼立法相互间的吸收和借鉴,也是民事诉讼程序形式趋于多样化与类别化的重要因素。

诉讼程序制度的这种自身完善,绝非一国民事诉讼程序制度发展、演变过程中才需遵循的规律和规则。从世界各国民事诉讼程序制度改革、发展的立法情况来看,可以说民事诉讼程序制度自身的不断改革和完善,已成为了一个世界性的趋势和倾向。当代社会科学发展的趋势之一是高度分化、高度综合。一方面,各门学科的分支日益细密、日益增多;另一方面,各门学科间的联系、交叉和渗透也日益加强。作为法学一部分的民事诉讼法学也同样受此影响。现代民事司法制度不断分解,走向司法分工与司法专业化的道路。例如,法国的大小审法院、商事法院、劳资法院、农村租约对等法庭及其各自适用的程序;美国的交通法院、税务法院、家庭法院、小额法院及其特别程序;香港的劳资审裁处、土地审裁处、小额钱债审裁处及其特别程序。我国改革开放以来,法院机构已有相当的变化,例如前文提到的金融法庭、知识产权庭等专业法庭的出现。这些变化体现了法律活动专门化的增强。但是,我国距真正走向司法专业化道路还很漫长。如现实生活中家事纠纷的增加和复杂化,以及新型家事纠纷的出现,对家事事件的专门化提出了要求。然家事裁判似乎并没有引起我国理论界和司法界的重视,现今既没有完整、系统的家事裁判程序,又没有设立家事法庭和配备家事法官。

四、民事诉讼程序类型与民事诉讼类型比较

民事诉讼程序类型化是民事诉讼发达的标志。有关民事诉讼程序类型、民事诉讼程序类型化的研究成为当前民事诉讼研究的热点。而概念的界定是一切研究和实践的起点。厘清民事诉讼类型与民事诉讼程序类型两者的联系和区别,不仅有助于人们廓清二者的不同,而且对民事诉讼程序类型化进一步研究有着重要意义。在厘清民事诉讼类型与民事诉讼程序类型两者关系前,

须首先廓清民事诉讼程序类型与民事诉讼程序类型化的关系。

(一)民事诉讼程序类型与民事诉讼程序类型化的关系

民事诉讼程序类型化就是通过"类型化"的法学研究方法之运用,建构起合理与成熟的与民事纠纷类型的性质和特点相适应的民事诉讼程序类型。民事诉讼程序类型化目前是我国民事诉讼法学界争论的热点问题,基于目前我国民事诉讼程序类型在法律制度上的缺失,所以民事诉讼程序类型化在我国民事诉讼法学研究上有重要的意义。建构民事诉讼程序类型制度是一个动态的过程。具体化的民事诉讼程序类型作为类型之形态,是民事诉讼程序类型化之结果。简言之,民事诉讼程序类型化是一种方法论,是一种手段;各种民事诉讼程序类型形态的形成则是类型化的结果。民事诉讼程序类型化是在动态中关注民事诉讼程序类型之建构与发展,而民事诉讼程序类型则是在静态中关注其自身体系化及其具体规定的精细化。如果我们对两个概念的不同点和相同点不加区分与辨别,就会在研究民事诉讼程序类型时造成混乱。

从上面分析可知,民事诉讼程序类型就是与民事纠纷类型的性质和特点相适应的各种民事诉讼程序类型形态。民事诉讼程序类型形态有普通程序和简易程序之分,在通常诉讼程序以外,还有督促程序、特别程序;有财产诉讼与家事诉讼之分,在通常的财产型诉讼中,在现行的普通程序和简易程序之外,设立小额诉讼程序。民事诉讼程序类型是为了便于诉讼,按照民事纠纷类型的性质和特点设立不同类型的程序,是对案件本身的特殊性和复杂性之回应。民事诉讼程序类型具体划分标准、形态及规则等内容在后面的章节有详细阐述。

(二)民事诉讼程序类型与民事诉讼类型

从上面分析可知,民事诉讼程序类型是为了便于诉讼,依民事纠纷类型的性质和特点而进行的不同类型程序设置。民事诉讼程序类型着重从程序视角关注其自身体系化及其具体规定的精细化。民事诉讼类型不同于民事诉讼程序类型,是按照诉之请求进行的分类,是对案件审理的技术性要求之回应。民事诉讼类型则着重从实体角度关注其自身体系化及其具体规定的精细化。在民事诉讼法学界通常按照当事人提出诉之请求的内容来确定的,将诉讼划分为确认之诉、给付之诉和变更之诉(形成之诉)。从民事诉讼法学史的角度看,在罗马法和德国普通法时代,只有实体法上的请求权这一种诉讼对象(诉讼标的),民事诉讼只有给付之诉一种类型。随着社会的发展和商品流通的日益发达,确认之诉随之产生。而确认之诉被立法所承认,最早始于德国普通法末期所制定的 1877 年民事诉讼法。但是,直到德国 1877 年民事诉讼法制定之时,形成之诉尚未产生。只是后来民法学领域形成权理论的发展,形成之诉才开始被学说和判例所认可。可以说,形成之诉是三种诉讼类型中最后产生的,因而也是最新的诉讼类型。可见,给付之诉、确认之诉和形成之诉这三种诉讼类型,是随着社会关系的发展、民事纠纷的日益复杂化以及通过民事诉讼解决纠纷的需要依次产生并被承认的。

给付之诉是指原告请求法院判令被告履行一定给付义务的诉讼。给付之诉以请求履行的义务是否到期为标准,分为现在给付之诉和将来给付之诉。给付之诉具有两个基本特点:一是当事人提起给付之诉的目的,在于请求法院判令对方当事人履行一定的民事义务。二是给付之诉具有执行性,即法院作出的给付判决生效后,负有义务的当事人必须按照判决的要求履行义务,否则法院将根据对方当事人的申请强制执行。给付之诉是民事诉讼中运用最为广泛的一种诉讼,也是自罗马法以来最为古老的诉讼类型。

确认之诉是指原告请求人民法院确认其与被告之间存在或者不存在某种民事法律关系或者某种法律关系是否有效的诉。任何一种法律关系的成立,都必须有一定的事实和条件。当事人双方之间对某种民事法律关系是否已经成立,现在是否还存在,是否有效而发生争议提请人民法院确认的,就是确认之诉。确认之诉提起的条件是确认利益的存在。《德国民事诉讼法》第 256 条和《奥地利民事诉讼法》第 228 条都规定,只有对通过裁判来即时确认之事项存有法律上的利益时,方可提起确认之诉。日本民事诉讼法对此虽没有规定,但学说和判例都认为须以即时确认利益的存在作为提起确认之诉的条件。①我国民事诉讼法对确认之诉尚无统一规定,但是我国学理和实务都承认确认之诉的存在。例如,在知识产权纠纷中,原告向法院起诉请求确认其为某一专利的申请权人,法院受理并作出了判决。依据请求确认的内容不同,确认之诉可分为肯定的确认之诉与否定的确认之诉。肯定的确认之诉,是指当事人请求法院确认某种民事法律关系有效存在。例如:请求确认收养关系的存在;否定的确认之诉,是指当事人请求法院确认某种民事法律关系不存在。例如:请求确认婚姻关系的无效。确认之诉的特点在于:原告仅要求法院通过审判确认特定的法律关系存在或不存在,并不要求判令被告基于存在的法律关系履

---

① [日]中村英郎:《新民事诉讼法释义》,陈刚、林剑锋、郭美松译,法律出版社 2001 年版,第 105 页。

行给付义务。在法律特别规定时,纠纷的内容也包括对特定事实的争议,比如德、法、日等国民事诉讼法规定,当事人可以提起要求确认证书真伪的诉讼。

形成之诉,又称变更之诉、创立之诉,它是指原告请求法院改变或消灭其与对方当事人现存的民事法律关系或者在双方当事人之间建立新的民事法律关系的诉。形成之诉是基于实体法上的形成权而产生的。但是,实体法上的形成权有的并不需要裁判介入,由形成权人直接行使权利,即可达到形成的效果。例如债权人根据《合同法》第105条所享有的免除债务人债务的权利,即为此类权利。但是,另有一些形成权,仅依权利人的意思尚不能实现形成的效果,或者说须通过法院的裁判才能实现形成的效果。当事人对这一部分形成权的行使,其途径就是提起形成之诉。这一部分形成权有三类,包括:(1)须经裁判才能行使的形成权,例如,离婚请求权、合同撤销与变更请求权等;(2)权利关系变更请求权,例如,解除收养关系请求权、《合同法》第94条规定的合同解除权(对方存有异议的)、《合同法》第100条规定的双方互负债务的标的物种类或品质不同的情形下的抵消权、《合同法》第114条规定的变更违约金数额请求权(双方不能协商一致的)等;(3)属于国家所有,须请求国家行使的形成权,例如,我国《民法通则》和《民事诉讼法》规定的申请宣告公民死亡、申请宣告公民无民事行为能力和限制行为能力的申请权等。因此,作为形成之诉产生基础的实体法上的形成权,指的乃是这一部分形成权。由于这一部分形成权非经裁判承认不能发生形成的效果,所以学理又称这一部分形成权为"诉讼上的形成权"。应当注意的是,在法律有明确规定的情况下,原告也可以要求法院判决变更他人之间的民事法律关系。例如:债权人可依据合同法上的撤销权,诉请法院撤销债务人与第三人之间以明显不合理的低价转让财产的行为,消灭已成立的买卖关系。

五、民事诉讼程序类型化影响因素与立法模式

(一)民事诉讼程序类型化影响因素

无论是复杂性、还是多样性,任何错综复杂的表象背后总隐藏着能够为人们所认识的共同规律,当人们针对不同的诉讼请求对诉讼的内在规律进行认识、整合时,程序类型便应运而生。一个国家或者地区民事诉讼程序类型的数

量多寡及其具体设计往往取决于很多因素。对不同的程序类型,适用不同的程序规则,立法者对每种程序类型的设置,实质上是对诉讼制度的反思与构建。综观各国民事诉讼程序类型化的发展进程,下列因素的影响尤为明显。

1. 民事诉讼目的

民事诉讼程序为什么而设置?国家通过民事审判权的行使究竟希望达到什么样的理想目标?对这些关乎民事诉讼"元问题"的追问便构成了民事诉讼法学理论体系的逻辑起点和归宿——民事诉讼的目的论。诚如德国法学家耶林所言:"目的是全部法律的创造者。每条法律规则的产生都源于一种目的,即一种实际的动机。"① 就民事诉讼程序而言,诉讼目的直接决定着微观诉讼规则的设计。当然,离开了实现目的的诸多手段,民事诉讼目的亦无从实现。

德国法学家温德雪德在《从现代法的观点看罗马诉权》一书中认为,在罗马法中,有决定意义的,是用诉讼程序实现意志的可能性,而不是诉讼程序之外既存的权利本身;换言之,在罗马人看来,诉讼程序的目的,就是通过审判保护的赋予而产生权利。民事诉讼目的反映了制度设计的基本理念,是构建民事诉讼程序体系的基础和起点。但究竟何为民事诉讼之目的,学术界长期存有争议,至今无定论。其中代表性的学说主要有私权保护说、维护秩序说、纠纷解决说、程序保障说、权利保障说、多元说等。

最早出现的是十九世纪初期的"私权保护说",该说认为,由于国家禁止自力救济,因而设立民事诉讼制度,并由法院依照客观实体法对当事人实体权利予以保护。该学说被视为德国目前之通说。权利保护说以实体法规范的实现为其着眼点,并站在实体法的观点,强调国家应着力保护实体权利,以致忽略了诉讼制度的设计、使用、裁判的作出和实现,常常受到诉讼成本的制约。"诉讼不应创造客观法,而应保证法律。法律的活动具体地包含标准及评价这一极为复杂的解释活动,但绝不是立法者的活动。"② 这种认识的结果是依该学说设计的诉讼制度给人以无视诉讼经济,违背诉讼自身规律之虞。私权保护说从保护私权出发,在事实审理上,片面追求发现客观真实,容易造成程序上利益之损耗(人力、时间、费用的过分支出)。反映在诉讼结构上是"彻底的当事人主义",诉讼中的主要事项都由当事人决定。

---

① [美]E. 博登海默:《法理学:法律哲学与法律方法》,邓正来译,中国政法大学出版社 2004 年版,第 109 页。
② [日]山木户克己:《诉讼法学中权利继承的观念》,载《民事诉讼理论研究》(1996)第 5~6 页。

第四章 民事诉讼程序类型化构造

19世纪末,随着自由资本主义向垄断资本主义过渡,在自由经济受到限制的同时,民事诉讼目的理论也发生了变化,在批评"私权保护说"之缺陷的基础上,产生了"维护私法秩序说"。该说认为,民事诉讼的目的不仅仅是保护私权。因为从某种意义上说,保护私权只是民事诉讼在客观上所起的作用,所以仅从保护私权的意义上难以界定民事诉讼的目的。民事诉讼是以国家制度的组成部分出现的,国家是为了满足社会整体的需要才设立民事诉讼制度,因此,从整体上维护国家私法秩序是民事诉讼的目的。这种目的理论反映在民事诉讼结构上,便是所谓的"职权主义"。即在诉讼中国家干预有所加强,法院的职权作用日益提高,"当事人进行主义"受到某些限制。依该学说设计和运用民事诉讼程序制度,将无法保障甚至会严重阻碍当事人实体处分权和程序处分权的行使。

纠纷解决说。纠纷解决说被认为是目前日本的通说,为日本学者兼子一所首倡。纠纷解决说认为,即使在私法尚不发达的时代,以裁判解决纠纷的诉讼和审判制度即已存在,所以私法实际上是在以裁判方式合理解决纠纷的过程中逐渐发展形成的,将民事诉讼的目的视为维护私权或私法秩序实在是本末倒置。民事诉讼也如仲裁、调解一样是解决民事纠纷的一种方式,而不是从既存的实体权利出发来确认当事人之间原有的权利义务关系。因此民事诉讼的目的应为纠纷的强制性解决。兼子一教授还认为,民事诉讼的目的是解决纠纷,而不是达到案情客观真实。因为民事案件与刑事案件不同,如果加进时间因素的话,当事人之间的利害关系随时在变化,即使完全达到客观真实,纠纷不见得都能得到解决。① 该学说由于拒绝引据实体法规范作为定立诉讼制度目的的基础,与近代国家法治原理大相径庭,已经受到不少日本学者的批评。② 此外,该说未将实体权利的保护列入民事诉讼目的范围内,也不符合宪法保护实体权利(财产权)的宗旨;况且该学说也没有充分认知,对程序利益的维护直接关系到诉讼外基本权利(如自由权、财产权及生存权)的保障,应同时成为诉讼目的的重要内容。依该学说设计或运作程序制度,使人不得不担心,实体权利怎样才能不受程序上不利益的耗损或危害。

程序保障说。程序保障说主张,民事诉讼是以程序保障的赋予为目的,换

---

① [日]兼子一、竹下守夫:《民事诉讼法》,白绿铉译,法律出版社1995年版,第17页。

② [日]山本弘:《权利保护的利益概念的研究(二)》,法学协会杂志第106卷第3号(1989年)第400页。

言之,国家设立诉讼制度,就是为了确保当事人双方在程序过程中法律地位的平等,并在诉讼构造中平等使用攻防武器,各拥有主张、举证的机会。该学说以程序保障论为起点,进一步认为,法院"不应该把诉讼的审理过程作为只是为了达到判决或者和解而必经的准备阶段,而应把这一过程本身作为诉讼自己应有的目的来把握。""只有正当的程序才是使判决或和解获得正当性的源泉。"①因此,法院应从"以判决为中心"转向"以诉讼的过程本身为中心"。程序保障说漠视民事诉讼制度目的与宪法所保障的基本权利间的直接关联性,因而否定了依照宪法理念平衡追求实体利益与程序利益的可能性,难免受到与上述诸学说相同的批判。

多元说。该学说的主张,对于诉讼目的的认识,应站在制度设置、作为运作者的国家和作为制度利用者的国民的双重立场上进行。依此,纠纷的解决、法律秩序的维护及权利的保护都应当视为民事诉讼制度的目的,上述几种相互对立、相互排斥的价值可依照具体情况的不同而随时在立法、解释及司法运作上进行调整并有所侧重。此种观点似乎尽善尽美,事实上,它在吸纳各种目的论优点的同时也内含了各种目的论的缺陷。对上述各学说的批评应可全部加诸于该学说之上。何况社会生活千变万化,日新月异,立法及司法过程中应依个别具体问题之不同,分别择定其制度设置。

从历史的视角看,每一种目的理论都是特定历史时代的产物。"保护私权说"是自由资本主义时代的产物,与当时所奉行的"个人本位主义"理念以及当事人个人主义极度膨胀的现实相一致。当事人在诉讼程序中的优越地位十分突出。"维护私法秩序说"则较典型地反映了垄断资本主义时期资产阶级的愿望和社会需要,并与"社会本位主义"理念相适应。较自由资本主义时期相比,国家对民事诉讼的干预加强。"纠纷解决说"则反映了现代资本主义社会快速处理纠纷的客观需要。随着社会的不断发展,民事经济交往日益频繁、复杂,民事冲突与纠纷日益增多,社会现实迫切需要扩大民事诉讼解决纠纷的功能。民事诉讼目的理论由侧重于诉讼结果逐渐转向对诉讼程序本身的关注,诉讼程序自身的独立价值逐步提高,"程序保障论"充分地说明了这一点。民事诉讼目的与程序制度设计密切相关。但任何一种单一的目的观都不能准确地表明诉讼制度设计的基本理念。正如谷口安平先生所指出的:"现实生活本来就不是单纯的,急于简单明了地归纳出理论,常常有不能准确把握现实的危险。

---

① [日]谷口安平:《程序的正义与诉讼》,王亚新、刘荣军译,中国政法大学出版社1996年版,第52页。

以前的诉讼目的论可以说往往失之于过分的单纯化。"①

构建一种适应时代要求符合民事诉讼规律之民事诉讼目的论,是当前民事诉讼法学当务之急。现代民事诉讼制度要基于多元利益保护的立场,遵循"实体——程序二元论"诉讼观的指引,从多维视角出发来选择和构筑其目的。为了使诉讼目的论更有建设性,谷口安平先生指出:"这样的研究方向应该不局限于理念层次的争论,而应当在与类似于诉讼的制度相互关联中找到诉讼目的的确切位置,并着眼于实践性、政策性来构筑关于诉讼目的的理论。"②笔者认为,只有把民事诉讼制度与国家性质、国情联系起来,并对民事诉讼与相关的民事程序制度进行关联考察,才有可能理解民事诉讼目的,并在此基础上构建一个科学合理的民事诉讼目的理论体系与民事诉讼程序体系。

2.民事案件的多样性决定程序的类型化

在法学领域,"案件决定程序"也是一个颠扑不破的真理。毕竟,没有民事纠纷案件就没有民事诉讼,没有民事纠纷案件就没有程序的存在。案件类型尤其是民事案件的多样性在现实中决定了程序的类型化划分。案件类型的不同划分在程序法和实体法中各有特殊的意义,民事案件类型的划分对程序法的意义尤为重大,最显著之处就在于它决定了程序的类型化。这主要体现在两个方面:一是管辖权的不同,例如因合同纠纷提起的诉讼,由被告住所地或者合同履行地法院管辖;因侵权行为提起的诉讼,由侵权行为地或者被告住所地法院管辖;因不动产纠纷提起的诉讼,由不动产所在地法院管辖。另一方面是诉讼程序的不同,基于诉讼事件与非讼事件的不同,将民事诉讼程序即民事审判程序区分为民事诉讼程序和民事非讼程序,民事诉讼程序按照诉讼原理设计,民事非讼程序按照非讼原理设计;各国在通常的财产型诉讼中,在现行的普通程序和简易程序之外,设立小额诉讼程序,用以解决争议金额较小的民事纠纷;因为以身份关系为中心的家事事件不同于通常的财产事件,所以制定独立于财产型诉讼程序的家事诉讼程序,用以解决婚姻关系事件、亲子关系事件、扶养关系事件等家事事件。这些都意味着,民事纠纷案件类型不同,诉讼程序也不同,体现出了程序的类型化。

民事诉讼程序类型化的要求尽管在不同的历史时期都是一个必然的要

---

① [日]谷口安平:《程序的正义与诉讼》,王亚新、刘荣军译,中国政法大学出版社1996年版,第49页。

② [日]谷口安平:《程序的正义与诉讼》,王亚新、刘荣军译,中国政法大学出版社1996年版,第50页。

求,但是,这种迫切性在现代社会显得更是明显。为了实现民事诉讼程序与民事实体法的良好衔接,立法者和审判者不再只是关注权利在实体法上的有无,同时也关注实体权利的实现途径,保护当事人的程序利益,即在人们起诉前,防止他们因为诉讼程序所要求花费的过高成本而放弃诉讼。在诉讼过程中,避免他们花费过多的、与诉讼标的不符的时间、精力和费用,使人们的实体权利变得名存实亡。"程序利益保护论乃被视为试图指导民事诉讼法修正走向、实务运作的一项法理"。① 突破单一诉讼程序构造,针对不同类型的民事纠纷设置不同的诉讼程序,是程序利益保护论的应有之义,民事诉讼程序的类型化成为东西方国家民事诉讼改革的共同趋势。在一些双方当事人经济实力、社会地位悬殊的民事案件中,如消费者诉讼、环境保护诉讼、医疗诉讼等案件,民事诉讼程序对弱势群体实行了倾斜性保护:改变管辖规则、增加诉讼形态、变更证明责任分配、减少诉讼费用等。这种趋势体现了民事诉讼法与民事实体法关系的变迁,两者关系开始走向有机融合的新时代。

从西方和我国民事诉讼法与民事实体法关系的理论变迁中,我们可以清晰地看到近乎相同的脉络:立法体例上从诸法合体到诸法并立,立法思想上从以实体法为主到程序优先再到程序法与实体法并重且相互衔接。审视这条发展脉络的深层原因,必然有助于全面深入地理解民事诉讼法与民事实体法关系的问题。从社会发展角度看,随着社会分工、特别是市场经济条件下的高度社会分工的发展,带来了立法的分工细化。在民事实体法规定较完善的前提下,如果民事诉讼法能充分贯彻民事实体法的立法精神,与民事实体法形成有机整体,权利就可以更好地实现。相反,如果民事诉讼程序设计不考虑实体立法主旨,即便再精密的诉讼程序,也只是法庭上空洞的过场,无法实现实体法价值;即便再完美的实体法律,也只是纸面上美丽的花朵,无法将权利落实到现实生活。

随着社会经济的发展,案件的类型逐步出现由简单到复杂,由单一到多元的发展趋势。从民事诉讼专业的视角出发,民事诉讼立法者应该熟知实体法律,敏锐把握实体法发展趋势,与实体法共同反映民众意志、时代潮流,诉讼程序的构建必须适应具体案件类型的特点,贯彻民事实体法的立法精神。只有这样,才能使诉讼法和实体法真正成为"车之两轮,鸟之两翼",进而在诉讼中使两者形成良性互动、综合作用的"场",实现公正与效率、程序正义与实质正义的统一,从而构建和谐的社会主义法律体系和良好的法治秩序。

---

① 邱联恭:《程序利益保护论》,台湾三民书局2005年版,第5页。

第四章 民事诉讼程序类型化构造

3.民事诉讼主体需求的多元化催生了程序的类型化

人类社会总是充满了复杂的利益冲突,而正是由于这种利益冲突导致了社会主体之间的关系更为紧张,社会冲突的性质、形式和激烈程度的不同决定了社会必然根据主体之间的关系距离设计出不同的解决社会矛盾的方式。诚然,解决冲突、缓解矛盾的手段、方式也必然是多样的。

随着社会的发展,新的利益冲突和新的纠纷类型会不断出现,生活方式和社会主体的观念也在悄然发生变化。在今天西方的发达国家实行高度法治的同时,在逐渐接受、适应规则和普遍性的统治之后,人们又开始重新发现人与人之间关系的协调和对话的价值。协商性、调解性的方式更为适合主体的需要,诉讼审判则被奉为最为正统、公平和权威的纠纷解决方式,并对纠纷解决的自主性和机会合理性给予了更多重视。今天的世界,由于人际关系和价值观的重构,在人们的思想理念中更喜欢以多种方式来解决矛盾,因此在纠纷解决机制上开始再度呈现出一种多元化的趋势。作为法社会学派的创始人,庞德这样表述他对法律的基本看法:"为了理解当下的法律,我满足于这样一幅图景,即在付出最小代价的条件下尽可能地满足人们的各种要求。我愿意将法律看成这样一种社会制度,即在通过政治组织的社会对人们的行为进行安排而满足人们的需求为条件而尽可能地满足社会需求——即产生于文明社会生活中的要求、需要和期望——的社会制度。"[①]付出最小的代价,满足人们尽可能多的要求,这种要求正好吻合了社会主体的需求,而程序又正是作为这样一个处理社会各种矛盾,解决纠纷的机器发挥着作用。国家设置司法制度,都是为了满足社会主体解决纠纷,保护自身权益的需要,是实现正义的需要。因此,无论从哪个角度来讲,最大限度地满足社会主体的要求理应成为程序设置的一个基本理念,而社会主体的这种多元化的需要又催生了程序类型化的产生。

程序的类型化还体现出了社会主体对程序的选择权,从某种意义来讲同时又尊重了社会主体。当事人在程序上自己作出选择,赋予其程序选择权,即便是败诉的当事人也会心悦诚服地接受判决,因为这是他自己的选择。能否做到这一点,与程序自身的公正性有关,也是对其程序评价优劣的一个衡量标准。从程序上看,因为经过了一个又一个体现着人类理性和当事人程序主体性的程序选择环节,不仅充分体现了程序设置的合理性和正当性,而且还体现

---

① [美]E.博登海默:《法理学:法律哲学与法律方法》,邓正来译,中国政法大学出版社2004年版,第147页。

了对社会主体的尊重。使社会主体对程序的类型化有了更多的青睐。因此,对案件进行类型化处理应当由当事人进行程序选择。

(二)民事诉讼程序类型立法模式

一般来说,民事诉讼程序类型立法模式指的是一国法律以什么样的方式来规定其民事诉讼程序的类型。就本质属性而言,立法模式只是一个技术问题,但由于它直接关系到民事诉讼程序类型的多少、可扩展性和体系的开放度,进而影响到民众诉权的实际行使,因而在民事诉讼程序类型化制度设计中处于十分重要的地位。

民事诉讼程序类型的立法模式往往与民事诉讼程序立法目的有关。如民事诉讼之目的是限制人民权利保护之完整及法院裁判之方法,则民事诉讼程序类型立法就会采取单一、封闭模式;反之,就会采取具有扩展性的多样、开放性立法模式。从比较法的角度观之,民事诉讼程序类型构造的立法规范模式完全采用单一的《民事诉讼法典》情形比较罕见。当今绝大多数大陆法系国家民事诉讼程序类型构造的立法规范模式"以《民事诉讼法典》为主,辅之以单行(特别)诉讼程序立法模式"。1975年的法国新《民事诉讼法典》采取了符合民事诉讼内在特点和立法规范的"总"、"分"式内容编排布局。法典的第1卷"适用于一切法院的通则";法典的第2卷和第3卷则是按照不同种类的法院和不同的案件对相关的诉讼程序做了详细规定。同时在法典中还力求将法官的"争诉活动"、"非诉活动"以及纯司法行政性质的活动做更为细致的划分。在法国新《民事诉讼法典》中,所有的诉讼程序都与各法院的种类和各种案件的特点相适应,以便更好地适应社会对司法的不同需要。但其也有例外,即社会保险事物法庭适用的程序不包括在《民事诉讼法典》内,而是纳入《社会保险法典》,并建立起与《民事诉讼法典》相协调规则。德国《民事诉讼法》第2编到第6编对第一审程序、上诉程序(包括第二审上诉、第三审上诉、抗告)、再审程序、证书与票据诉讼及家庭事件程序做了比较具体的规定,体现了程序类型化的要求。德国民事诉讼程序立法在注重保持传统传承、稳定性和内在规律性的同时,还选择了保持对社会有选择的适应性地开放。

德国解决群体性纠纷的团体诉讼制度,并非一般性的民事诉讼制度或程序,没有规定在民事诉讼法典内,而是通过不同的实体法在特定的法律领域建立专门性制度。最初确立团体诉讼制度的是反不正当竞争法。团体诉讼的适用范围主要限于反不正当竞争法和消费者保护法中。后鉴于证券市场欺诈引起的群体性纠纷,既非传统团体诉讼的适用范围,也完全没有引入团体诉讼的

第四章 民事诉讼程序类型化构造

现实基础,德国于 2005 年 11 月 1 日又颁布实施了《投资者示范诉讼法》,对投资者诉讼的一系列问题作出了全面系统的规定。日本现《民事诉讼法》是专门规定民事审判程序的狭义的民事诉讼法。日本民事诉讼立法在人事和家事审判方面,做了与普通民事审判迥然不同的规定。日本新《人事诉讼程序法》就人事诉讼程序(主要包括婚姻关系诉讼、亲子关系诉讼、收养关系诉讼的特别规定)进行了专门立法。人事诉讼程序属于一种特别诉讼程序,与通常的民事诉讼程序在具体的操作程式上存在很多不同。

从世界范围来看,民事诉讼法的发展出现了一个非常明显的趋势,这就是类型化和纯粹化发展的趋势。民事诉讼法所规定的程序越来越细化,其分化程度日益增高。民事诉讼法所采用的大一统格局也遭遇到了"大分家"的立法挑战。如海事诉讼程序法、破产法、民事证据法、家事诉讼法、非诉讼事件法乃至民事调解法等等都纷纷从民事诉讼法的母体中分化而出。我国民事诉讼法也势所难免地要积极应对此一挑战。

综观我国现行民事诉讼程序立法规定,存在该简不简,该繁不繁的问题。在程序中没有做到繁简分流,没有程序的分化。现行民事诉讼程序立法条文,远远不能满足极其复杂而又多样的审判工作的需要。有很多案件因为类型差异而程序上有所不同,比如商事中的公司法争议,还有一些特殊的问题比如家事诉讼案件,劳动争议案件甚至是知识产权案件,在程序上是不是要单独确立相应的程序值得讨论。

我国民事诉讼程序类型立法构建,要不要将家事诉讼、劳动争议诉讼等特殊的争讼程序法像《海事诉讼特别程序法》那样从传统民事诉讼法典中脱离出去,另行制定各个不同的单行法律?基于司法实践的需要和立法技术的考量,笔者认为,在当前语境下,民事诉讼程序类型立法模式构建,一方面,应注重法律传统的传承,保持法律的稳定性和内在规律性;另一方面应当保持民事诉讼程序类型的开放性,以弥补法定诉讼类型涵盖未尽的缺陷。"以《民事诉讼法典》为主,辅之以单行(特别)诉讼程序立法模式",在注重保持传统传承、稳定性和内在规律性的同时,也能恰当地保持民事诉讼程序规则的开放和弹性,不失为一种较好的立法模式。

民事诉讼程序类型化研究

第五章 类型化视野下的我国民事诉讼程序

一、我国民事诉讼程序检视

(一)我国民事诉讼程序立法进程

中国现行民事诉讼程序制度虽然构建于现代,但是作为中国社会特定人文环境条件下的产物,免不了受到历史、文化,特别是传统诉讼程序制度设置及其立法思想的影响。从历史的继承性和传统对于现实影响的角度上讲,可以说现行诉讼程序制度的构建在一些方面和一定程度上,是受到中国历史上传统诉讼程序设置的思维方式和立法观念影响的。因而从这个意义上讲,考察中国历史上传统民事诉讼程序设置的立法,对于思考现行民事诉讼程序制度的完善,以及研究与民事诉讼程序制度设置相关的问题都是十分有益的。

从民事诉讼程序制度设置历史的角度上看,我国历史上西周时期民事诉讼与刑事诉讼就已经有了明确区分。关于这一问题徐朝阳先生曾经指出:"(周礼·秋官)实有民刑诉讼之区别,如《大司寇》云:'以两造禁民讼。'郑注'讼谓以财货相告者'。又云:'以两剂禁民狱。'郑注'狱谓相告以罪名者。'贾疏'此一经听争罪之事,与上听讼有异,……皆谓以狱事重於讼,故郑云重刑也。就此可知民事与刑事诉讼在古代之司法机关已有划然之区分,实无疑议。"① 但是从西周至清朝末年延续两千多年的社会中,一直没有出现过成文的民事诉讼程序法典。就有关程序性的规定而言,诉讼在形式上不论是起诉、受理还是审判始终采用一种方式进行,而不论诉讼案件所涉问题的复杂或者简单程度,更不存在涉及现代诉讼中的所谓诉的合并、反诉等程序性规定。诉

---

① 徐朝阳:《中国古代诉讼法》,商务印书馆1927年版,第16页。

第五章 类型化视野下的我国民事诉讼程序

讼形式单一,程序规范设置简陋。清末时期,沈家本等人曾模仿德国和日本的民事诉讼法起草《大清民事诉讼律草案》,共四编22章800条,为审判衙门、当事人、通常诉讼程序和特别程序。该草案首次以民事诉讼法形式对民事诉讼程序类型加以规定。但遗憾的是,由于清廷覆亡,未及施行。此后,1921年3月2日广东军政府公布的《民事诉讼律》,同年北洋军阀政府公布的《民事诉讼条例》,国民党政府于1932年颁行的《民事诉讼法》等都对民事诉讼程序类型作出了规定。

1949年10月1日中华人民共和国成立之前,中国共产党领导的各革命根据地制定了不少民事诉讼法律规范,对中华人民共和国成立后制定完整的民事诉讼法典起了积极作用。中华人民共和国成立后,国家为制定民事诉讼法做了许多准备工作。1950年12月政务院法制委员会起草了《中华人民共和国诉讼程序试行通则》(草案),计82条。1951年9月中央人民政府通过颁行了《中华人民共和国法院暂行组织条例》,计6章39条。1954年9月第一届全国人民代表大会通过颁行了《中华人民共和国人民法院组织法》、《中华人民共和国人民检察院组织法》。1956年10月,最高人民法院印发了《关于各级人民法院民事案件审判程序总结》,并于1957年将这个总结条文化,制定了《民事案件审判程序》,共84条。1964年最高人民法院院长谢觉哉在第三届全国人民代表大会第一次会议上所做的报告中,提出了我国民事审判工作"依靠群众、调查研究、调解为主、就地解决"的十六字方针。1979年2月,最高人民法院召开了第二次全国民事审判工作会议,制定了《人民法院审判民事案件程序制度的规定》(试行)。这些法规属于新中国民事诉讼法立法的初始阶段立法,它为制定中华人民共和国民事诉讼法奠定了基础。①

1982年3月8日第五届全国人民代表大会常务委员会第二十二次会议通过了《中华人民共和国民事诉讼法》(试行)以下简称《民事诉讼法(试行)》,它是新中国立法史上的第一部民事诉讼法,是一个最重要的里程碑。《民事诉讼法(试行)》共5编23章205条,程序包括:第一审程序普通程序(第10章);简易程序(第11章);特别程序(第12章);第二审程序(第13章);审判监督程序(第14章);执行程序(第4编15—18章);涉外民事诉讼程序的特别规定(第5编);仲裁(第20章)。《民事诉讼法(试行)》作为我国经济体制由计划经济向市场经济转型初期制定的程序法,虽然制定时我国社会的经济体制已开始发生了变化,但是与程序制度所对应的经济形态,基本上仍然是计划经济体

---

① 吴明童:《新中国民事诉讼法立法六十年》,载《公民与法》2009年第12期。

制。这种一切以计划为本的社会经济体制,不仅严格限制了社会商品的发展,以及对不同的经济成分采取区别对待,而且,社会纠纷的类型和形式都十分的单一和简单。与此相适应,不仅诉讼程序制度体系的设置十分的简陋和单调,而且诉讼程序的类型也很单一。

　　1982年以来,随着改革开放和社会主义经济的发展,出现了许多新情况,经济纠纷大量增加。这就需要根据当时的新情况,对《民事诉讼法(试行)》进行修改、补充,以适应进一步改革开放,发展社会主义市场经济的需要。第七届全国人民代表大会第四次会议于1991年4月9日审议通过《中华人民共和国民事诉讼法》(以下简称《民事诉讼法》),并当即公布实施。这部法共4编29章270条,比《民事诉讼法(试行)》增加了6章65条,程序包括:第一审普通程序(第12章);简易程序(第13章);第二审程序(第14章);特别程序(第15章);审判监督程序(第16章);督促程序(第17章);公示催告程序(第18章);企业法人破产还债程序(第19章);涉外民事诉讼程序(第4编)九类程序。就数量而言,应当讲是不少的了。但是从民商事纠纷有针对性解决的角度上看,现行民诉法有关程序制度的设置上存在笼统、粗犷和简单化倾向。无论是什么类型或性质的民事纠纷,一律都只能适用普通程序或简易程序所规定的程式、步骤、规则进行解决。而没有可供选择或适用的其他诉讼程序。然而,民事诉讼法作为解决众多民商事纠纷的程序法,其所涉纠纷的类型和范围是十分广泛的。除了经济交往和社会生活中常见的合同纠纷,损害赔偿纠纷,票据、证券权益纠纷,劳动争议纠纷,知识产权纠纷以外,还涉及大量的与当事人的身份关系密切相关的婚姻关系纠纷,抚养、赡养纠纷,监护纠纷等等纠纷。这些类型纠纷虽然都属于民事诉讼法适用的范围,但是纠纷的性质、类型及其社会意义是不尽相同的。然而我国现行民事诉讼法在程序设置中,却不论纠纷的性质和类型,一律适用一种程序,即普通程序。无论从立法上有关诉讼程序的设置,还是从司法上有关纠纷的解决而言都是有问题的。

　　随着改革开放和经济社会的发展,经济成分、组织形式、利益关系日趋多样化,新情况新问题不断出现,民事纠纷日益增多,公民、法人向人民法院提起民事诉讼维护自身合法权益的民事案件大量增加,人民法院在审理和执行过程中遇到了许多新的矛盾和难题,民事诉讼法的规定已经不能完全适应司法实践的需要,有必要总结民事审判实践经验,修改完善民事诉讼法。为此,2007年10月27日第十届全国人大常委会第三十次会议通过了《全国人民代表大会常务委员会关于修改〈中华人民共和国民事诉讼法〉的决定》。这次修改主要是解决申诉难、执行难问题。它涉及《民事诉讼法》对妨害民事诉讼的

强制措施、审判监督程序、执行程序三部分,删除了企业法人破产还债程序一章,修改后的《中华人民共和国民事诉讼法》计 4 编 28 章 268 条。

随着经济社会快速发展,民事案件数量不断增多,新的案件类型不断出现,民事诉讼法的规定在某些方面已经不能完全适应人民群众的司法需求,有必要进一步予以完善。对民事诉讼法作了部分修改,形成了 2012 年《民事诉讼法》。在程序方面,增设了公益诉讼制度(第 55 条):对污染环境、侵害众多消费者合法权益等损害社会公共利益的行为,法律规定的机关和有关组织可以向人民法院提起诉讼;在特别程序中专节规定"确认调解协议案件"、"实现担保物权案件",明确规定了当事人申请司法确认调解程序(第 194 条、第 195 条)与申请实现担保物权程序(第 196 条、第 197 条);设立小额诉讼制度:基层人民法院和它派出的法庭审理符合《民事诉讼法》第 157 条第 1 款规定的简单的民事案件,标的额为各省、自治区、直辖市上年度就业人员年平均工资 30% 以下的,实行一审终审(第 162 条)。2012 年《民事诉讼法》关于民事诉讼程序类型的规定较 2007 年《民事诉讼法》有所增加,体现了民事纠纷解决诉讼程序多样化的趋势。

(二)我国现行民事诉讼程序检视

由于民事诉讼法是通过立法上预设的程序性规定,并借助程序制度所独有的功能将社会的各类民事纠纷和争议进行归类、分解,并按照法定程式、步骤、方式、方法和规则,有序化地对案件事实进行证实、辩明、评价,以及解决的法律。即对社会各类民商事纠纷的归类、分解,以及解决争议过程的程式化、有序化,是其整个法律最为突出的特征。因而就这种法律的性质而言,程序制度的设置在整个法律体系中无疑具有十分重要的意义。换言之,在民事诉讼法中,程序制度设置得是否恰当具有针对性,以及程序的分类、排序是否科学、合理,各程序制度之间是否协调一致,客观上决定了该程序法是否能够适应解决社会各种民商事纠纷的需要,以及充分发挥程序法的功能。[①]

中国民事诉讼程序制度的构建,由于一开始就受到多重社会的、政治的以及其他因素的影响,所以,直到 1991 年才制定出了第一部正式的民事诉讼法。就现行民事诉讼法的规定(虽在 2007 年进行修订,但就诉讼程序设置而言没有改变),今天站在现代民事诉讼理念及其程序思想的角度,按照现代民事诉讼程序设置的理念,以及从世界各国民事诉讼程序立法发展趋势上看,可以

---

① 廖中洪:《中国民事诉讼程序制度研究》,中国检察出版社 2004 年版,第 152 页。

说,程序制度的设置是存在问题的。因为任何法律的产生和制定都是对该时代政治、经济情况的反映,都无法脱离当时的时代背景,也都无不受制于当时的政治、经济和人文的社会环境条件。现行民事诉讼法毕竟只是特定社会环境中的产物,不过从社会发展的角度而言,中国社会必定要发展,中国的民事诉讼程序制度也必然要完善,即要适应已经发生、发展的社会政治环境和经济环境,以及人文环境。为此,今天来检讨现行民事诉讼法程序设置问题,是在新的时期、新的民主政治的社会环境和经济环境条件下来认真审视过去立法中的问题,从而进一步去调整、修改和完善我国的民事诉讼程序法,使之不仅能够适应已经变化了的社会,而且可以最大限度地发挥功能,从而在社会主义建设的新时期起到维护社会正义,保护公民权利的作用。如果程序设置不科学、不全面,存在缺陷,以及立法有关程序的排序较为混乱,整个民事诉讼法必然难以适应解决社会复杂矛盾的需要。而就我国现行民事诉讼法有关诉讼程序设置来看,无论民事诉讼程序体系、类型,还是立法技术方面,都不同程度地存在着问题。具体表现为:

1. 程序设置类型单一

按照现行民事诉讼法的规定,我国民事诉讼法所规定的程序包括:第一审普通程序(第12章),简易程序(第13章),第二审程序(第14章),特别程序(第15章),审判监督程序(第16章),督促程序(第17章),公示催告程序(第18章),执行程序(第3编),涉外民事诉讼程序(第4编)九类程序。现行民事诉讼法与2007年民事诉讼法相比,在程序方面,增设了公益诉讼制度(第55条);将小额诉讼程序作为简易程序的一种形式加以规定(第162条);在特别程序中专节规定"确认调解协议案件"、"实现担保物权案件",明确规定了当事人申请司法确认调解协议程序(第194条、第195条)与申请实现担保物权程序(第196条、第197条)。就程序数量而言,确实增加了不少。但就其实质而言,新增民事诉讼程序类型多为原则性规定,欠缺可操作性的具体程序设置。这就意味着形式多样化的民事诉讼程序,其实质为适用普通程序或简易程序所规定的程式、步骤、规则进行运作。多样化的民事诉讼程序几乎等同于一般诉讼程序,诉讼程序规则也几乎沦为一元化的"程序规则"。现行民事诉讼程序规则设置的单一化,无论在立法上还是司法上都是极不科学极不恰当的。民事诉讼程序设置应当与纠纷的类型相适应。现行民诉法有关程序制度的设置过于笼统、简单,以及对某些特殊类型的纠纷,缺乏有针对性的程序制度设置。即程序制度的设置上存在笼统、粗犷和简单化倾向。世界各国在民事诉讼程序立法上大都根据纠纷的类型和性质分别设置程序。如以日本、德国为代表的绝大多数国家根据身份关系纠纷特点的不同单独设置了具有针对性,且不同于以解决财产纠纷为特征的人事诉讼程序。

诉讼类型的分设源于需要运用不同的诉讼手段对不同类别的社会冲突进行排解。在我国,新的法律纠纷类型不断出现,现行民事诉讼制度虽然在一定程度上为其中部分纠纷提供法律救济途径,但因不能切合其特性,往往不及时、不公正。比如传统民事诉讼结构以财产、人身等传统民事案件为主,因此传统职权主义诉讼模式与这类纠纷的解决方式是大致吻合的。但当商事纠纷逐步占据民事案件的重要乃至主要地位时,最初以划分专业法庭或专业法院(如经济庭、知识产权庭、海事法院等)的行政管理模式的改变并不能突破程序制度的束缚,于是,司法改革寻求以适合商事审判特征的当事人主义诉讼模式,并覆盖到家事纠纷等传统民事诉讼,从而产生新的不适。即使如此,这一诉讼制度很快在面对具有更明显商事特征的公司诉讼、更具有现代特征的公益诉讼,以及具有双重特征的证券诉讼等新类型案件,更是捉襟见肘。在现有程序类型单一基础上,无论在功能、结构或案件规模上以怎样的价值取向或采取怎样的制度模式配置司法权,总不能满足现实需求和达致新的平衡。在没有程序保障的情形下,说服极易变质为压服,同意也就成了曲意。因此,如果说在西方,自然法的失坠是由程序法来代偿的话,那么在中国,自然法的空白亦必须由程序法去填补。

社会的多元化以及民事纠纷的多元化,客观上要求民事诉讼程序的多元化。社会的多元化发展也促使在司法实践中寻求能够迅速、便宜地解决民事纠纷的办法,以满足不同当事人的需要。中国地域辽阔,人口和民族众多,经济、文化发展极不平衡,城市与乡村之间、东部与西部之间、发达地区与落后地区之间的差异,超越了作为我国改革"样本"的任何国家。这样一个差异重重的多元社会,对纠纷机制、司法层次、法律服务的多样性要求更为迫切。

2.程序设置存在缺位

诉讼法是罗马法的重要内容之一,是实现实体法的保证。马克思说:"审判程序只是法的生命形式,因而也是法律的内部生命的表现。"①学习、研究民事诉讼法必须抛开诉讼法一元论,将实体问题纳入自己的研究领域,即采用"诉讼+实体"的二元论来进行研究,这样才不会空洞、虚无。反观大部分学者片面立足于本部门视角,忽视了各部门法之间的关联。如果说这种"本位的偏

---

① 中共中央马克思恩格斯列宁斯大林著作编译局:《马克思恩格斯全集》(第一卷),人民出版社2008年版,第178页。

执"的研究理念与方法在特定的历史时期有利于推动各部门法研究的纵深发展,具有进步意义,那么,在各部门法基本理论体系已初步建立的情况下,这种片面的研究理念与方法显然不利于法律部门间的协调发展和法制的协调统一。对比我国民事实体法和民事诉讼法的研究现状,不难发现,我国民事实体立法越来越注重贴近人民生活,立足于我国客观实际,越来越多的民间民商事惯例被纳入民事实体立法中。相反,我国民事诉讼法研究则更多地注重于引入西方程序正义理念,学习外国先进的程序设置。致力于吸收传统、融入中国现实的实体法和热衷于学习西方的程序法两者之间不可避免地出现了诸多裂痕。突出的例证是,合同法规定了代位权诉讼、撤销权诉讼,新公司法规定了股东代表人诉讼等13种新型诉讼形态,更加全面地保护了合法权益。这是我国民事实体法向西方先进理念学习并贴近民生的突出贡献。可惜在我国现行的民事诉讼法中,却找不到这些诉讼形态的踪影。民事诉讼法与民事实体法的脱节不仅使得大量的实体权益难以实现,也造成了在很长一段时间内实体立法资源的巨大浪费。

当代中国司法改革的基本目标和方向是司法现代化和司法专业化。这是我们讨论"中国问题",改革和建构中国民事诉讼制度的基本前提。我国的民事诉讼制度建构思路,无论过去的非专业化还是现在所追求的专业化,都没有脱离单一的思路和模式。程序制度的设计没有按照程序多样性和价值多元的意识有意、自觉地为不同案件留下可选择的空间,这无异于给不同年龄、不同性别、不同需求的人提供同一型号、同一款式、同一风格的鞋,在实务中不可避免出现削足适履的现象。诉讼程序和非诉讼程序之间、一般诉讼程序和特别诉讼程序之间、普通程序和简易程序之间、审判程序与执行程序之间,主要是概念上和形式上的区分,在技术层面上并未真正体现和实现不同程序在功能上的明显差异,而家事案件与商事案件、金钱案件与非金钱案件、私权纠纷与公益诉讼之间的区分,更是付之阙如。①

社会多元化的发展促使民事纠纷呈现出多样化的趋势,在这一趋势之下,一元化的诉讼规则渐渐无法满足多元化纠纷的有效处理。纠纷的多样性直接导致了当事人诉争的利益有不同的基点,在客观方面要求法院通过纠纷的个别化来实质地满足自己的要求。因此,研究类型化诉讼程序成为多元化社会对民事诉讼提出的必然要求。如何发挥类型化诉讼程序的机能,借重其特性,

---

① 傅郁林:《分界·分层·分流·分类——我国民事诉讼制度转型的基本思路》,载《江苏行政学院学报》2007年第1期。

第五章 类型化视野下的我国民事诉讼程序

更加快速、有效地解决多样化的社会纠纷,实现诉讼规则由一元化向多元化的转变,成为今后民事诉讼法学研究的一个重要方向。在这个空前剧烈的转型时期,实现民事诉讼制度的转变,必须首先改变"大一统"的支配欲和非此即彼的思维定势,形成以回应社会需求为重心的开放式的控制模式,并通过细致的技术建构,使民事诉讼程序类型多元化。比较目前西方国家有关民事诉讼程序制度的立法规定,我国现行民事诉讼法中缺乏加以规定的这类特别诉讼程序主要包括:人事诉讼程序,小额诉讼程序,①公益诉讼程序,②票据、支票诉讼程序,股东派生诉讼程序,③劳动争议诉讼程序,示范性诉讼程序等程序性规定。

3. 程序设置存在错位

现行民事诉讼在某些程序制度的设置及其归类上不甚恰当、科学和合理。从法律调整社会关系的特定性及其规范程序制度设置上的科学性、合理性角度上讲,民事诉讼法作为解决民事私权争议和救济民事权利的程序法律,其所设各项程序制度显然应当与所要解决的民事争议的性质和所要救济的民事权利类型相一致。换言之,如果立法上在解决民事私权争议的法律中,设置了某些救济非民事权利的程序制度或程序性规定,这种程序设置的方式不仅有违基本的法理,而且就解决纠纷机制的角度上讲,必然引起整个程序制度体系上的紊乱。因而程序的设置是否科学,归类是否恰当,也是程序制度设置上必须予以重视的一个问题。④ 而就我国现行民事诉讼法的规定而言,程序制度设置及其归类上的不恰当,主要涉及根本不属于民事案件,但却被规定在了民事诉讼法中的选民名单案件。

选民资格案件,是指公民对选举委员会公布的选民名单有异议,向选举委员会提出申诉后,不服选举委员会所做的处理决定,而向人民法院提起诉讼的案件。1982年《中华人民共和国民事诉讼法》(试行)规定了"选民名单案件"审理程序,现行民事诉讼法将其易名为"选民资格案件"审理程序,都规定在特

---

① 我国2012年8月31日修改后的《民事诉讼法》第162条仅是对小额诉讼程序做了原则性规定,缺乏可操作性程序步骤规定,有待进一步具体化。

② 我国2012年8月31日修改后的《民事诉讼法》第26条仅对公司诉讼案件管辖做了规定,对于公司诉讼程序未做规定。

③ 我国2012年修改后的《民事诉讼法》第55条对公益诉讼进行了规定,使我国公益诉讼制度迈出跨越性一步。但这次修法对公益诉讼的规定仅是原则性的,对于具体的诉讼程序有待进一步规定。

④ 廖中洪:《中国民事诉讼程序制度研究》,中国检察出版社2004年版,第179~181页。

别程序一章。

选民资格案件中所涉及的需要保护的权利不是一般的权利,而是公民依法享有的参与国家和公共事务管理的政治权利。从世界范围来看,美、日等国的普通法院可以直接受理公民的宪法诉讼案件,通过具体的民事司法程序来处理违宪问题。在美国,任何选民或者候选人均可提起选举诉讼。对一般选举事务或者选举权提出的异议,必须以书面形式叙述事实,在一定时间内向选举机关提出。选举机关接到异议请求后,应当在一定时间内解决,否则,应在法定时间内移送法院审理。在日本,除代议机关对选举争讼具有管辖权外,由司法机关管辖的选举诉讼可以分为有关选举人名册的诉讼、选举诉讼和当选诉讼三种基本类型。

在中国,由于选民资格案件规定在民事诉讼法中,不少学者将选民资格案件当做一般民事案件来对待。以江伟教授为主持人的民事诉讼法修改课题组认为,选民资格案件关系到公民的政治权利问题,必须严肃、慎重对待,现行《中华人民共和国民事诉讼法》实行一审终审,不足以为当事人提供充分的程序保障和救济,司法实践中因为此规定引起了一些案件当事人的不满,因此建议稿规定对选民资格案件允许当事人提起上诉与再审。[①] 这实际上是将选民资格案件的审理程序改造为一般民事案件的审理程序。还有学者更是明确指出,将选民资格案件规定在民事诉讼法中是其必然选择,并列举了以下理由:一是民事诉讼法是专门规定所有民事程序制度的基本法,其基本法地位是与选民资格案件的重要性相称的;二是选民资格案件的审理程序在相当程度上与民事诉讼程序具有类同性;三是选民资格案件已经长期放置在民事诉讼法中,从法的稳定性和延续性上看,我们没有将其从民事诉讼法中分出去的理由。[②]

由于选举权是公民依法参与国家和公共事务管理的政治权利,而并非一般私权性质的民事权利,这在诉讼法理以及诉讼程序设置的理论逻辑上必然产生一个无法回避的问题,即这种政治权利的保护是否应当采用民事司法审判的方式进行。换言之,在民事诉讼法中设置这种诉讼程序是否适当?笔者以为,选民资格案件并非严格意义上的非讼案件,在民事诉讼法中设置有关选民资格案件的诉讼程,将涉及公民参与国家事务管理的重大政治权利纳入以

---

① 江伟:《〈中华人民共和国民事诉讼法〉修改建议稿(第三稿)及立法理由》,人民法院出版社 2005 年版,第 296 页。

② 廖中洪:《民事诉讼法·诉讼程序篇》,厦门大学出版社 2005 年版,第 196 页。

解决私权纠纷为特征的民事诉讼程序中加以解决,是极不科学、极不合理的。原因在于:第一,选民资格案件所涉及的权利属性与民事诉讼程序规范所调整、保护权利的属性不同,即公权与私权的不同;第二,立法上采用解决私权纠纷的民事诉讼程序来解决公权纠纷是极不慎重的;第三,这种程序制度的设置与世界各国民事诉讼程序制度设置的趋势不合,除了前苏联和现在的俄罗斯联邦的民事诉讼法以外,世界上绝大多数国家没有在民事诉讼法中设置诸如选举权等"政治性权利"的程序性规定的立法例。所以,在我国民事诉讼程序立法上,把有关公民选举权和被选举权的争议纳入民事诉讼法调整的范围,并设置相应的选民资格案件程序,无论是在程序的设置上,还是在确定民事诉讼法调整的范围上,都是不恰当的。应当将这种公法性质的纠纷单列出去。

4. 程序体系设置不合理

民事诉讼程序类型多样化是民事诉讼制度适应社会多元化发展的必然要求。怎样将各种不同性质、类别的程序分门别类地加以归纳、分类,无疑是整个程序体系设置的技术工作中十分重要的一环。换言之,如果立法对各种程序的分类归纳不科学,必然影响其整个程序体系设置上的科学性和逻辑性。而现行民诉法在程序的分类和分层上是存在问题的。其中最为突出的是按照纠纷类型对法院审判程序进行的分类,首先是民事诉讼程序与民事非诉讼程序两种。二者的主要区别在于诉讼标的是否涉及实体上的争议,如存在实体争议,属于民事诉讼程序,反之则属于民事非诉讼程序。与民事诉讼程序相比,民事非诉讼程序在对处分权主义、辩论主义、诉讼公开主义的适用等方面有所保留;而一定程度上提倡了职权干预主义、职权探知主义、书面主义等。但在高度复杂的现代社会,这种"二分法"的缺点相当明显。正如某学者所言,"它把纷繁复杂的民事案件,依据简单的标准一分为二,非此即彼,未免失之简单"。[①] 也就是说,即便是在归入诉讼案件的民事争议中,实际上仍可按实体争议的种类、案件的复杂程度以及涉及案件标的金额的大小,作出进一步的划分。基于纠纷的共性与个性之间的关系将诉讼程序划分为一般诉讼程序与特别诉讼程序,一般诉讼程序强调民事程序的共性,而特别诉讼程序强调纠纷的特性,规定了适用于不同类型纠纷的特殊诉讼程序。而特别诉讼程序在设置的基本原理上采用的却是综合的个别化原理,即在特别诉讼程序立法中,既有特别诉讼程序的一般规则,又有针对每一具体类型的案件而设计的特别诉讼程序类型。因此,即便同属于特别诉讼程序范畴,不同类型案件的特别程序也

---

① 江伟:《民事诉讼法学原理》,中国人民大学出版社1999年版,第731页。

是大相径庭的。例如海事诉讼、公益诉讼、知识产权诉讼、劳动争议诉讼及人事诉讼案件就是完全不同的诉讼类型,因此适用的是完全不同的特别诉讼程序。

程序体系设置不合理,还表现为特别诉讼程序与特别程序的混同。将特别程序作为与一般诉讼程序相对应的一种特殊程序的概括称谓。特别程序已经跳出传统特别程序的藩篱,特别程序既包括民事非诉讼程序,也包括一些特殊争讼程序。① 这种程序分类已经打破了民事诉讼程序最基本的分类基础,忽视了特别诉讼程序与一般诉讼程序对应性,忽视了特别诉讼程序与特别程序本质上的不同,特别程序这一概念也就成为一个"杂烩"。

再就是对民事非诉讼程序与特别程序的混同。有学者认为,特别程序,是指人民法院审理某些非民事权益争议的案件所适用的特别程序。所谓"非民事权益争议"包含两层意思:一是某些根本不属于民事案件,但却被规定在了民事诉讼法中,比如选民名单案件;二是尽管属于民事案件,但却不是民事权益争议的案件,例如,宣告公民失踪案件、宣告公民死亡案件、认定公民无民事行为能力案件、认定公民限制民事行为能力案件和认定财产无主案件。依此观点,除了特别程序一章所规定的程序外,其后面的督促程序、公示催告程序也应当属于特别程序。② 形成非诉讼程序即谓特别程序,特别程序即谓非诉讼程序误区。③

我国现行民事诉讼法有针对性的根据诉讼案件的不同类型,单独分类设置程序的方式,不仅有利于案件的解决,而且符合世界各国程序制度分层设置的历史发展趋势,因而是中国民事诉讼程序构建上的历史性进步,是值得肯定的。但是从程序设置逻辑性、科学性和合理性的角度上看,现行立法上有关民事诉讼程序制度的归类、分层,以及体系建构,没有按类型化方法建构民事诉讼程序体系,欠缺较为严格的理论论证和缜密的思考,与形成多元、多层次的体现案件分流、程序分层和程序分类的民事诉讼程序体系相距甚远,从而使得整个民事诉讼程序体系的逻辑结构显得有些紊乱。

---

① 陈桂明、赵蕾:《中国特别程序论纲》,载《法学家》2010 年第 6 期。
② 张卫平:《民事诉讼法》,法律出版社 2004 年版,第 375~376 页。
③ 章武生:《非讼程序的反思与重构》,载《中国法学》2011 年第 3 期。

第五章 类型化视野下的我国民事诉讼程序

二、民事诉讼程序类型化标准

当今,无论是大陆法系国家还是英美法系国家纷纷建立和完善各自的民事诉讼程序类型制度。学术界也根据不同的标准对民事诉讼程序类型进行了划分。类型化是社会科学研究领域经常使用的一种认识对象的方法。它以一定的目的出发,按认识对象所具有的某一方面的特征,将其分为若干种类,然后进行细化分析和研究,进而深化认识。标准和归类是民事诉讼程序类型化研究的关键所在。各国民事诉讼程序类型尽管在划分标准、形态多寡上尚存有差异,但逐步扩展民事诉讼程序的类型确已成为全球范围内民事诉讼制度变革的共同规律。

(一)民事诉讼程序类型化标准选择的考量

民事诉讼程序类型化的实现与否往往取决于类型化标准的确立。只有建立在明确、统一、科学的标准基础之上的分类才能够更好地实现民事诉讼程序类型化的价值,否则,标准的模糊或交叉极有可能违背民事诉讼程序类型化的良好初衷。影响民事诉讼程序类型设定的因素是多种多样的。所以,在对我国民事诉讼程序进行类型化之前,首先应当考虑的一个非常重要的问题是对民事诉讼程序类型化标准选择的考量。

1.价值考量

民事诉讼程序类型化是基于民事诉讼基本概念,通过经验或逻辑的方法、适当的价值进行评价。民事诉讼程序所具有的最根本价值理念是公正性,其次才是效率性。[1] 民事诉讼程序价值并非单一,也有存在复合价值和价值冲突的场合,如小额诉讼程序,作为一种特殊的民事诉讼程序类型,设置初衷就在于它所追求的大众化、成本低廉化、非职业化、效率最大化等价值取向。美国学者桑德(Sander)主张应该根据不同的纠纷类型分配解决纠纷的程序,以此实现纠纷解决的效率化。[2] 因此,价值判断应对每一具体类型民事诉讼程

---

[1] 顾培东:《社会冲突与诉讼机制》,法律出版社 2004 年版,第 52 页,第 81 页。
[2] [美]理查德·A.波斯纳:《法律的经济分析》,蒋兆康译,中国大百科全书出版社 1997 年版,第 182 页。

123

序进行,并且没有统一的、千篇一律的价值判断模式。某一事物的形式与内容之间的合理性与妥当性取决于该事物发展的内在规律性。作为诉讼程序之设计而言,它的形式与内容应当服从于该项程序的功能与特质。因此,民事诉讼程序类型化标准选择考量离不开诉讼程序价值。如果具体的程序规范在技术配置上未能体现预定的价值目标或预设功能,则会导致价值目标落空或制度功能失衡或失序。

民事诉讼程序应依法及时地解决纠纷,是程序正义在现代化社会中标准或内容的扩展。现代社会的一个显著特征是社会生活的各个领域的快节奏,处理问题包括解决纠纷(最为明显的是经济纠纷)迅速快捷成为当代人的价值追求理念。在当代社会,一个国家民事诉讼效率的高低,可以反映出该国民事经济司法制度在实现民主、正义途径中的科学化程度和进步性程度。为此世界各国无不将效率作为民事诉讼中的一项重要的价值目标而积极地加以追寻。

尽管世界各国的国情、民情及司法实际状况不同,但是,面对诉讼成本高昂,案件积压严重,司法活动拖延的共同难题,世界各国不外乎通过合理地配置有限的司法资源和合理地设计诉讼程序的方法予以解决。与此同时,程序正义也被注入了效率即程序应保证案件迅速及时的解决这一新鲜血液,程序正义传统认为的标准或内容发生了扩展。美国著名学者波斯纳指出:"迟到的正义为非正义"。"正义在法律中的第二个意义是指效率。在很多的例子中,我们可以看到,人们形容不经审判而定罪,无合理的报酬而取走财产或不能请求疏忽的汽车司机对被害人给予损害赔偿是不正义的,在这些事例中,最好的解释是浪费了资源……"。这段话揭示了正义与效率的竞合。投入与产出,原本是用来刻画物质生产领域的生产产品的经营规律的,但是,当人们用经济的眼光来考察诉讼活动时,才发现诉讼过程中效率的高低是当代程序正义必不可少的内容,因为"诉讼在一定意义上也可以被视为一种受制于投入产出规律的经济行为。从微观上看,诉讼过程中各主体所作出的财力、物力和人力的耗费,同主体从诉讼裁决结果中所获得的收益之间的比值关系,制约甚至决定着主体的行为选择。在客观层次上,诉讼耗费与诉讼效益之间的关系体现和反映着诉讼的基本价值"。① 迅速及时、追求效率成为程序正义的内容,在迈克尔·D.贝勒斯的论述中则有所反映,他认为程序正义应确定如下原则:①和平原则;②自愿原则;③参与原则;④公平原则;⑤可理解原则;⑥及时原则,程

---

① 刘家琛:《诉讼及其价值论》,北京师范大学出版社1993年版,第111~112页。

序应提供及时的判决;⑦止争原则。

2.民事实体权利保护考量

在法律发展史中,权利救济与纠纷解决始终构成同一过程或活动,共享同一套机制,并可以成为发展或确认权利的方式或途径。因此,一些民事诉讼法学家才提出了"程序优先于权利"、"诉讼法乃实体法发展之母体"的论断。①不过,在社会和法治发展的不同时期,权利法与救济法、实体法与程序法在法律机制中的地位及其关系有所不同,在不同的法律体系中也有着不同的理念和制度设计。一般而言,在法律体系中,实体权利与救济及程序比较密切的结合,体现了法律的科学性、法律技术的精致化,突出了纠纷解决功能。

德国著名法学家卡尔·拉伦茨指出:"由立法者所发现的评价,主要是与立法者所想象的生活类型相关联。这便是为什么在法律发现时,必须一再地回溯到存在于制定法类型背后的生活类型。"②民事诉讼程序类型属于诉讼程序的范畴,类型的背后隐藏着当事人在民事实体法上的相应权利。当事人在要求司法保护的实体法上法律地位的多样性对诉讼的形式起着重要影响。对于审判来说,作为处理解决的对象就是纠纷,最终形成的判定指向也是实体法本身。早期英国法采取诉讼方式的程序,即特定事实关系通过特定诉讼方式处理。如果由于社会变化或其他情况发生了原有诉讼方式不适应的问题,就创造并引入新的诉讼方式。以我们今天的眼光来看,诉讼方式的追加其实就是创制新的实体法或新的权利。③

张卫平教授在《民事诉讼法学:滞后与进步》一文中提出:虽然我国的民事诉讼法学随着法治建设的进程已取得了长足的发展,但在不少方面也存在着严重滞后的问题。滞后的表现之一是,程序理论与实体规范、理论的分离,这种分离在民事诉讼程序制度设计上表现尤为突出。因此,我国民事诉讼法学研究今后要想取得持久地发展和不断地进步,就必须改变这一分离状态,更自觉主动地关注民事实体法的制定和修改,关注民事实体法规范和理论。同理,民事诉讼程序类型化需要坚持实体法与程序法相结合的方法,这种实体和程序的结合交融就构成了纠纷的处理解决本身,并通过一个个诉讼案件处理结

---

① [日]谷口平安:《程序的正义与诉讼》,王亚新、刘荣军译,中国政法大学出版社1996年版,第63页。

② 吴从周:《类型思维与法学方法》,台湾大学法律研究所硕士论文(1993)年,第49页。

③ [日]谷口安平:《程序的正义与诉讼》,王亚新、刘荣军译,中国政法大学出版社1996年版,第7页。

果的积累而使实体法规范得到不断的充实与发展。① 民事诉讼程序类型化不能局限于目前立法所限定的范围,也不能局限于程序法的范围,而应当用发展的眼光,结合多元化社会的需求,结合实体法的立法和学理的不断发展,构建具有开放性的民事诉讼程序类型。

3. 诉讼程序专业化考量

诉讼的程序直接决定着诉讼的结果,而这种程序又是由一系列形式化的、繁琐的环节所构成,这样,对程序技术的关注和研究就成为很正常的事。而法学家在诉讼中的广泛介入,大大推动了这一趋势。通过他们的法庭辩护和法律解答,法学家逐渐地把各种零散的法律问题融入一个具有连贯性和系统性的理论体系中去;进而,他们又用这些理论来分析现实的法律问题,评论现行的法律规定,谋求法律的进一步发展。在这一过程中,法学成为一个独立的学科,而实在法制度,也伴随着法学的发展而趋于系统化和理性化。② 当法律拥有了一套属于它自己的术语和逻辑,当诉讼只能在由这些术语、逻辑构成的话语空间中运作时,诉讼过程最终变成了一个在功能上与一般社会生活空间区分开来的"法的空间"。

人类几千年的生产经验告诉我们,社会的进步程度是以社会分工的专业化程度为标志的。在现代社会中,有了刑事诉讼与民事诉讼的区分,并通常在法院设置了专门的庭室,由固定的人员来处理某一类案件。但这还不够,当案件类型日益多样和复杂时,特别是当专业、复杂、大额、对抗性强、以高效快捷为特征的民商事案件大量出现时,单一的诉讼程序就显露出严重的不适应。现代社会的高度复杂化对纠纷解决机制的专业化提出了新的挑战,它要求我们在民事案件中做进一步的划分,按照其中各类案件的特点和需要,设置专门的诉讼制度加以处理。通过精密的分流装置来满足多元的、差异性的价值需求。促进和充分发挥每一种纠纷解决途径机制各自的优势,使案件按照纠纷主体的愿望和客观事物的个性分流到不同的纠纷解决渠道,使每一种程序体现和实现各自的理念和价值取向。为满足公民获得正义,进行现代的、标准的、规范的、精密设计的、专业化程度较高的程序改革,仍然是民事诉讼程序现代化和专业化在较长时期的改革目标。

民事诉讼制度进行以建构适应市场体制的审判程序为目标的规范化、专

---

① 王亚新:《对抗与判定》,清华大学出版社2002年版,第78页。
② [德]马克斯·韦伯:《经济与社会》,阎克文译,上海人民出版社2010年版,第129~138页。

业化改革,要求法院在确保法官中立、独立地位的基础上,按照不同类型设置的程序"对症下药",合理裁判;同时还有助于避免法官因对同一事物的不同认识而产生主观差异,对同样类型的案件作出不同的判决;在法律规定不明确时,民事诉讼程序类型还可防止法官运用其个人不同的主观臆断和法外尺度恣意裁断,阻碍民事诉讼目的的实现。

(二)民事诉讼程序类型化分类标准

划分标准是类型理论中的重要问题,科学的、合乎实际需要的划分标准是民事诉讼程序类型化的基础。纵观世界各国民事诉讼程序类型的基本分类标准,我们不难发现,不同法系、不同国家或地区的民事诉讼程序类型基本分类标准存在着明显的差异性,而这种差异性与法治文化传统、法治观念、法律政治制度、权力分立与制衡的程度等发生关联。比如英美法系诸国属于普通法传统,基于其程序中心主义的法治观念,多以诉讼程序和法院的管辖权为基本分类标准。而大陆法系诸国则主要以诉讼标的、诉讼金额多少、案件繁简程度等,作为民事诉讼程序类型的基本分类标准或分析方法。笔者认为,应当以"同一性"和"科学性"来设定我国民事诉讼程序类型化的区分标准。其中,同一性是就标准的形式要求而言的。也就是说,影响民事诉讼程序类型化的现实因素可能有多种,但真正起决定性作用的区分标准只能有一个。与此相对应的是,科学性是就标准的实质要求而言的。也就是说,作为一种独立的区分标准,其本身应具有高度的涵盖性,能够揭示民事诉讼程序的本质属性。鉴于民事诉讼是对当事人民事诉权提供保障的制度设计,作为一种基本权利,当事人提出什么样的诉请、要求什么样的保护,应当完全基于其自身独立的意志而定。当事人之间发生争议而请求人民法院作出裁判的民事法律关系就是诉讼标的。当事人所声明的权利保护事项也直接决定了整个民事诉讼的审理和裁判。正如美国学者阿瑟·库恩所言:"诉讼的性质总是取决于形成诉讼来源的一切事实,也就是取决于诉讼的原因。"[①]可见,以诉讼标的作为民事诉讼程序类型化区分的最基本的标准无疑是最为恰当的选择。

鉴于民事诉讼程序类型化的主要目的就在于寻求公民司法救济的精细化,因而在以诉讼标的(即争议的民事法律关系)作为类型化的最基本区分标准以外,还应当考虑其他辅助性标准,如依涉案标的物金额大小、案件的复杂程度、诉讼当事人的多少等作出进一步地划分,以不断拓展各种亚类型的民事

---

① [美]阿瑟·库恩:《英美法原理》,陈朝璧译,法律出版社2002年版,第53页。

诉讼程序,从而建立起结构完备、规则齐全的民事诉讼程序类型体系。

民事诉讼程序类型,根据不同的标准,可做如下分类:

1.按照纠纷类型对民事诉讼程序进行的分类。首先是民事诉讼程序与民事非讼程序两种。二者的主要区别在于诉讼标的是否涉及民事实体上的争议,如存在民事实体争议,属于民事诉讼程序,反之则属于民事非讼程序。诉讼事件与非讼事件的性质和特征不同,决定了它们需要设置不同的程序技术予以调整。例如,民事诉讼程序主要适用当事人主义,民事非讼程序则运用职权主义;民事诉讼程序原则上公开审理,民事非讼程序原则上不公开审理;在审理的主要事实及其证据资料的提出上,民事诉讼程序采用辩论主义,民事非讼程序采用职权探知主义等等。民事诉讼与民事非诉讼二元分离设置诉讼程序,是为了最大限度地实现诉讼类型对解决纠纷形式上和机制上的客观要求。作为程序设置的一种要求,不仅是指在诉讼程序制度的设置中应当根据诉讼案件基本类型上的差异,有针对性地分别独立设置诉讼程序制度;而且更重要的还在于要求在这些不同的基本程序制度的构建和设置中,应当依据和贯穿不同的诉讼理念,并依据不同的诉讼法理进行。这种针对不同诉讼事件的特征,根据不同诉讼法理设置不同解决机制,事实上也成为主导现代世界各国民事诉讼程序立法的最为基本的程序理论依据。

古罗马时期在诉讼实务中,案件已有"诉讼事件"和"非诉事件"之分。在诉讼活动中,出现了根据诉讼所涉法律关系,以及所涉权利的不同而分别设置相应程序的思想和认识,以及不尽相同的诉讼程序制度设置。中世纪的欧洲,其诉讼程序制度,是在吸收、借鉴古代罗马法与日耳曼法基础上发展起来的程序法律,虽然本质上是一种书面的、秘密的和纠问式的,且实行严格法定证据的程序制度,然而,诉讼程序制度的设置也在一定程度和范围上继承了古罗马法律中有关程序分类设置的思想。

进入近代社会以后,随着社会的发展,以及民商事纠纷类型、性质的日趋多样化和复杂化,民事诉讼程序制度的设置更趋于多样化、精细化。在现代西方各国的民事诉讼程序立法中,无论是英美法系各国还是大陆法系各国有关民事诉讼程序制度的立法设置,不仅均依据源于罗马法以来有关"诉讼事件"与"非讼事件"的标准,把程序制度分为诉讼程序和非诉程序。而且各国从自身历史、文化和社会习惯,以及法律政策的角度,结合涉案标的物金额大小、案件的复杂程度、诉讼当事人的多少等标准对民事诉讼程序作出进一步的划分,有针对性地在其民事诉讼法典中,设置各种专门的诉讼程序制度。如德国、日本和我国台湾地区民事诉讼程序立法上,不仅在其民事诉讼法上设置了多种

第五章 类型化视野下的我国民事诉讼程序

程序制度,如通常的诉讼程序,小额诉讼程序,票据及支票的诉讼程序,人事诉讼程序,还制定了单独的非讼事件程序法,将适用特别程序的宣告失踪、宣告死亡案件,认定公民无民事行为能力或限制行为能力案件,认定财产无主案件纳入其中;法国在民事诉讼法典中除对诉讼程序作出规定,还专门规定了非讼事件审理的一般性规则。我国民事程序立法也不例外,对民事诉讼程序与民事非讼程序做了专门性规定。①

"复杂的民事案件,依据简单的标准一分为二,非此即彼,未免失之简单。"②也就是说,在此基础上,实际上仍可按实体争议的种类、案件的复杂程度、诉讼当事人的多少以及涉及案件标的金额的大小,作出进一步的划分。

2. 按照诉讼纠纷案件类型是否特殊对民事诉讼程序进行分类,可分为一般诉讼程序与特别诉讼程序。在法律上,一般诉讼程序的案件范围与特别诉讼程序的案件范围具有对立性,因此应当对应案件类型,对适用一般诉讼程序审理和适用特别诉讼程序审理进行比较和权衡,划分一般诉讼程序与特别诉讼程序的法律分界。根据民事诉讼法理,案件性质不同,程序规定必然不同。一般诉讼程序强调民事诉讼程序的共性,而特别诉讼程序强调纠纷的特性,规定适用于不同类型纠纷的特殊诉讼程序。也就是说一般诉讼程序与特别诉讼程序设置的基本原理是不同的:一般诉讼程序在设置上采用的是单一的统一性原理,即不论是财产权纠纷还是人身权纠纷,都统一适用同一程序;而特别诉讼程序在设置的基本原理上采用的却是综合的个别化原理,即在特别诉讼程序立法中,既有特别诉讼程序的一般规则,又有针对每一具体类型的案件而设计的特别诉讼程序类型。因此,即便同属于特别诉讼程序范畴,不同类型案件的特别诉讼程序也是大相径庭的。如依海事、家事、劳动争议,乃至知识产权、公司或票据等领域的纠纷分别设立反映其各自特点的程序。以上设计的目的,在于使不同的案件进入不同的审理程序,加快纠纷的类型化处理,提高诉讼效率。

民事诉讼程序的整体设计思路是以一般诉讼程序为中轴线而展开的。从

---

① 我国民事程序立法中虽然没有采用非讼程序的概念,但已有不少学者采用非讼程序的概念来分析民事诉讼法第 15 章的内容。例如,有学者认为民事诉讼法第 15 章规定的事件及程序实质上就是关于非讼案件审理程序的规定,在类型上与通常的非讼程序没有差异。参见廖中洪:《制定单行〈民事非讼程序法〉的建议与思考》,载《现代法学》2007 年第 3 期;也有学者称该章规定的事件及程序为"非讼案件"、"非讼案件程序"。参见王强义:《民事诉讼特别程序研究》,中国政法大学出版社 1993 年版,第 97~98 页。

② 江伟:《民事诉讼法学原理》,中国人民大学出版社 1999 年版,第 731 页。

起诉、受理到开庭乃至审判,都是围绕一般诉讼程序进行的。不仅如此,整个民事诉讼的原则、制度等也是对一般诉讼程序的规范。但在诉讼中,基于案件的复杂程度、司法资源配置、争议性强弱以及解决纠纷便捷性等因素考量,将一般诉讼程序进一步分解为"普通—简易"基本程序分类。对较为重要复杂的案件,按照普通的诉讼程序进行处理,以增强诉讼程序的公正性。对数额较小的或简单的民事案件,则注意在确保最低限度公正性的前提下促使程序加快,提高司法效率。基于一般诉讼案件情形进一步进行程序细化,这样更有利于诉讼程序功效的发挥。特别诉讼程序设置问题就凸现出来了。

特别诉讼程序作为与一般诉讼程序相对应的一种特殊诉讼程序的概括称谓,不同于非诉程序中的特别程序(注:前文已有交代)。特别诉讼程序并非是具有某一种特定属性的程序,而是具有不同属性的多种特别诉讼程序的概称。① 如上文提到的海事诉讼、家事诉讼、公司诉讼、票据诉讼、劳动争议诉讼、知识产权诉讼等诉讼程序都属于特别诉讼程序范畴。特别诉讼程序案件是排除了适用一般诉讼程序案件的民事权益争议案件的总称。就各国的民事诉讼法和与特别诉讼程序有关的立法和学理上看,特别诉讼程序的范围确定具有多元化的标准:各国特别诉讼程序的范围是非常广泛的,但各国民事诉讼中特别诉讼程序的范围和确定标准却不统一;仅就一个国家来说,也不存在单一的确定标准,而是按照多重标准去建立。特别诉讼程序无统一的确定标准是由特别诉讼程序本身属性决定的。通过增设特别诉讼程序实现民事诉讼程序更强的回应现实需要的功能,是一种非常值得鼓励的探索,更为重要的是这种探索应当在更广泛的范围内进行尝试,特别是在以后民事诉讼法修改的过程中,这一策略完全可以有效回应民事诉讼法修改征询公众意见中反映出来的不同声音。更为重要的是,能够真正将特别诉讼程序规定原本具有的效能在一次法律修正的过程中发挥至极致。

3. 按照案件的复杂程度、司法资源配置、争议性强弱、涉及案件标的额的大小以及解决纠纷便捷性等因素考量,将一般诉讼程序进一步分解为"普通—简易"基本程序分类。从"标的金额较大、案情复杂、争议性强"的角度来规定普通诉讼程序的适用,普通诉讼程序结构较为系统完整。与普通诉讼程序相对应,简易诉讼程序是结构相对完整、适用标准明确的独立的诉讼程序。从立法发展的状况和司法实践的需求来看,这样的区分已经显得过于粗疏,有必要在立法修改中实行更进一步的程序分化。将民事简易程序进一步分化为"小

---

① 陈桂明、赵蕾:《中国特别程序论纲》,载《法学家》2010年第6期。

额诉讼"、"速裁"和"简易"(即"狭义的简易程序",区别于现行简易程序)三种程序。从纠纷的类型化特征出发,可归纳出应适用简易程序的三类案件:小额案件、强烈要求快速审判的案件以及简单案件。[①] 虽然这三类案件都要求审理以简易、迅速的方式进行,但每类案件适用简易程序的理论依据并不相同。我们说,对案件进行类型化处理,是因为案件本身有应该适用简易程序的正当化理由;既然这些理由不同,在程序的设计方式上自然也应体现出某些差别,使其能够适应处理不同案件时对程序简化程度的多层次要求。

在"更加迅速、便捷、节约成本地处理大多数案件"的宗旨下,将现有的简易程序进一步分化为"小额诉讼"、"速裁"和"简易"三种程序。小额诉讼的特点相对现有简易程序而言在于更进一步地简化程序、实行禁止上诉的一审终审。其适用对象通常限定于诉讼标的额在一定金额以下的买卖借贷等合同类以及劳动争议类中的工资拖欠等小额钱债案件。与小额诉讼程序相比,速裁程序注重裁判案件速度的"快",而小额诉讼程序倾向于审理"小额"标的的简单案件。速裁程序的基本定位可以理解为在当事人选择的前提下准用有关小额诉讼程序规定的简易程序,在适用的案件对象范围上比小额诉讼程序更加广泛,程序简化和法定的程度也更加灵活或更具弹性。上述两种程序均从现有的简易程序分化而出,不适用这两种更加简化的程序而又非普通程序的案件就是"简易程序"的适用对象。

4. 按照诉讼目的是维护私人利益还是公共利益,将民事诉讼划分为民事私益诉讼和民事公益诉讼(以下简称"私益诉讼"、"公益诉讼")。当事人为了维护自己的利益而请求法院提供司法救济的制度,目的在于私益之维护,这类诉讼被称为"私益诉讼"。当事人为了维护国家和社会公共利益而请求法院提供司法救济的制度,目的在于公益之维护,这类诉讼被称为"公益诉讼"。私益诉讼强调起诉主体的利益相关性,须与所诉行为有着直接的利害关系,而公益诉讼并不强制要求起诉主体与所诉行为有直接的利害关系。早在古代罗马时期,由于请求诉讼保护的实体权利多种多样,也就逐渐形成了与各种实体权利相适应的程式,从而形成了不同种类的诉讼,其中就有私益诉讼和公益诉讼之分。公益诉讼"相对于以调整个人之间利害冲突为基本对象的传统民事诉讼来说,这种以处理牵涉多数人或集团间错综复杂的利害关系为特征的新型案

---

① 王亚新:《民事诉讼法修改中的程序分化》,载《中国法学》2011年第4期。

件大大扩展了诉讼的功能,从而具有在社会上发生更广泛和更直接影响的效应。"①

尽管"公共政策得到执行的最佳方式是通过私人提起民事案件的形式显现",②但作为与私人利益相对应的范畴,公共利益也不能简单地理解为私人基于利益关系而产生的利益聚合。这种国家无为而治论,实际上取消了私人利益和公共利益之间的界限,否认了公益与私益的二分法,以至于取消了公共利益本身,私人可以堂而皇之地以公共利益之名行个人私益之实。意大利学者卡佩莱蒂教授曾言:"随着现代社会的复杂化,单单一个行动就致使许多人或许得到或许蒙受不利的事件频繁发生,其结果使得传统的把一个诉讼案件仅放在两个当事人之间进行考虑的框架越发显得不甚完备。"③因此,主张"私益诉讼在保护私权的同时,客观上也维护了公共利益",对于民事公益诉讼制度而言,并不能产生任何积极的、建设性的意义。

在现代社会中,通过民事诉讼实现公共利益已经突破了传统民事诉讼以保护私益为本旨的目的追求,由此带来了民事诉讼制度和理论的新发展。曾两度被任命为奥地利司法部长的社会性民事诉讼理论创始人鲁道夫·瓦瑟尔曼认为,民事诉讼不是仅出于自身利益和为了实现权利而使用的设施,而是不可或缺的国家福利设施,是国家塑造社会的工具,必须将民事诉讼列入社会政策计划之中。民事诉讼法不是纯粹的技术性法律,在如何调整法院程序的形式和方法后面隐藏的是法律中的世界观、生活观、社会观和国家观。④ 德国公法学者莱斯纳指出,基于现代社会生活现象的多样性,不能将公益与私益视为相反的概念,两者应是相辅相成、并行不悖的概念。⑤

5. 按照涉案诉讼当事人的多寡,可将民事诉讼分为单一诉讼(又称"个体诉讼")和群体诉讼。传统民事诉讼所预设的纠纷类型一般都是平等主体间的

---

① [日]谷口安平:《程序的正义与诉讼》,王亚新、刘荣军译,中国政法大学出版社1996年版,第19页。

② [美]史蒂文·苏本、玛格瑞特·伍:《美国民事诉讼的真谛——从历史、文化、实务的视角》,蔡彦敏、徐卉译,法律出版社2002年版,第226页。

③ [意]莫诺·卡佩莱蒂:《福利国家与接近正义》,刘俊祥等译,法律出版社2000年版,第68页。

④ [德]鲁道夫·瓦瑟尔曼:《社会的民事诉讼——社会法治国家的民事诉讼理论与实践》,载[德]米夏埃尔·施蒂尔纳:《德国民事诉讼法学文萃》,赵秀举译,中国政法大学出版社2005年版,第76~99页。

⑤ 陈新民:《德国公法学基础理论》,山东人民出版社2001年版,第200页。

"一对一"纠纷,法院通过适用立法机关预先制定的法律,确认当事人之间权利义务的归属,最终达到解决纠纷的目的。在这种解决纠纷模式下,主体间的系争利益都是特定化、具体化并且是可以自由处分的私法性质的权益纷争。为了解决众多当事人与另一方当事人之间的民事争议,达到诉讼经济的目的,增加了专门处理多数人纠纷的群体诉讼形式。群体诉讼泛指各国为解决多数人纠纷的一种诉讼制度,是一类诉讼的总称,此类诉讼因各国国情及法律文化传统的差异而存在着命名上的不同,它包含了集团诉讼、选定当事人诉讼、团体诉讼和代表人诉讼等诉讼形式。① 实际上,对这些新兴救济和程序的探求,正是在现代司法的演进中最引人入胜的特征之一。②

此外,还可将民事诉讼程序分为涉外民事诉讼程序与区际民事诉讼程序等类型。这种多元化的程序分类和技术设计,目的在于适应社会发展中审理对象的日趋多元化及程序主体对于程序的不同价值需求。类型化的各民事诉讼程序,在程序法理、程序规则、程序价值追求等方面各具有不同的特点。但这些分类标准,由于本身具有相当程度的科学性和逻辑性,同时也广为世界各国民事诉讼程序制度的分类所采用,即在民事诉讼程序制度的分类中具有普适性,也为大多数国家认可,为此,在这些标准的基础上,以民事诉讼程序的专业化、类型化为内容,考虑我国民事诉讼程序设置,对促进我国民事诉讼程序体系科学、合理的构建具有必要性和现实性。

三、类型化视野下的民事诉讼程序体系

法学方法论的每一次变革都会带来法学面貌之巨变。"科学是随着研究方法的获得的成就而进步的。研究方法每前进一步,我们就更提高一步,随着在我们面前就开拓了一个充满种种新鲜事物的、更辽阔的远景。"③民事诉讼程序体系,是指各种具体程序制度的构建、设置,以及程序制度相互之间的搭

---

① 廖斌、郭云忠:《群体诉讼模式研究》,载《西南民族大学学报(人文社会科学版)》2005年第2期。

② [意]莫诺·卡佩莱蒂:《比较法视野中的司法程序》,徐昕、王奕译,清华大学出版社2005年版,第373页。

③ 李可:《法律方法论》,贵州人民出版社2003年版,第195页。

配、排列，是关于民事诉讼程序立法上应当设置什么样的程序制度，和各种具体程序制度之间应当按什么标准归类，以及应当怎样分门别类地列序和排位的问题。① 整个民事诉讼程序制度体系的构建是否全面、完备，以及各程序制度之间是否协调，甚至程序制度的排列、归类是否科学、符合逻辑，是否具备合理性，都直接关系到能否充分发挥各种程序制度的功能，以及能否有效地解决现行社会生活中的各种复杂的纠纷，从而实现诉讼程序设置的基本目的。如果程序制度体系结构配置不当，各程序制度之间在搭配、归类上逻辑紊乱、前后矛盾没有针对性，不仅不科学，也必然难以发挥其应有的程序功能，甚至出现程序制度缺位，当事人无法通过诉讼程序保护相应的合法利益，或者某些具体程序制度形同虚设，没有实际意义的情况。

类型化的各民事诉讼程序，在程序法理、程序规则、程序价值追求等方面各具有不同的特点。因此把它们依单一的诉讼程序来看待，显然是不够的。因此，我们需要在借鉴国外的专业化诉讼程序理论和程序立法的基础上，对类型化程序在民事诉讼体系中的地位和其独特的功能应有充分的认识。在对现行民事诉讼程序立法完善的基础上，亦不应再仅仅局限于现有的民事诉讼法中，应具有前瞻性，以民事诉讼程序的专业化、类型化为内容，进行相应的程序理念、制度和规则研究，并以此作为未来民事诉讼程序立法发展方向。民事诉讼程序体系在类型化标准的归整下会变得条例井然，面目一新。

(一) 类型化视野下我国民事诉讼程序体系构建基本要求

诉讼程序体系是不断完善的历史发展结果，没有固定不变的诉讼程序形态。由于社会经济情况的发展变化，会不断出现新的诉讼程序类型。在多元化纠纷解决机制的语境之下，针对我国司法运作之现状，如何将程序构架中的诉讼法程序与实体法问题相互结合？如何将林林总总的民事、商事、经济、知识产权、海事诉讼和家事诉讼案件分门别类地纳入民事诉讼程序范畴？如何在诉讼中尽可能一次性、根本性解决纠纷？如何让法院对诉讼的利用者——当事人予以充分关照，以便更好地展开诉讼，维护当事人的利益？② 是民事诉讼程序及体系设置始终应考虑的基本问题。笔者认为，在类型化视野下构建我国民事诉讼程序类型体系，应遵循或满足以下三项基本要求，即民事诉讼程序类型体系和逻辑上的一致性、基本诉讼程序类型划分的涵盖性和简约性以

---

① 廖中洪：《中国民事诉讼程序制度研究》，中国检察出版社2004年版，第292页。
② ［日］新堂幸司：《新民事诉讼法》，林剑锋译，法律出版社2008年版，代译序第3页。

第五章　类型化视野下的我国民事诉讼程序

及民事诉讼程序类型体系的开放性。

1. 民事诉讼程序类型体系和逻辑上的一致性

纵观世界各个国家或地区的民事诉讼程序类型化理论和制度体系，我们不难发现，凡是类型化理论比较发达、制度体系建构比较合理的国家或地区，都特别重视民事诉讼程序类型体系和逻辑上的一致性。纠纷是围绕被侵害权利之争，诉讼就是通过适用实在法的规定确认和保护权利。纠纷解决机能的基本理念是通过各个具体诉讼案件的解决，将纠纷这一危及社会秩序和当事人权利的问题迅速解决，以恢复和维护社会秩序。民事诉讼程序设置目的，就是为保障实体权利的实现；反过来，实体权利的实现，同样需要设置民事诉讼程序作为保障。

然而，随着社会的发展，纠纷当事人的地位因为社会本身具有的特殊构造而产生结构上的差异。如何保持当事人之间诉讼地位的平等性，保障他们实际行使权利的可靠性，不仅关系到能否保障当事人的程序权利的问题，而且还涉及程序过程是否符合正义，法院的判决是否具有正当性等更深层次的问题。以及传统诉讼与现代型诉讼涉及利益对象的差异出现。按照传统诉讼，法院就当事人之间的权利关系归属作出合乎法律规定和事实真相的判断，其效果仅仅及于纠纷的双方当事人以及在一定条件下受判决拘束的第三人。而现代型诉讼中，围绕利益的争执呈现社会化的倾向。如何在程序设置上既注意当事人之间纠纷的个人利害关系属性，同时又顾及对社会的影响，成为人们进行民事诉讼程序设计的一道难题。

现行民事诉讼法有关诉讼程序制度的设置与现实社会权利保护的需求之间已有了较大的差距。这种差距不仅是促使民事诉讼程序体系结构更新配置、调整的社会动因，也是具体着手配置、调整程序体系结构时首先应当重视的问题。换言之，适应市场经济需求应当是配置、调整民事诉讼程序体系结构应当遵循的原则。而遵循这一原则，在具体程序体系结构的配置和调整中就应当对现实社会生活中的各种纠纷进行分类，并在分类的基础上有针对性地设置解决的程序机制。

今天中国蓬勃发展的市场经济，不仅要求健全司法程序的保护，以及客观、公正地解决纷争，而且纠纷本身所具有的多样性、复杂性客观上对程序制度的设置也提出了富有针对性、多样式程序解决机制的要求。过去简单、粗陋的程序设置，以及宜粗不宜细的程序设置观念显然已不合时宜。为此在配置、调整整个民事诉讼程序体系结构中，要适应市场经济及其社会发展的需求，形成以回应社会需求为重心的、专业化、层次性、多元化、系统性的案件分流和程序分类的民事诉讼程序体系。

2. 基本诉讼程序类型划分的涵盖性和简约性

民事诉讼程序类型体系和逻辑上的一致性必然要求，民事诉讼程序基本类型的划分应具有高度的涵盖性，充分考虑不同类型事件的性质和特征，能够揭示各类诉讼制度的本质属性。各类诉讼程序适用的范围必须有足够的广度，必须能够涵盖所有同类型纠纷事件。如果各诉讼程序适用范围过于狭窄，有些纠纷事件就不能进入到诉讼中，当事人诉权则面临缺失，诉讼所具有的解决纠纷功能就会大打折扣。也就难以在学理和实务上解决类型体系和逻辑上的一致性问题。

简约性，就是理论上的高度概括性，它不仅表现在形式上的简洁与明了，更体现内容上的丰富与深刻，亦即文约义丰。简约性以浓缩的形式反映事物整体的本质规定性，使杂乱、无序、丰富的感性内容，得到规范、有序、系统的理性整合，达到多样性的统一。崇尚简洁作为一种新的时代精神要求，已经渗透到当代社会各个领域。鉴于现代社会生活中民事事件的性质复杂性和类型多样化，诉讼程序类型化必然会导致"诉讼种类过多、诉讼程序类型体系过于复杂"的现象，甚至导致公民在起诉时面临诉种选择的困惑，类型化的基本划分必须力求简约，以消除民众选择上的困惑。正如一位法官所言，选择诉讼程序类型是一种投入，法院依职权作出裁判也是一种投入。诉讼程序类型的划分应当尽量减少当事人和法院付出的代价，防止在诉讼中"兜圈子"，方便地让当事人实现权利。

3. 民事诉讼程序类型体系的开放性

依学者们的见解，民事诉讼程序类型的涵盖性和简约性，其可能产生的消极作用是诉讼类型的封闭性。其实这是一种错误的认识。如前文所言，类型化是一种具体化、开放化，通过纵向与横向类型的建构，将会最终形成一种"类型的体系"。从纵向看，上位类型（母类型）能够通过进一步地演绎和分析，区分出其下位类型（子类型）；下位类型（子类型）亦可以通过与其他同阶层子类型的比较和权衡，抽象和提炼出其上位类型（母类型）。这便意味着，在类型的轮廓内完全可能再整合化，亦完全可能再类型化。通过一再地汇合或是分殊，类型之花将在纵向上不断繁衍和延伸。

民事诉讼程序类型化，不但有利于民事诉讼程序分类、条分缕析，而且通过对各种民事诉讼程序样态的类型化处理，民事诉讼程序亦变得分门别类、井井有条。同时，根据社会发展以及法律实践的需要，补足和调整诉讼程序，提高民事诉讼程序体系的适应性，不仅有助于司法实践，也有助于整合民事诉讼程序类型,完善民事诉讼程序机制,避免民事诉讼程序体系僵化、空洞。有效地加强了民事诉讼程序体系化与科学化特质。

社会科学的进步体现在学术氛围上的民主、自由,职业共同体的自治程度不断提高,学术标准的客观化、公正化以及社会科学研究的专门化和系统化。长期以来我国学界对民事诉讼程序的研究都是碎片化的,缺乏整体性、系统性。作为一种突破性尝试,本书从实证的视角来观察问题,对民事诉讼程序采取一种类型化研究思路,建立具有一定层次性、整体性、系统化、开放性的民事诉讼程序体系。这样一个类型化研究思路一方面有助于对类型化民事诉讼程序在民事诉讼体系中的地位和其独特的功能有充分的认识,同时还有助于造就一个开放的民事诉讼程序体系来实现民事诉讼法对社会发展的回应。

(二)类型化视野下我国民事诉讼程序体系总体构想

我国现行民事诉讼程序体系就整个框架结构而言,基本符合程序设置的应有格局,然而在一些程序的设置上还不完善,缺乏某些特别诉讼程序设置,以及出现部分程序制度的排列、归类紊乱,不甚合理和不甚科学的情况。笔者在前述民事诉讼程序分类、归类的基础上,提出"要注意民事诉讼程序体系内各个程序板块之间的统合和各个程序板块与体系总体框架的整合",并且应当注意到我国民事诉讼程序体系构成的法系属类,要结合我国的法系属性,克服我国民事诉讼程序体系整体构造的不完整性、尚未体系化的缺憾,建议从以下几个方面构建和完善我国民事诉讼程序体系:(1)改革和完善我国现有的一般诉讼程序,尤其是简易诉讼程序,应进一步分化为"小额"、"速裁"和"简易"(为了与现行简易程序相区别,也可以称为"狭义的简易程序")三种程序;(2)增设特别诉讼程序,将海事诉讼、劳动争议诉讼、家事诉讼、票据诉讼、公司诉讼和知识产权诉讼等纳入特别诉讼程序;(3)面对日益繁杂的群体性纠纷,建立一套包括代表人诉讼、团体诉讼、示范性诉讼、公益诉讼在内的公正而高效的群体性诉讼程序机制;(4)法律关系的复杂化以及公私法、诉讼程序的分工,使得民刑(行)诉讼交叉案件大量出现,注重民刑(行)交叉案件诉讼程序设计,尤其是对尚不存在明确法规范的民行交叉案件诉讼程序构建;(5)最后鉴于我国一直固守"执行程序是民事诉讼的继续"的传统观念,认为强制执行事件性质上属于民事诉讼事件,"强制执行=判决执行",且以民事诉讼法统帅强制执行程序,强制执行程序被视为民事诉讼程序之一部分。① 将执行程序纳入民事诉讼程序体系,最终形成有中国特色的大民事诉讼程序体系。

现代民事诉讼程序体系建构应超越传统民事诉讼程序体系,注重融理论与实践、实体与程序于一体,发掘实体法中的程序规范,探求实体权利的保护对诉讼程序的特殊要求,关注民事审判实践中的新情况、新问题,以学术眼光透视诉讼现象,提炼出符合民事审判实际的学术范畴。通过设置多元程序,保障不同途径各自的个性差异和相应优势,改变一元化的控制思路和单一的纠纷解决程序,使当事人得以真正根据自己的意愿和价值取向自由地"择优"。这应当成为我国民事诉讼制度完成转型、回应当代社会多层次需求的重要思路。整个民事诉讼程序体系结构中,要适应市场经济及其社会发展的需求,形成以回应社会需求为重心的、专业化、层次性、多元化、系统性的案件分流和程序分类的民事诉讼程序体系。

---

① 这种观点与当前将执行程序从民事诉讼程序独立出来的主流观点不一致。但同属大陆法系国家的德国、意大利、秘鲁、西班牙,则一直以民事诉讼法统帅强制执行程序,强制执行程序被视为民事诉讼程序之一部分。我国也是如此。固守"执行程序是民事诉讼的继续"的传统观念,认为强制执行事件性质上属于民事诉讼事件,"强制执行=判决执行",因此,将强制执行看作或解释为判决程序的延长,甚至作为民事诉讼的一个审级(一审、二审和执行审)来看待。因此,判决不是民事诉讼的终点,相反执行程序中,执行机构应当以民法为依据进行裁判。因此,上述固守传统的国家,执行程序采对席执行、开庭执行、当事人主导等原则,申请执行被说成是"诉请执行",法院的强制拍卖采用"开庭拍卖"的形式,等等。执行程序具有浓厚的审判特征,看起来更像一种特殊形态的审判程序。参见肖建国:《中国民事执行立法的模式选择》,载《当代法学》2011年第1期。笔者以为,将执行程序纳入民事诉讼程序体系是当前权宜之计,从长远角度看,鉴于民事执行程序具有显著不同于民事审判程序的独立特性,制定单行的强制执行法,执行程序脱离民事诉讼程序体系是一种必然。

第六章 一般民事诉讼程序类型化
——以民事简易程序为视角

当我们以司法现代化和专业化为目标时,我们同时意识到中国民众获得简易的、低廉的、专业化的司法救济的需求。民事简易程序作为一种高效、快捷的民事纠纷解决机制,以其深厚的法理基础,成为世界大多数国家和地区逾越法系和地域的一种制度选择。遵循民事简易程序的基本法理,对民事简易程序进行科学修订,也是我国即将进行的民事诉讼法修订中不可或缺的重要内容。

一、现行民事简易程序的反思与重构

(一)现行民事简易程序反思

通常情形下,普通民事案件非适用简易程序,即适用普通程序。《布莱克法律辞典》对简易程序的解释是以相对快速、简单的方式解决争议或处理案件的没有陪审团的程序;美国法律辞典的解释是:简易程序,使特定的法律问题可以快捷地得到解决的简化程序。简易程序采用审理的普通形式,但是它简略,根据简化的程序规则进行。比如,证据开示程序通常受到限制,没有事实问题提交给陪审团。简易程序的结果可以发布一项简易判决。其释义中进一步解释为:简易程序试图迅速而简易地解决法律问题。简易程序没有统一形式,当它不包括与普通民事审判相同的诉讼步骤时,该程序便是简易的,小额赔偿请求程序一般是简易的,房地产承租人与出租人关系和破产通常也适用简易程序处理;①日本《法学辞典》的解释是:简易诉讼程序,是指相对于通常诉讼程序,以简易、迅速处理为目的的诉讼程序。② 各国对简易程序的理解与设计有所不同,但其共同点是,简易程序是相对于普通程序更快捷、方便的解决民事纠纷的一种独立的诉讼程序,它不依附于普通程序而存在,在民事诉讼程序立法上是与第一审普通程序并列的一种独立的程序,具有与普通程序不同的司法理念。

二战后社会经济的迅猛发展,使诉讼数量与日俱增,原有的诉讼制度已无法有效满足新的社会需求,面对堆积如山的未结案件和高昂的诉讼成本,世界各国特别是发达国家纷纷采取对策来解决这一矛盾。其中,设计简易程序并逐渐加强其作用成为各国民事诉讼制度改革、发展的一大趋势。如德国1976年12月3日的《简化与加快诉讼程序的法律》、1990年12月17日的《简化司法程序法》以及最近一次(2001年)对民事诉讼法的修改,其核心内容主要是简化程序,加快诉讼的进程,加大审理的集中程度。1991年,意大利在基层司法组织设立了外行的治安法官来处理民事案件,并规定了适用于该法官的"小额诉讼程序"。这一诉讼程序事实上比普通程序要简易得多,快速得多,更具口头化和集中性,它所产生的积极效果是:相当数量的案件由普通程序流向治安法官,减少了普通法院的工作量和迟延状况,转移了公共成本并降低了程序的经济成本。在美国,几乎每个州都有一些处理特殊案件的专门法庭,小额诉讼法庭就是其中之一。日本在二战后,参照美国小额诉讼制度建立了简易法院的诉讼程序,争议标的额在90万日元以下;然而,简易法院程序并没有起到真正小额诉讼程序的作用。故在1996年修订中(1998年实施),引入美国式小额诉讼制度,处理30万日元以下金钱给付争议纠纷;2003年修改草案由日本第156届国会审议通过,小额诉讼标的额上限由30万日元调整为60万日元,简易程序上限由90万日元调整为140万日元。③ 小额诉讼法庭的审理程序非常简单,一般不许律师参加,实行独任审理制,程序的口头化和集中性很突出,诉讼周期很短,从受理到结案一般不超过两个月,原则上一次开庭审结、

---

① [美]彼德·G.伦斯特洛姆著:《美国法律辞典》,贺卫方等译,中国政法大学出版社1998年版,第268页。

② [日]末川博:《法学辞典:简易诉讼程序》,日本评论社1973年版,第126页。

③ 日本《民事诉讼法》(平成8年[1996年]6月26日法律第109号公布,平成15年[2003年]法律第108号修改)第6编小额诉讼程序特则第368条;2004年日本在《裁判所法》(昭和22年[1947年]4月16日公布,平成16年[2004年]修改)第33条第1款第1项中,将简易裁判上限金额由90万日元提升至140万日元。

第六章 一般民事诉讼程序类型化——以民事简易程序为视角

一裁终局。各国民诉法的发展大都将民事案件按照一定的标准进行一定的分流,对较为重要复杂的案件,按照正规的诉讼程序进行处理,以增强诉讼程序的公正性。对数额较小的或简单的民事案件,则注意在确保最低限度公正性的前提下促使程序加快,提高司法效率。在民事司法中,现代西方各国"简易程序"名目各异。当然,各国简易程序也是在一定理念基础上根据或单一或多样的不同价值取向进行设计的。①

与世界上其他国家一样,伴随着我国经济的迅速发展,人民法院受理案件的数量大幅度增长。普通民事案件非适用简易程序,即适用普通程序,繁简分流的操作空间极其狭小,影响了诉讼整体效率。尤其是近年来,由于法院受理的案件数量大幅度增长,积案过多成为法院系统非常突出的一个问题。② 当代社会纠纷解决的需求与司法供应不能很好满足社会需求形成鲜明对比。为解决或者缓解此矛盾,各地法院采取了各种各样的"简易化"措施,以节约个案审理的时间,在相同的时间内审结更多的案件。然我们的简易程序没有西方国家那样现代的、标准的、规范的、精密设计的、专业化程度较高的司法程序和司法人员作为程序简化和案件分流的基础,现有法律规定的简易程序在案件的审理中并不简便,我们的"简易"是原始或粗糙意义上的简单和单一,早已无法适应正在日益扩大的社会差异和多元价值需求,不能满足当事人和法院便捷迅速、成本低廉地处理大量少额、简单纠纷的迫切要求,所谓"简易不简"的问题更加明显。因此,在制度设计上进一步分化简易程序,使其能够适应处理不同案件时对程序简化程度的多层次要求,构成了简易程序改革的一个基本着眼点。

自从 20 世纪 90 年代后期开始,中国法院的民事诉讼中逐渐形成了简易程序扩大化的趋势。法院系统内形成了明确的"向改革要效率"的口号和理念,各地法院从而纷纷开始了以简易程序扩大化适用为目标的改革。然而,简易程序方面的改革并未取得实质性进步,分析其缘由,发现我国民事简易程序改革中对简易程序存在很多误区,是导致我国民事简易程序改革不能取得实质性进步的关键。

---

① 齐树洁:《论外国司法改革经验之借鉴》,载《江苏行政学院学报》2009 年第 1 期。
② 民事一审案件的受理数量 2004 年为 430 多万件,到 2008 年达到 540 多万件,2009 年又上升到 580 多万件,2010 年则创出了 609 万余件的新高。民事一审案件受理数形成快速增长的趋势。参见《中国法律年鉴》各年版以及最高人民法院网站上发布的《人民法院工作年度报告(2009 年)》及《2010 年全国法院审理各类案件情况》等司法统计数据。

1. 简易程序设置以牺牲公正为代价

我国简易程序改革中有一种观念:简易程序在追求诉讼效率的同时,必然要以牺牲一部分公正为代价这种观念对我国实务部门有较大的影响,并为简易程序的改革对公正的牺牲提供了"理论依据"。实际上,这种理解是不准确的。尽管从整体上看,简易程序在其提供的公正总量上要小于普通程序,但是,简易程序与普通程序的划分并非以公正与效率的价值冲突为基础,程序的简化并非必然以牺牲公正为代价。而当简易程序以效率为其唯一的价值取向、当简易程序以缓解法院压力而不是以满足当事人的程序利益为出发点、当简易程序成为一种可以不顾及当事人意愿而强制性适用的制度时,效率的价值就可能覆盖、损害和牺牲简易程序应当具有的其他价值和功能,程序的简易化就会以损害程序保障和司法的正当化为代价。①

国家设置简易程序的目的,应该是合理配置国家有限的司法资源,对不同类型的案件适用不同的程序。同时在较大范围内赋予当事人程序选择权,以满足人们多层次的法律需求。基于这样的出发点,对效率的追求并不必然意味着对公正的牺牲。因此,认为简易程序必定牺牲公正的观点是不正确的。以这种观点来指导我们的简易程序立法和司法,只会带来无视当事人诉讼权利的保障而片面追求诉讼效率的不良后果。

2. 简易程序的范围理解为民事诉讼法专章规定的"简易程序"

"简易程序"一直是一个内涵和外延都不确切的概念,如果我们把各国关于"简易程序"的立法和判例混在一起,这一程序就无法统一定义。在传统观念中,简易程序仅仅就是民事诉讼法专章规定的"简易程序",即"基层法院和它派出的法庭审理简单的民事案件所适用的程序"。无论民事诉讼法教科书,还是民事诉讼法理论专著或普及读物,甚至司法实务,凡论及、涉及简易程序,大都做这样的理解。这种观念又反过来影响着理论的发展、立法的完善以及司法实践的运作。我国法院近年来所进行的简易程序的改革,主要就局限于上述领域。因为简易程序改革的领域狭小,而法官增编又受到严格控制,法院只有靠不断扩大简易程序的适用范围、简化诉讼程序的环节来提高诉讼效率,缓解日益增长的案件压力。实际上,现代民事诉讼简易程序的内容非常丰富。

从世界各国简易程序的发展来看,其解决纠纷的方式是多样的。(1)从程序上来看,有通常程序中的简易程序和特别程序中的简易程序。通常程序中

---

① 章武生:《民事简易程序改革的若干认识误区之剖析——兼论我国多元化民事简易程序体系的建构》,载《中国法学》2004年第6期。

的简易程序除了简的因素外,所适用的程序原则及证据方法基本上是一致的(某些方面有变通或较大的变通)。特别程序中的简易程序,则是在通常程序之外,另设一种在程序原则,在步骤证据方法上都有较大区别,以达到简易和迅速目的的程序,如督促程序和证书诉讼程序;(2)从争议标的金额来看,有普通的简易程序(习惯上称为简易程序)和小额诉讼的简易程序(习惯上称为小额诉讼程序);(3)从适用简易程序的法院来看,有简易法院适用的简易程序、普通法院适用的简易程序和专门法院适用的简易程序。为适应审理不同案件的需要,许多国家和地区都设立了简易法院和简易审判庭,专门处理简易民事案件。此外,普通法院和专门法院亦存在适用简易程序处理民事案件的问题,只是简易的程度不尽相同;(4)德国、法国等大陆法系在适用简易程序的审级上,有初审法院适用的简易程序和上诉审法院适用的简易程序。上诉审中的简易程序在世界各国也在不同程度上存在,各国上诉审法院普遍存在的书面审就属于简易程序的范畴;(5)从简易程序的审理形式来看,有口头审理的简易程序和书面审理的简易程序;(6)从当事人对适用简易程序的主观意愿来看,有法律规定的简易程序和当事人选择适用的简易程序。许多国家在规定何种案件适用简易程序的同时,还赋予应适用普通程序案件的当事人选择适用简易程序的权利,以及应当适用一般简易程序的案件当事人可以选择适用小额诉讼程序的权利。这提醒我们,对于简易程序的理解不必受以往既有观念的局限,而应当从更广泛的范围,以多元的视角来理解简易程序。针对当前审判方式改革的需要,我们更应该对简易程序的适用范围持一种开放性的态度,以便在更高的层面,以一种全局性的眼光来建构我们的民事诉讼程序。

3. 简易程序就是普通程序的简化

众所周知,程序简化实际上包括三种:庭审环节的简化、审判阶段的简化以及诉讼过程的简化。但是,把简易程序放在我国民事程序体系中考察会发现,简易程序似乎有了特定的意指,即庭审环节的简化或者更确切地说是一审庭审环节的简化。依照简易程序审理案件,审判人员可以根据案件的具体情况,简化案件审理的方式和步骤,不受普通程序中关于开庭审理阶段和顺序的限制。人民法院可以将开庭审理的不同阶段结合在一起进行,也可以将法庭调查和法庭辩论交叉进行。简易程序开庭审理程序上的简化就其实质而言,只是期限和顺序的变通,而不是法定活动的省略,如该传唤当事人的,仍须传唤,该公开审理的,仍须公开审理。这是审判中心主义和一审中心主义对简易程序改革理念的影响使然。在这种观念的影响下,我国的简易程序仅仅规定了对第一审庭审程序的简化,如简化庭审环节、简化审判组织、缩短审理期限等等。但是对其他程序的简化却未做规定,实践中也多是无视简易程序改革的根本目标,而对那些真正有可能耗费诉讼资源、拖延诉讼周期的程序和诉讼环节不予简化。

我国的司法改革更多地走的是一条由下而上的改革路径,即由基层司法机关在具体司法实践中针对一些较为突出的具体制度设计上的瑕疵和不足展开"零敲碎打式的矫正和修补",并以这种局部的修正而带来整体制度的突破,从而带动全局的司法改革。正因为如此,现阶段的司法改革往往呈现出自发性和分散性的特质,这种头疼医头、脚疼医脚的逐点式改革,"由于缺乏全局性的目标指引和统筹性的制度安排,往往演变为拆东墙补西墙式的无奈举措。"①整个司法改革缺乏统一规划和布局,简易程序改革尤为如此。有些地方法院出于各种原因而错误理解了简易程序改革的意义(如有的法院竟然利用简易程序达到清理积案的目的),导致各地简易程序改革的目标不尽一致,有时各地各机关之间司法改革具体目标的冲突还会直接影响到简易程序改革的实效。

(二)重构:简易程序类型化

据统计,目前适用简易程序审理的民事案件占基层人民法院受理的民事案件总数的71%,个别沿海发达地区达到90%。显而易见,基层人民法院在审理一审案件过程中适用简易程序案件的比例已远远高于适用普通程序的比例。通常情形下,适用狭隘的简易程序审理案件,繁简分流的操作空间极其狭小,影响了诉讼整体效率。综观前述分析,我们应当从更广泛的范围理解简易程序,而不应当将简易程序的改革局限在很小的范围内,且将提高效率作为主要目标。我国民事诉讼法对简易程序修改所追求的目标,是建构以满足当事人程序保障和程序利益为立足点的多元化的简易程序体系。

改变简易程序现状,首先需要更新观念,重新认识简易程序。目前世界上许多国家传统意义上的民事简易程序已经分化,我国不应再抱守传统意义上的简易程序。把简易程序放在我国多元的民事程序体系中考察会发现,简易程序是以丰富多彩的特色和价值定位构成整个体系中一个部分。在"简易程序"的理念基础和价值取向问题上,仅仅用"公正和效率的衡平"这样的命题来界定显得过于简单。这些"简易程序"所体现的价值理念并非单一,如果强要

---

① 谢佑平、万毅:《法内程序和法外程序——我国司法改革的盲点与误区》,载《学术研究》2003年第4期。

第六章 一般民事诉讼程序类型化——以民事简易程序为视角

把它们的价值取向都归结为对司法"效率"的追求,那么这种"效率"的涵义也是多元的、立体的、不同侧面以不同特色加以表现的"效率",至少不仅仅以缩短审理期限或提高结案率为标准;如果一定要把各种简易程序都看作是对司法公正某种程度的牺牲,那么这种牺牲绝不是当事人被迫的、单向的、非理性的或没有利益回报的牺牲,因而简易程序的合理设计和适用并不必然以损害司法正当性为代价。①

我国现代简易程序制度的建设和改革绝不是一个简单的移植或模仿过程,我们既不能简单地把某一西方国家的司法制度直接照搬到我国社会,也不应因为国情的特殊而拒绝接受人类先进的法律文化和司法制度及理念。"法律移植是法律进步、发展的永恒主题,只要国家存在一天,各国之间的法律,总会呈现出先进和保守、发达和落后的局面,法律的移植也将是一个不可避免的现象。"②各国司法制度在回应社会需要、独立的价值追求和自身的发展规律等方面已有趋同之势。从某种意义上说,我国的司法改革是一个借鉴的过程,但重要的是必须立足本国国情,"知己知彼",取人之长,为我所用。

单一的程序制度设置"把纷繁复杂的民事案件,依据单一的标准一分为二,非此即彼,未免失之简单,由此所设定的程序结构,必然导致司法中的机械主义,难以保证各个民事案件均能得到符合其本质之解决"。③ 世事包罗万象,社会姿态万千,每一起民事案件的繁简程度不一,争议大小、要处理的焦点问题等不尽相同,当事人对案件审理的要求也有所差别。这就对程序体系的设置、各程序的划分标准和适用范围都提出了要求:最大限度地使各种层级的民事案件都得到最妥善地审理。但是我国现有程序的适用标准之间没有什么逻辑联系,或者说没有较鲜明的层次区分,容易造成司法中的过度随意化处理。

针对我国现行立法上有关简易程序的规定显得愈发不能满足当事人和法院便捷迅速、成本低廉地处理大量少额、简单纠纷的迫切要求,为了提高司法制度解决纠纷的能力,以便纠纷解决在数量和质量上均达到令人满意的程度,在根据当事人有权处分民事权利和诉讼权利的原则,扩大简易程序适用范围

---

① 傅郁林:《繁简分流与程序保障》,载《中国法学》2003年第1期。
② 何勤华:《法的移植与法的本土化》,载《中国法学》2002年第3期。
③ 汤维建:《试论诉讼法理与非讼法理的交错适用》,载樊崇义:《诉讼法学新探》,中国法制出版社2000年版,第715页。

的同时,①还应当在简易程序中引入"纠纷的类型化解决"的思路。在简易程序的设计中,应根据各类案件的不同特征,在程序的提起以及运作的各个环节上进行繁简有别的设置,以体现类型化解决的制度优势。即在简易程序里面做一个类别化规定,进一步分化为"小额"、"速裁"和"简易"(为了与现行简易程序相区别,也可以称为"狭义的简易程序")三种程序。在当前我国司法实践中,随着不断地扩大简易程序的适用范围,各地法院都在进行着简易程序方面的改革和探索。为及时解决面广量大的民事纠纷,根据一些地方的试点探索并借鉴国外好的做法,我国2012年《民事诉讼法》第162条就适用简易程序的部分案件设立小额诉讼制度,规定基层人民法院和它派出的法庭审理符合本法第157条第1款规定的简单的民事案件,标的额为各省、自治区、直辖市上年度就业人员年平均工资30%以下的,实行一审终审。② 这也体现出我国建构多元化简易程序立法方向。

以上设计的目的,在于使不同的类型简易案件进入不同的审理程序,加快纠纷的类型化处理,提高诉讼公正和效率。较为理想的状态是,通过"小额"、"速裁"和"简易"等程序在短时间内,解决大量纠纷案件,剩余较少的案件进入普通程序。这样既大大提高一审案件处理效率,又极大提高一审裁判案件质量,使民商事审判乃至法院整体工作步入良性循环。

二、小额诉讼程序研究

"在讨论审判应有的作用时不能无视成本问题。因为无论审判能够怎样完美地实现正义,如果付出的代价过于昂贵,则人们往往只能放弃通过审判来实现正义的希望。""通过简易化的努力使一般国民能够得到具体有程序保障

---

① 根据当事人有权处分民事权利和诉讼权利的原则,我国2012年《民事诉讼法》第157条第2款规定,对简单民事案件以外的其他民事案件,当事人双方也可以约定适用简易程序。

② 明确小额诉讼案件属于适用简易程序的案件。基于我国各地区经济社会发展不平衡,小额诉讼标的额不搞一刀切,规定"标的额为各省、自治区、直辖市上年度就业人员年平均工资30%以下。"据国家统计局提供的数据,2011年全国城镇单位就业人员年平均工资为41799元,按照30%计算,全国大多数省区市为12000多元。

的司法服务,这一司法政策在民事审判中则以小额审判的形式表现出来。"①就现有的民事简易诉讼制度设计来看,尽管在某些方面比普通程序更为简化,有利于快捷、低成本地解决一部分简单民事纠纷,但是,目前的简易程序设计依然无法满足人们相互之间小额纠纷的诉讼需求。最突出的一点是简易程序依然适用两审终审原则,不仅如此,简易程序的审理方式也仍然显得过于程式化。而我们知道,人们相互之间的经济纠纷从小额、大额以至巨额具有多层次性,因此,就应当建构适应不同数额层次的相应的纠纷解决程序。

近年来,在巨大的案件压力下,各国传统的诉讼机制已经显得力不从心。为此,许多国家通过修改民事诉讼法或单独立法,设立了小额诉讼程序,以方便当事人进行诉讼,提高审判效率。② 作为一种新型的程序,小额诉讼程序所追求的是不需要法律技巧的简易和效率,有更为简便、快捷、灵活、迅速、便民的特性。当前我国民事诉讼程序改革正在稳步推进,这次《民事诉讼法》修改的一个很重要指导理念就是如何通过更新民事诉讼的制度设计使司法更加大众化、更加贴近人民群众、更加接近正义。我们认为,借这次《民事诉讼法》全面修改的契机,在《民事诉讼法》中增设独立的小额诉讼程序,可有效地满足最广大人民群众对小额权益司法救济的需求。③

(一)小额诉讼程序内涵

何谓小额诉讼程序,理论观点不一。一般将其内涵分为广义与狭义两种,广义上的小额诉讼程序与一般简易程序并无严格区别,二者仅仅是诉讼标的

---

① [日]棚濑孝雄:《纠纷的解决和审判制度》,王亚新译,中国政法大学出版社2004年版,第266页。

② 英国在1999年推出了《英国民事诉讼规则》,该规则第27章就规定了小额索赔审理制;在美国,小额诉讼程序起源于20世纪初期,最早由小额法庭采用特殊的程序来处理标的金额小的纠纷,于1913年为俄亥俄州的克利夫兰市首创。这一尝试其后为各州法院所效仿,马萨诸塞州率先于1920年在全州范围内采用小额诉讼制度。目前,小额诉讼制度已基本上在全美国得到了普及,几乎所有各州的法院都引进了这一制度。但《美国联邦民事诉讼规则》并没有小额诉讼的规定;德国于1993年对民事诉讼法进行了重要的修改,引进了小额诉讼程序;日本在1996新修订的民事诉讼法第六编专编规定"关于小额诉讼的特则";我国台湾地区在1999年修订民事诉讼法时在第二编增设了"小额诉讼程序";韩国为了处理大量的小额案件,在1973年专门制定了《小额诉讼程序法》。

③ 我国2012年《民事诉讼法》第162条明确规定:"基层人民法院和它派出的法庭审理符合本法第157条第1款规定的简单的民事案件,标的额为各省、自治区、直辖市上年度就业人员年平均工资30%以下的,实行一审终审。"开创性地设立了小额诉讼制度。

额和简易程度有所不同而已,可以将之视为简易程序的再简化。狭义上的小额诉讼程序则认为小额诉讼程序作为一种新型程序应运而生,其建立不仅是基于对民事案件进行分流处理,减轻法院负担的一种构想,也在于实现司法的大众化,通过简易化的努力使一般国民普遍能够得到具体的有程序保障的司法服务。对小额诉讼程序的广义解读否定了小额诉讼程序作为一项诉讼程序的独立价值,使简易程序与小额诉讼程序同质化,不能正确区分和解释简易程序与小额诉讼程序的异同,实不可取。与之相比,我们更认同对小额诉讼程序的狭义解读。从性质上看,小额诉讼程序仍然属于法院解决纠纷适用的一种民事诉讼程序,更确切地说,小额诉讼程序是简易程序的一种形式,是一种比传统的简易程序更加简化的诉讼程序。适用传统简易程序所需要的时间和费用,对于小额诉讼案件的很多当事人来说,仍然是无法承受的。因此,小额诉讼程序在许多方面都提出比简易程序更高的要求。小额诉讼程序的建立,不仅为了分流民事案件,减轻法院负担,更主要是为实现司法大众化,即"通过简易化的努力,使一般国民普遍能够得到具体的有程序保障的司法服务。"[1]

与传统的简易程序比较,小额诉讼程序至少具有以下特征:[2]

第一,传统的简易程序是根据诉讼标的额或纠纷的性质及复杂性进行划分的,小额诉讼程序的适用范围则更加单纯,基本上限于债权债务纠纷(也可以在一般侵权、邻里纠纷、租借纠纷、交通事故纠纷中采用),通常被设立为独立于一般简易程序的特别程序。例如在美国,"小额诉讼请求程序是一种用以允许普通公民提出法律规定最低数额金钱诉讼请求的诉讼程序。这种诉讼程序由州初审法院执行,有时是在具有有限金额管辖权的法院分庭。"[3]各州的具体程序也有所不同。在克利夫兰法庭,其诉额的上限不过是150美元。在布法罗的小额法院,其管辖的诉额上限为300美元,且法庭仅仅受理以金钱支付为目的的诉讼。英国《民事诉讼规则》第27章规定了小额审理程序一般适用于诉讼请求金额不超过5000英镑的案件,但是人身损害赔偿案件和承租人请求法院发布命令、要求房主修缮房屋的案件除外。[4] 在意大利,设有专门处理诉额不超过750000里拉案件的法务官法院和处理50000里拉(动产)以下

---

[1] [日]棚濑孝雄:《纠纷的解决和审判制度》,王亚新译,中国政法大学出版社2004年版,第275页。

[2] 范愉:《小额诉讼程序研究》,载《中国社会科学》2001年第3期。

[3] [美]杰弗里·C.哈泽德、米歇尔·塔鲁伊:《美国民事诉讼法导论》,张茂译,中国政法大学出版社1998年版,第173页。

[4] 常怡:《外国民事诉讼法新发展》,中国政法大学出版社2009年版,第183页。

第六章 一般民事诉讼程序类型化——以民事简易程序为视角

小额请求的调停官法院,其中对诉额不超过 20000 里拉的案件法官可以根据衡平来规定裁判程序。① 德国民事诉讼法里第 495 条规定,在诉讼价额不超过 1200 德国马克时,法院可以依自由裁量决定其程序。"这种对于诉讼标的金额或价额不超过 1200 德国马克时的程序适用规定,虽然没有被命名为小额诉讼程序,但是法院可以因为其诉讼价额较低的特点而自由裁量决定其诉讼程序,即不受一般程序规定的约束,可以灵活地适用更为简易的程序,就其立法规定方式和内容而言,显然也属于或类似于小额诉讼程序的规定。"② 日本在 1998 年实施的新民事诉讼法中专门规定了区别于简易程序的小额(少额)诉讼程序,处理金额限度为 30 万日元以下的金钱支付请求案件,该程序在简易裁判所进行,根据当事人提出的申请而进行;随着经济的快速发展,进一步充实完善相关程序,2003 年民事诉讼法修改草案由日本第 156 届国会审议通过,小额诉讼标的额上限由 30 万日元调整为 60 万日元(相当于目前日本国一般职工 2 个月工资)。③ 中国台湾地区的"民事诉讼法"第四章中专门规定了"小额诉讼程序",关于请求给付金钱或其他代替物或有价证券之诉讼,其标的金额或价额在新台币 10 万元以下者,适用小额程序。在韩国,小额审判法的适用范围以诉讼标的价额不超过韩币 100 万元为界。在我国台湾地区,小额诉讼之提起,以关于请求给付金钱或其他代替物或有价证券之诉讼,且其标的金额或价额在新台币 10 万元下者为限(第 436 条之八第 1 项)。此外,关于请求给付金钱、其他代替物或有价证券之诉,其金额或价额逾新台币 10 万元而在 50 万元以下,当事人合意适用小额程序者,在尊重当事人程序选择权,又不甚碍简速解决纷争之前提下,依同条第 4 项规定,亦适用小额程序,当事人之间的合意应当提供文书证明。

第二,程序特别简化灵活。"小额诉讼请求程序所追寻的理想是不需法律技巧的简易和效率"。④ 其程序的简便表现在诉讼过程的每一个环节:当事人的起诉特别简单,没有复杂的审前准备程序,起诉状和答辩可以采用法院印制好的表格,也可以口头进行;可以在休息日甚至晚间开庭;庭审过程比较灵活,不进行证据开示,不设陪审团,简化证据调查,甚至无需法庭记录;判决也没有

---

① Lord Templeman, *Rosamund Reay Evidence*, Old Bailey Press, 1999, p.49.
② 常怡:《比较民事诉讼法》,中国政法大学出版社 2002 年版,第 608～609 页。
③ 日本《民事诉讼法》〔平成 8 年(1996 年)6 月 26 日法律第 109 号公布,平成 15 年(2003 年)法律第 108 号修改〕第 6 编小额诉讼程序特则第 368 条。
④ 〔美〕杰弗里·C.哈泽德、米歇尔·塔鲁伊:《美国民事诉讼法导论》,张茂译,中国政法大学出版社 1998 年版,第 173 页。

严格的要求,只是宣布结果,而不必说明理由。因为整个程序都是在非正规的方式中进行,当事人一般不需律师即可操作。此外,小额诉讼程序一般不允许反诉,可以缺席判决,而且一般不准许上诉(或在三审制情况下不得就二审判决上诉),这就更增加了程序的简便性。小额诉讼程序的建立在法律上使得当事人双方能够通过一种更为简洁、低廉的方式实现权利义务。

第三,鼓励本人诉讼,限制律师参与。为减少诉讼成本,鼓励当事人以和平的方式解决纠纷,小额诉讼程序不提倡律师参与。鉴于不鼓励律师参与,当事人无法得到程序方面的帮助,不知如何准备案件,小额法庭往往设置程序助理,帮助当事人准备文件并提供有关信息服务。也可以设置小型咨询所,向当事人提供实体法律和程序法律的咨询服务,并帮助准备诉状。在英国的县小额法庭,登记员可以在庭前程序中向当事人提供相当大的帮助,并可向当事人提供庭审帮助。法院还可以通过向当事人提供便宜的专家证言形式,实现当事人间的实质平等。如一方当事人经合法传唤无正当理由而不到场的,法院可以按到场当事人的申请命令立即进入辩论程序,并可依职权根据一方的辩论进行判决。

第四,注重调解。在小额诉讼中,由于案件本身标的额小、案件简单,双方对抗程度较低,为调解的进行提供了适用空间。小额诉讼一般采取调解与审判一体化,在审理过程中可通过谈话的方式,让原被告直接对话,法官也不使用晦涩难懂的"法律语言",而是积极规劝促成当事人的和解,在听取双方当事人的主张之后,往往会在他们争执不下时,直接提出赔偿建议。即使是美国的法官,在小额诉讼程序中也往往一反其普通程序中的消极态度,主动提问并提出和解方案。还有一些小额法院则专门设置独立的调解程序,采取调解前置主义。

第五,审理成本低廉。诉讼程序除了通过裁判使资源分配效益最大化外,都必须考虑降低诉讼程序本身的运行成本。小额诉讼程序因为无需律师费和鉴定等费用,不仅原告不致因高成本而放弃自己的小额权利,被告的负担也得以减轻。纠纷可以通过一次从十几分钟到数小时的审理,一劳永逸地得到解决。所受理的案件由于标的金额较小,涉及当事人利益不大,当事人往往倾向于以较小的诉讼成本、迅速地解决纠纷。而国家考虑到这类案件标的金额较小,对社会整体利益影响不大,也希望通过小额诉讼程序的制度设计降低司法成本。例如,台湾"民事诉讼法"第436条第14款规定,小额诉讼中"调查证据所需时间、费用与当事人之请求显不相当者","法院得不调查证据,而审酌一切情况,认定事实,为公平裁判"。

从历史发展的潮流来看,由于在解决诉讼案件激增与司法资源匮乏、诉讼成本倍增之间的矛盾所呈现出的优越性,小额诉讼模式已经成为许多国家和地区立法所追求的理想选择。西方各国尤其法治发达国家不仅有完善的小额诉讼的立法规定,而且在司法实践中,小额诉讼程序也真正起到了分流大量简单的民事案件,使当事人及法官从繁琐、低效的程序中解脱出来的作用,实现了小额诉讼降低诉讼成本、提高诉讼效率的价值取向,从而较好地实现司法大众化。

(二)小额诉讼程序在我国司法实践及存在的问题

诉讼的增长和对法院的积极利用,对于适应市场经济,改变社会调整机制以及社会主体的行为方式和观念,具有重要的意义。然而我国现行立法上第一审诉讼程序的分类及具体规定都比较粗疏,现有法律规定的简易程序在案件的审理中并不简便。即使标的很小、案情简单、双方争议很小的案件,也要走完一审、二审程序,当事人维护合法权益的成本将大大增加,付出的精力也要增多。对司法的过高期待和纠纷解决途径的单一化导致法院压力加大,使得追求诉讼效率的要求十分迫切。社会中原有的纠纷解决机制或者受到轻视,或者机能老化无法适应新的社会状况,不能有效地分担诉讼的压力。基于扩大司法和诉讼机制解决纠纷思路,源于域外的小额诉讼程序逐渐受到我国重视。2012年8月31日前,我国《民事诉讼法》和相关司法解释对小额诉讼程序均未作出明确规定,但在我国的司法实践中,为使小额争议能够得到快速、方便的解决,许多法院结合西方小额诉讼程序特点和本土资源及经验进行了改革试验。如1994年广东省在城市的区法院模仿国外的小额法庭设立了小额钱债法庭。① 在北京市,1999年2月,首家交通巡回法庭在丰台区设立,7月,北京市朝阳区法院设立了小额债务法庭。据报道:小额债务法庭设于经济审判庭内,专门审理事实清楚、案情简单、争议不大、标的额在10万元以下的经济纠纷案件。在当事人无异议的情况下,开庭可以不受民诉法第122条、第124条、第127条规定的限制。② 8月,北京市朝阳区法院模仿国外小额债务法庭设立民事简易法庭,审理各类民事案件,推行即收即审的假日、夜间审判

---

① 经过市内几个法院的试点实践,发现作用不大,其职能完全可以由审判庭代替,1999年1月广州法院工作会议宣布撤销原来的小额钱债法庭。

② 李煦、牛爱民:《北京市一法院设立小额债务法庭》,人民网,http://www.people.com.cn/GB/channel1/11/20000711/140187.html,访问日期:2011-12-20。

工作方式。2002年北京市东城法院设立民事简易法庭,民事简易法庭受理婚姻家庭、抚养费追索、3000元以下的小额债务案等一般民事案,当事人最快可以在立案当天拿到判决书。立案时,如果双方当事人同时到院,双方都认为争议不大,愿意即时解决的,立案后民事简易法庭可以在当天直接审理。经庭审,如果争议不大,或事实清楚,法院可在当天作出调解裁定书或判决书,案件最长应在一个月内作出裁判。① 有关方面均给予了正面的报道。

司法实践中法院设立了类似于国外小额诉讼程序的诉讼程序改革探索,对推动我国小额诉讼制度立法起到了一定的推动作用,最典型的就是2012年我国民事诉讼法增加了小额诉讼制度规定。但小额诉讼程序司法实践,在2012年8月31日前,由于缺乏法律的统一规定,故在实践中出现了一些问题:第一,由于这些"小额诉讼程序"不能突破现行法律关于简易程序的规定,在有的地方,其优势没有得到明显的发挥。如1994年广东省在城市的区法院模仿国外的小额法庭设立了小额钱债法庭,经过市内几个法院的试点实践,发现作用不大,其职能完全可以由审判庭代替,1999年1月广州法院工作会议宣布撤销原来的小额钱债法庭;第二,各地做法也不太一样。在受理案件的争议金额上,各地法院悬殊太大,广东省前几年的小额钱债法庭受理争议金额为500元以下的案件;而1999年北京朝阳区法院的小额债务法庭受理10万元以下的案件,在受理案件的金额上,后者是前者的整整200倍;第三,有的小额法庭或便民法庭审理了一些本来不应该由小额法庭审理的案件。牵涉社会公益的一些纠纷不适宜用小额诉讼程序解决,如离婚案件属于人事诉讼的范畴,而不属于小额诉讼程序的范围,这是各国小额诉讼程序的共同特点。而我国有的法院的小额法庭或者便民法庭审理了不少离婚案件;第四,对"小额诉讼程序"的适用,当事人没有选择权。小额诉讼程序是以牺牲严格的程序保障为代价的,是否使用这一程序,当事人应当有选择权,但在实践中,只要符合该法院规定的小额法庭审理案件的条件,当事人起诉到该法院,法院就适用该程序,原告和被告都没有选择权。而国外不少国家的法律是赋予当事人对小额诉讼程序选择权的。

在程序设计上引入小额诉讼程序并使其作为简易程序分化的有机环节,有利于在程序法定原则和程序操作的融通性、灵活性之间形成平衡。在此方面的效果正好可以和注重程序的规范化或正规化这种完善诉讼法的要求相互

---

① 李峰、曹英:《东城法院设立民事简易法庭》,《京华时报》2002年9月11日第A05版。

呼应。为保障小额权利受害人的诉诸法院的权利,使小额争议适用与其相适应的诉讼程序解决,也为了规范我国司法实践中的"小额诉讼程序",我国的法律应当明确规定小额诉讼程序,对小额诉讼程序适用的范围、律师代理的限制与否,起诉、送达、审理、结案等具体的程序内容问题作出详细的规定。

(三)小额诉讼程序的具体设计

在当今世界各国,小额诉讼程序是一种正在发展的、处于"未完成"状态的事物。各国小额诉讼程序的应用情况迥然各异,尽管面临的问题具有共性,但由于各国的法律传统、司法制度和诉讼模式不同,在程序制度的设计中往往以不同的方式来解决案件问题。"某个国家的诉讼制度和诉讼理论的生长往往有其特殊的环境,不了解这些诉讼制度和诉讼理论产生的社会背景、文化传统与其诉讼体制以及实体法规范的相互关系,移植就会失败。"[①]我国虽然在2012年修订的《民事诉讼法》中开创性地设立了小额诉讼制度,但遗憾的是,仅对其作了原则性的规定,未涉及具体操作程序。故我国在建构具体小额诉讼程序时,必须充分考虑到这些因素,在比较其他国家的相关制度的同时注意考虑中国的现实。

1. 小额诉讼程序的适用范围

为达到简易快速审理小额争议的目的,小额诉讼程序适用对象不宜过宽。在确定小额诉讼程序适用标准时,应确定以诉讼标的金额为主,案件性质为辅的适用标准。小额程序的适用对象应限定于诉讼标的在一定金额以下的买卖借贷等合同类以及劳动争议类中的工资拖欠等小额钱债案件。牵涉人身关系的家事案件不适用此程序,只是完全不存在有关身份的争议而仅涉及少额的财产如何分割或分担的家庭财产分割案件及继承案件,才可以考虑允许适用小额程序。侵权类案件即便标的额不大,因常常有较强的争议性或者案情复杂的情形更多,原则上亦不列入此范围之内。反观我国新修订民事诉讼法关于小额诉讼案件适用范围,仅简单地套用简易程序适用案件,未从案件性质进一步分割,有违案件类型化处理原理。标的金额的"小额"程度也应相对压低。确定适用于小额财产诉讼所涉及标的金额的标准,应当以一般居民一般收入状况和消费经常性规模来确定。在日本,为 30 万日元以下,美国各州一般规定在 5000 美元以下,我国台湾地区则以新台币 10 万元以下的请求给付金钱或其他替代物或有价证券为限。我国 2012 年修改后的《民事诉讼法》第 162

---

① 张卫平:《守望想象的空间》,法律出版社 2003 年版,第 4~5 页。

条规定小额诉讼程序适用标的额为各省、自治区、直辖市上年度人员平均工资30%以下的简单民事案件。这一规定充分考虑到我国各地区经济社会发展不平衡的现实情况。据国家统计局提供的数据,2011年全国城镇单位就业人员年平均工资为41799元,按照30%计算,全国大多数省区市为12000多元。①

2. 小额诉讼的管辖

小额诉讼程序的管辖法院问题,直接关系到小额诉讼程序在司法实践中所起的作用。现有的诉讼机制中,不论金额大小,不论适用简易程序或是普通程序,绝大多数的一审案件都由基层人民法院审理。同一法官既审理简易案件,又审理普通案件,一身二任,是造成普通程序与简易程序界线不清的主要原因。② 这样的设置,不利于审判人员的专业化,也难以发挥诉讼的最佳效益。从各国的立法中可以看出,绝大多数国家多设有专门的小额赔偿法庭,如美国的小额诉讼法庭、法国的小审法院、日本的简易法院等,只处理小额纠纷,真正达到"便利当事人诉讼,便利法院审理"的两便目的。对于我国小额诉讼的管辖法院,在对我国的法院体系不进行大的变动或形成大的冲击的情况下,应当在基层法院内部设置独立的小额法庭,配置专门的机构和人员,从而更好地实现小额诉讼的简易、迅速、低费用的价值理念。

为方便小额权利受害人起诉,小额诉讼程序应设立特别的以被告就原告为原则。在一般地域管辖中应当实行"被告就原告"的原则,即在一般地域管辖中,因小额争议发生的诉讼,由原告住所地人民法院管辖;在特殊地域管辖中,也应当实行"被告就原告"的管辖原则。而且,在不违背专属管辖和级别管辖的前提下,当事人可以协议选择(包括书面的明示的协议选择,也包括默示的协议选择)与争议相关地的法院管辖。以便利小额权利人行使请求的权利的实现。如果对于小额争议也按照现行法律对一般地域管辖的规定实行"原告就被告"的原则,那么,在被告在外地时,原告基于诉讼成本的考虑被迫放弃诉诸法院的权利,这样的立法政策就不利于保护当事人的裁判请求权。③

3. 小额诉讼程序的启动

在确定小额诉讼程序的受案范围后,如何启动小额诉讼程序就成为小额

---

① 我国学界部分学者认为,应明确提出具体数额,以5000元为划分标准。参见张卫平《民事诉讼法(修改建议稿)》和杨荣鑫《民事诉讼法(修改建议稿)》。另2011年《民事诉讼法修正案(草案)》中也是以5000元为划分标准。

② 章武生:《司法现代化与民事诉讼制度构建》,法律出版社2000年版,第558页。

③ 刘敏:《裁判请求权与小额诉讼程序的构建》,载《学习与探索》2003年第2期。

第六章 一般民事诉讼程序类型化——以民事简易程序为视角

诉讼程序适用的起点问题。各方对小额诉讼程序的启动争议主要集中在是否对小额诉讼程序的启动者进行限制、是否赋予当事人对适用小额诉讼程序的选择权等问题上。

当事人民事权利应得到司法保护是现代法治的一个基本原则,小额诉讼程序是为了保证让民众能更好地接近司法,就不应对当事人行使诉权作出任何限制。关于是否赋予当事人对适用小额诉讼程序的选择权问题。笔者认为,民事程序选择权作为一项程序性权利,是立法充分尊重当事人意思自由,对当事人进行程序关怀的体现。"民事程序选择权的精髓在于让当事人自己在发现案件真实与促进诉讼二者之间权衡"。① 具体到小额诉讼程序中,基于当事人民事程序的选择权原理,对于小额民事权利的维护,既应允许双方选择适用小额诉讼程序,也应允许其放弃小额诉讼程序的选用而改用简易程序或普通程序,以尊重当事人的程序利益。然而,如果将是否选择小额诉讼程序的权利完全交给当事人,则当事人双方之间利益的冲突性、诉讼地位的对抗性决定了当事人很难就适用小额诉讼程序达成一致。选择小额诉讼程序的规定将可能沦为一纸空文。我们认为不能将是否适用小额诉讼程序的权利完全交给当事人决定,应当在立法中同时规定小额诉讼程序的强制适用和选择适用。当前司法实践中,案件审理效率不高的一个重要原因就是当事人滥用诉讼权利,人为造成案件审理的不当拖延。特别是在事实清楚、法律关系特别简单的案件审理中,被告往往倾向选择普通程序、简易程序通过上诉审拖延诉讼。这既不利于原告方合法权益的及时救济、也不利于节省有限的司法资源。因此,有必要规定对特定类型的案件强制规定适用小额诉讼程序。与此同时,考虑到个案可能有不宜适用小额诉讼程序的特殊情形,可允许当事人对适用小额诉讼程序提出异议,人民法院经审查认为异议成立的,可不适用小额诉讼程序。另外,从尊重当事人的程序选择权出发,如果当事人就法定情形外的其他案件合意书面选择适用小额诉讼程序,只要经法院同意,也可以适用小额诉讼程序。

4. 小额诉讼程序的审理

小额程序的特点相对现有简易程序而言在于更进一步地简化程序:除可以口头起诉和庭审不拘于法定方式及进行顺序的弹性化外,答辩期应缩短至7日或10日。还应对证据方法加以限制(排除鉴定、勘验)或适当松动(允许

---

① 邱联恭:《民事程序选择权的法理》,载《民事诉讼法之研究》(四),台湾三民书局1993年版,第580页。

书面证言),法庭笔录可不采取逐字逐句方式而用简单的归纳式记述(有条件的法庭保留全程录音),判决只需写明主文,简洁表述所认定的案件事实并在确有必要时指出所适用的法条即可,审限规定缩短为 30 日或 45 日。在审判主体方面,小额程序可由尚未取得审判资格的法官助理负责审理并以自己名义作出判决(或可规定宣判前须征询资深法官意见)的程序安排也应加以考虑。实行禁止上诉的一审终审制。不过,在使用常规方式或其他简易方法送达之后(排除公告送达)被告却在开庭时缺席的情况下,考虑到一审终审对有可能因值得同情的原因而缺席的当事人过于缺乏程序保障,有必要在程序上略加调整。① 具体来说就是针对小额程序中的缺席判决,可允许被告在判决确定后一定时期内向作出判决的法院申请复议,法院根据被告提出的缺席原因是否合情合理,可决定驳回复议申请或者对本案同样按小额程序重新审理。由于我国的具体情况,国外有关小额程序的某些制度设计,如对当事人每年能够提起小额诉讼的次数进行限制等,并不适宜模仿照搬。② 在小额诉讼程序中还应对调解作出特殊规定,将调解做为法院审理小额案件的必经程序。为确保小额诉讼程序高效性、便捷性落到实处,在案件审理过程中,应赋予法官更多职权主导审理过程。

小额诉讼程序是简易程序的一种形式,是比传统简易程序更加简化的诉讼程序。小额诉讼程序的建立,可以分流大量民事案件,实现简单案件简单审、复杂案件精细审,使当事人及法官从繁琐、低效的程序中解脱出来,及时解决面广量大的民事纠纷。从中也不难看出,民事诉讼法的修改更加注重法院快审快裁、案件繁简分流。

三、速裁程序研究

"一套合理的司法制度是由一个个合理的具体小制度组成的。……而且,

---

① 为进一步简化审理程序,我国 2012 年《民事诉讼法》第 159 条对此也作出了明确规定:"基层人民法院和它派出的法庭审理简单的民事案件,可以用简便方式传唤当事人、送达文书、审理案件,但应当保障当事人陈述意见的权利。"

② 王亚新:《民事诉讼法修改中的程序分化》,载《中国法学》2011 年第 4 期。

第六章 一般民事诉讼程序类型化——以民事简易程序为视角

各种具体的小制度必须相互配套、协调一致。"①上述设计的小额诉讼程序简化得相当彻底,法定程度也显得很具"刚性",因此适用的案件种类也较为狭窄。为了让更多有必要适当简化审理程序的不同类型案件也能比较灵活地"准用"这一程序,"速裁程序"便应运而生。

(一)速裁程序内涵

所谓"速裁程序"是指人民法院为提高诉讼效率,对部分简单的民事案件,在现有简易程序的基础上进一步简化诉讼程序,在更短的期限内迅速作出裁决的审理方式。速裁是在适应多元化纠纷的解决需要和缓解司法危机的背景下诞生的。建立独立的民事速裁程序,不仅为公民增加了一种廉价的司法救济途径,为普通人接近和使用诉讼制度提供了机会,而且对其他程序改革完善的促进也可以促使国家司法资源得到更合理地配置和应用,对整个民事诉讼程序体系的发展也可以起到补偏救弊的促进作用。

"对司法的过高期待和纠纷解决途径的单一化导致法院压力加大,使得追求诉讼效率的要求十分迫切。社会对司法机制寄予了过高的期待,但对诉讼自身的局限性及其供需失衡的问题却缺少足够的心理准备;另一方面,社会中原有的纠纷解决机制或者受到轻视,或者机能老化无法适应新的社会状况,不能有效地分担诉讼的压力。"②为了使诉讼程序构建更科学,契合国际民事司法改革总趋势,世界各国大多推行了以效率为目标的司法改革,以应对诉讼爆炸的现实压力,提高司法效率。以英国为例。英国上世纪末开始民事司法改革,在其制定的新《英国民事诉讼规则》(以下简称《规则》)中确立了三种审理程序:小额索赔程序(The Small Claims Track)、快速程序(The Fast Track)和多轨程序(The Multi-track)。一般而言,案情较简单、诉讼请求金额较小即在5000英镑以下的案件适用小额索赔程序。小额索赔程序可以用于解决绝大部分简单低额的案件。其价值取向十分明确,即低成本和高效率。该程序突出的是一个"简"字。快速程序是新《规则》的创设,它一般适用于诉讼请求金额在5000—15000英镑之间的案件。快速程序最突出的就是"快",各环节都有严格的时限要求。案件庭审时间一般在一天以内,并且专家证言限于一方一名及限于两个专业领域,从案件分配至开庭审理的审理日程不超过30个星期。对不适用于小额索赔程序和快速程序的案件,适用多轨程序。多轨程

---

① 程汉大、李培锋:《英国司法制度史》,清华大学出版社2007年版,第20页。
② 范愉:《小额诉讼程序研究》,载《中国社会科学》2001年第3期。

序一般适用于诉讼请求金额超过 15000 英镑的案件。相对前两种程序，多轨程序突出的是"细"字，设置了一整套详细的诉讼程序。可以看到，这三类审理程序分别适用于解决：小额、简单求偿案件，中等额度、不太复杂但强调效率、要求快速审结的案件，高额或案情复杂的案件。三种程序相互衔接，是一个环环相扣的系统化的设计，形成一个个构成完备的制度体系。法国则是采用"分散性简易与速裁程序性规定"和"集中性紧急审理裁定程序规定"相结合的立法模式，从而大大提高了司法效率。民事速裁机制强调经济和效率，这是它产生的根源和生命力所在，也是其区别简易程序的最大内在特质。①

速裁程序作为现代民事诉讼领域的"突起军"，是在"只要能够以符合实际并让当事人满意的结果来解决纠纷，不必拘泥于法律的严格适用"②新的审判理念下，民事诉讼制度形式主义和理性主义逐渐向诉讼经济原则和效益原则转变的结果。

速裁程序与小额诉讼程序虽同属程序简易化改革的产物，但两者代表着民事诉讼程序未来改革的不同定位点：

第一，程序价值目标不同。小额诉讼程序和速裁程序都具有优化和节约司法资源，提高诉讼效率，缓解案多人少矛盾以及减少当事人讼累的功能。不过，小额诉讼程序和速裁程序在遵从简易、迅速原则上的侧重点却各有不同，前者倾向于审理"小额"标的的简单案件，后者则注重裁判案件速度的"快"。因小额诉讼程序和速裁程序追求的程序价值目标的微妙差异，致使两者在程序设计上产生合理差别。

第二，案件适用范围不同。小额诉讼程序和速裁程序都适用于审理事实清楚、法律关系明确、争议不大的案件，然速裁程序的适用范围明显比小额诉讼程序宽广。小额诉讼程序的适用对象限定于诉讼标的在一定金额以下的买卖借贷等合同类以及劳动争议类中的工资拖欠等小额钱债案件。不包括侵权关系、人身关系等纠纷案件。速裁程序审理的民事案件主要包括民间借贷纠纷、房地产纠纷、信用卡欠款纠纷、保险合同追偿权纠纷等案件，其中财产关系纠纷案件标的额上限高于小额诉讼。③

---

① 彭世忠：《基层法院民事速裁改革的理论反观——以"中国特色社会主义法律体系形成"为背景》，载《求索》2011 年第 2 期。

② [日]棚濑孝雄：《纠纷的解决和审判制度》，王亚新译，中国政法大学出版社 2004 年版，第 245 页。

③ 我国法院速裁财产关系纠纷案件标的额上限一般为 10 万元，但有些地方法院标的额上限达到 20 万元。

第六章 一般民事诉讼程序类型化——以民事简易程序为视角

第三,审理机构设置不同。目前,小额诉讼程序和速裁程序的审理机构纷繁复杂。总的来说,小额诉讼程序的审理机构有两类:一类是独立于民事审判庭的小额诉讼法庭,专门审理小额诉讼案件;一类是不设置独立的小额诉讼法庭,小额纠纷案件由民事审判庭启动简易程序审理。速裁程序的审理机构则有四种方式:一是在立案庭内部设立速裁部门,负责特定类型案件的调解和裁判,不管案件难易简繁如何,不再移送审判庭审理;二是在立案庭内部设立速裁组,负责当事人同意调解或即时开庭案件的调裁,当速调出现不适用速裁程序的情形时,立案法官移送案件于审判庭审理;三是设置独立于民事审判庭的速裁庭,对当事人同意调解或放弃答辩期的案件,由其调解和裁判,对不属于调裁范围的案件,移送审判庭审理;四是民事审判庭对立案庭移送的简单民事案件速调速裁。由此观之,小额诉讼程序强调以庭审方式解决小额债务纠纷,而速裁程序不但设置于庭审之中,且适用于庭前的立案调解,以期快速裁决案件。

第四,庭前准备程序不同。小额纠纷案件和速裁案件的庭审均以一次性开庭为原则,但庭前准备程序却有所差异。在小额诉讼程序中,法院开展简单的庭前准备工作,当事人在法官指导下展开初步的证据交换之后进入一次性开庭审理。速裁程序则以"一步到庭"方式审理案件,即对于当事人不愿意在立案阶段调解结案,选择开庭审理的速裁案件,法院立案时安排开庭时间或者不排期即日开庭,不再展开和主持庭前准备工作,双方当事人在开庭期日当庭举证、质证以及法院当庭认定证据,最终以一次性开庭方式审结案件。

第五,审理期限不同。我国法律规定简易程序的审理期限为三个月,而小额诉讼程序和速裁程序相较于法定的简易程序更为简便、快捷,故两者的审理期限应当相对缩短。现时的小额诉讼程序审理案件期限原则为30天;速裁程序强调裁决案件速度之"快",其审理期限须进一步缩短,由于各地法院的办案能力各不相等,所以速裁案件的审理时间为1天、2天、3天……7天甚至15天。若小额纠纷案件或速裁案件无法在规定期限内审结,小额诉讼程序或速裁程序便转为普通程序,法院依照普通程序规定继续审理案件。

以速裁方式审理案件,可充分发挥其更为简便、快捷的功能,实现提高审判效率、降低诉讼成本、快速解决纠纷之目的。正如日本学者棚濑孝雄所说,在讨论审判应有的作用时不能无视成本问题。因为,无论审判能够怎样完美地实现正义,如果付出的代价过于昂贵,则人们往往只能放弃通过审判来实现正义的希望。① 速裁程序是对简单的民事案件在现有简易程序基础上进一步实现繁简分流,为公民增加了一种廉价的司法救济途径;为促使国家司法资源得到更合理地配置和应用,对民事诉讼简易程序体系的发展和完善起到促进作用。

(二)速裁程序在我国司法实践及存在的问题

从20世纪中叶以来,各国相继进行了民事诉讼法的修订,在民事诉讼的理念和具体程序规则上都作出了较大的调整。我国也正处于社会转型期,各种类型的案件激增,法院负担日益加重。为了适应纠纷类型多元化的现实,缓解当前面临的司法危机,各地法院对部分简单的民事案件,在现有简易程序的基础上进行了民事速裁的实践和探索,在实践中取得了一定的成效。以杭州萧山区人民法院、宁波北仑区人民法院、重庆市高级人民法院和上海市第二中级人民法院为例,都制定了各具特点的民事速裁规则。

对民事速裁而言,由于没有法律的明确规定,其法律地位备受质疑,在我国处于一种"名不正、言不顺"的尴尬境地。在规范的意义上并未体现出多少能够作为独立程序的特征。现在所能看到的只是来自司法政策的支持。最高人民法院2005年发布的《人民法院第二个五年改革纲要(2004－2008)》中给予的认可:"继续探索民事诉讼程序的简化形式,在民事简易程序的基础上建立速裁程序制度,规范审理小额债务案件的组织机构、运行程序、审判方式、裁判文书样式等。"以及2009年发布的《人民法院第三个五年改革纲要(2009－2013)》中关于"健全司法为民工作机制"的部分提到:"探索推行远程立案,网上立案查询,巡回审判,速裁法庭,远程审理等便民利民措施。"等等。

综观各法院的速裁程序改革,虽然各有其特色,速裁法庭的名称也各异,但其基本内涵是稳定一致的,制度设计的内容仍有其共性所在。首先,速裁程序的受案范围一般是一些当事人要求即时解决的纠纷,以及在受案后审判人员认为案件事实清楚、争议不大的婚姻、赡养、物业、交通、劳动、民间借贷等纠纷案件;其次,审理程序更为简单,包括诉讼期限较短,以填写格式诉状方式起诉,传唤方式以电话、捎口信等简便方式为主,开庭时间灵活机动,除正常工作时间开庭外,还可以在节假日和夜间开庭。庭审程序简化,对没有争议或法律、司法解释规定不需要举证的事实不举证、不质证、不辩论,直接进入调解或

---

① [日]棚濑孝雄:《纠纷的解决与审判制度》,王亚新译,中国政法大学出版社2004年版,第266页。

裁判。提高当庭宣判率,简化裁判文书制作,拟定有相对固定内容和格式的庭审笔录、裁定笔录、裁判文书电子模板,对裁判文书的事实构成、证据分析和判决理由进行简化和浓缩。在程序设计上尽可能体现"迅速审判,即时裁决"功能,实现提高审判效率、降低诉讼成本、快速解决纠纷之目的。

经过多年的实践,速裁机制对于提高诉讼效率的贡献有目共睹,与此同时,随着对速裁机制研究的深入,对于这种设计的反思也随之而来。

首先是独立的诉讼程序价值地位的缺失。速裁程序的提法源于最高法院二五改革纲要明确提出的"要继续探索民事诉讼程序的简化形式,在民事简易程序的基础上建立速裁程序制度",但如何构建速裁程序制度,并没有明确的规则。因此,司法实践中各地法院进行的速裁都是在各自为政,并没有统一的标准。有的法院是独立式速裁模式,即将速裁作为简易程序中的特殊程序,自行制定速裁规则,把一些简单、易处理、耗时少的民商事纠纷纳入速裁范围,快审快结;有的法院是替代式速裁模式,即基本上是按照简易程序的适用范围和办案流程进行操作,只是缩短了办案时间,加快了办案节奏;还有的法院是前置式速裁模式,即将速裁作为开庭审理的过滤机制,立案后对能够调解或者不开庭审理就能解决的案件实行速裁,不能解决的案件则转入业务庭开庭审理。这几种速裁方式的运行规则大部分仍然是在简易程序的范围内运行,仍受制于简易程序规则,其对办案效率的提高很大程度上属于粗放型速裁。故速裁独立程序价值的缺失,并不能从根本上发挥效率的功效。

其次是速裁案件类型不一。由于没有法律或者司法解释的明确规定,各地基层法院都在自行摸索速裁施行机制。在案件适用范围上规定不一。某些类型的简易案件在这个法院可以纳入速裁,而在那个法院却不能;再就是当前法院适用速裁程序没有考虑到纠纷的多元化因素,对纠纷不加区别,将大量的婚姻家庭纠纷纳入速裁程序,背离人事纠纷解决特质要求。这不仅使各地法制不统一,还为民事速裁机制未来的发展造成了可预见的障碍。

再其次是速裁程序启动存在问题。目前审判实践运作看,只要符合规则规定,就被法院依职权纳入速裁案件,一般不征求当事人意见,直接移送速裁组织进行审理,或速裁程序当成适用普通程序的前置程序。这种职权主义的启动模式虽说是没有法律依据时的探索之举,但这种做法直接剥夺了当事人的程序选择权。司法实践中这种只注重速裁效率的做法并没有认真考虑速裁制度的法理适当性,容易陷入超职权主义诉讼模式的误区。

最后就是速裁诉讼程序规则不符合程序要求。为了提高司法效率,体现出速裁机制的最大价值,无论是从立案分流、答辩、庭前准备、庭审程序、调解、文书送达,乃至执行,都要求一个较之现行简易程序还要再快捷经济、灵活轻便的程序设计,这些方面的突破正是民事速裁机制的优势和本质要求所在,但却与现行的民事诉讼法规定相悖。即便不是严格意义上的违规,现行民事诉讼法的规定也束缚了速裁机制的手脚,使各种改革举措缺乏整体制度的支撑。例如送达,其效率可称得上直接影响到整个速裁程序的进程,速裁机制的送达方式灵活多样,电话、传真等都是非常便捷的方式。但电话、传真送达效率高而效力低,传统的邮递送达效力高而效率低。类似这种现行法律上有效保障的缺失成为制约速裁审判效率的重要因素。

速裁与现行法规定之间的矛盾,一方面容易造成其"言速而实不能速"的现象,使速裁机制的功效大打折扣,有碍于速裁机制的后续发展运作;另一方面,若民事速裁机制只能束手束脚地成长,终将沦为程序上的单纯简化、快捷,而失去了民事速裁机制更本质的意义、价值,以及它能给案件繁简分流机制、审判程序体系带来的更大的效益提升。①

(三)速裁程序建构之进路

虽然速裁在司法实践中存在着诸多缺陷与不足,但"迟到的正义即非正义",在公正的基础上追求效率已成为当代司法不可逆转之潮流,速裁体现出来的效率价值无疑适应了时代对司法的要求。司法实践中速裁所遇到的问题在于法律制度设计层面上规则的缺乏。为了使速裁程序在立法上真正构成从一般简易程序分化出来的另一程序种类,从内在价值理念的角度寻求速裁机制的正当性的基础上,对推进独立速裁程序的构建,提出若干立法建议,以期以制度之理性主义,寻求解决纠纷之秩序稳定。

1. 独立的诉讼程序地位的确定。目前,法律规定的缺乏导致各地法院关于速裁的实践极不统一。我国《民事诉讼法》中已有的简易程序虽然在规则上通过司法解释的形式对普通程序有了很大的简化,但其对抗性仍然很强,很多规则仍依附于普通程序,故当务之急是要从诉讼理念、运行特点、程序功能等方面赋予速裁独立的程序价值,使其成为一种大众化、效率最大化的程序,从而也使得实践中各地法院实际上已突破法律关于简易程序规定的做法得以合

---

① 彭世忠:《基层法院民事速裁改革的理论反观——以"中国特色社会主义法律体系形成"为背景》,载《求索》2011年第2期。

第六章 一般民事诉讼程序类型化——以民事简易程序为视角

法化,提升司法的权威。①

2.适用的法院和审判机构。基于速裁规则缺乏程序的严谨和审慎,所以适用速裁程序审理一审案件的法院应限于基层法院。基层法院应设立专门的速裁审判机构,并考虑本院法官的年龄层次、知识结构、性格特征、办案能力、效率意识等特征选派合适的人员到专门的速裁审判机构办案。鉴于速裁程序适用于简单民事案件情况,并不需要高深的法律知识和高超的审判技巧,并不强烈要求高度专业化、职业化的法官队伍。

3.速裁案件的范围。目前各地方法院对速裁适用案件的范围标准主要有两种,一种是案件性质的类型;另一类是案件标的额的标准。笔者认为,确定速裁程序的受案范围,应采用"法律明文规定为主,当事人选择为辅"的方式予以确定。基本的原则应是"事实清楚、权利义务关系明确、争议不大"及"当事人合意选择速裁",具体可以从实质和形式两个方面予以确定:实质上要符合事实清楚、争议不大及当事人有快捷结案的要求,形式上要符合当事人明确、主要证据具备及当事人合意选择等。在法律明文规定的案件类型上,应采取"法定概括式+法定排除式"的模式。即速裁案件范围:(1)证据比较充分、争议不大、法律关系比较明确的简易民商事案件;(2)婚姻家庭等涉及人身关系的案件、当事人下落不明案件等不适用速裁程序。婚姻家庭类纠纷不纳入速裁,因为这类纠纷会涉及未成年人的利益保护问题,涉及对第三人交易安全的保护问题,因而带有相当的社会公益色彩,国际上通常的做法是单独设立家事诉讼程序处理此类纠纷;另外不采用案件标的额的标准,因为案件的难易程度并不能全部从标的额上反映,虽然有些程序规则可以借鉴小额诉讼程序,但我国的速裁程序与国外的小额诉讼程序不能完全等同。

特定情况下应允许当事人合意选择适用速裁程序。诉讼程序是一种应然程序,而不是或然程序。也就是说,程序法是强制性法律规范,无论当事人同意与否,法院都可以对符合法律规定条件的案件加以适用。但笔者认为,因速裁案件通常对社会的影响很小,公权力不宜过多干涉,而且当事人的民事诉讼权利性质上是一种私权,应在程序上给予当事人更多的意思自治的机会。所以,应改变目前法院决定适用速裁占主导地位的局面。赋予当事人程序选择,原则上还应允许双方当事人对部分简单民事案件在小额诉讼程序与速裁程序间作出选择,使程序适用更加灵活、更具弹性。根据最高人民法院《关于适用

---

① 杨治、李志芬:《对进一步完善民事速裁机制的调查与思考》,载《法律适用》2010年第5期。

简易程序审理民事案件的若干规定》的规定,当事人可自愿将适用普通程序审理的民事案件选择适用简易程序。同理,当事人也应有权将适用简易程序、普通程序的案件合意选择适用速裁,当事人的选择是法院适用速裁程序获得合法根据的来源。但应注意的是,当事人合意选择速裁程序后就应遵守速裁程序的所有程序要求。①

4. 速裁程序规则。民事速裁机制的功能在于追求司法效率最大化,实现普通大众也可接近之正义。因此,保证诉讼程序的简化性和灵活性,审理过程的高效快速,就成为速裁程序规则设计的基本要求。(1)简化送达要求。充分利用现代科技手段开展送达工作,如以手机短信、录音电话、传真、电子邮件、QQ等聊天工具进行送达。对于以效率为其主要价值理念的速裁程序来说,快速送达尤为重要;(2)简化证据规则。在适用速裁程序的案件中,由于案件本身相对简单,和解或快速解决纠纷应是首要目标,所以常用非诉讼手段来钝化、模糊当事人的对抗,以寻求纠纷解决。因此速裁不必有严格的证据规则,即使有规则也应是弱化对抗的规则:通过庭前证据的固定防止证据突袭;举证期限应限定为7天,以缩短审理周期;庭审中的举证和质证可以相应简化,对证人或当事人的询问,可以不采取交叉询问的方式,以法官据情认为适当的顺序和方式进行;经法庭许可,证人可以采用包括提交书面证言或视听资料或是双向视听传输技术手段作证,而不必亲临法庭作证;有关法院的调查取证应严格受到限制;自认、自否及交易规则的运用,这些具体的把握需要法官在调解或庭审中灵活加以把握;(3)简化法律文书。裁判文书应尽量简化,可以采取格式化文书。调解书仅载明当事人情况、受理和开庭时间、协议内容即可,不必写案件事实;判决书写明当事人情况、受理和开庭的时间、主要事实和判决内容即可,不必陈述当事人的诉辩主张、举证质证情况(但庭审笔录中均要记录)、判决的理由,甚至可以用填充式的格式化的判决书;(4)缩短审理期限。高效率是速裁程序的生命线,失去了效率,速裁也就失去了存在的价值,故其审理期限应比简易程序更短,以1个半月为宜。为缩短审理期限,还应确立以下两项制度:一是以一次辩论终结为原则。除个别复杂案件外,所有举证、辩论应一庭终结;二是缩短答辩期。速裁案件系"事实清楚、权利义务关系明确、争议不大",速裁案件的答辩期定为7天即可;(5)速裁程序的救济。基于我国民众对法官素质和司法权威尚缺乏足够的信心,导致尊重既判力的现代司法理念缺失;以及部分法官缺乏尊法尚法观念,在审判中易受人情关系的影响。

---

① 吴修新:《独立民事速裁程序的制度探讨》,载《法律适用》2007年第3期。

第六章 一般民事诉讼程序类型化——以民事简易程序为视角

在此背景下,取消审级监督难以得到民众的支持。所以,速裁程序不应实行一审终审。但基于尊重当事人程序选择权的考虑,如果经法官释明、当事人自愿,当事人在审理过程中达成不上诉协议的做法应允许,协议对原被告双方都有约束力。

5. 速裁案件的执行程序。日本法学家小岛武司曾论述到:"无论起诉变得多么容易,审理也多么具有人情味,判决是如何的迅速,但只要判决的内容最后无法实现,上述的一切努力将终究成空。只有将判决程序和执行程序充分地融为一体才能全面地实现权利保护,故可以说只有深入至执行阶段的裁判制度改革才是完美的、彻底的。"① 实现速裁程序的良好初衷就离不开能与其相匹配的执行制度,谋求速裁和执行的有效衔接。一是速裁进行中的执行:当事人有即时履行要求且可以即时履行的,速裁法官可以依一方要求责令另一方当场即时履行,如当场交接钱物、当场道歉等。此类案件的执行,多是以执行促进和解、调解,或为了保证权利的及时实现,尽可能避免今后因义务人怠于自动履行而演化为强制执行。另一种情形是速裁案件生效后的执行:对于当事人不自动履行裁判义务的,原速裁法官可依另一方当事人的申请或依职权直接予以执行,将案件纳入执行程序,不必恪守审判与执行相分离的原则。

面对现代社会中权利救济大众化要求的趋势,缺少成本意识的司法制度更容易产生功能不全的问题,也不存在为了节省成本,突破程序正义的实质正义。通过对速裁程序研究,形成类型化的模式,最大程度减少向现代诉讼机制急剧过渡的代价和阵痛。作为制度构建的理想方式,立法机关修改完善现行民事诉讼法、增加设置独立的民事速裁程序无疑是最佳选择。考虑到民事诉讼法的修改是一个系统工程,短时间内较难实现,最高人民法院通过司法解释的形式,先期对此予以明确和肯定,仍然是十分必要的。

意大利著名法学家莫诺·卡佩莱蒂曾说:"一种真正现代的司法裁判制度的基本特征之一(也可能是唯一的基本特征)必须是,司法能有效地为所有人接近,而不仅仅是在理论上对于所有人可以接近。"② 小额诉讼与速裁两种程序均从现有的简易程序分化而出,不适用这两种更加简化的程序而又非普通程序的案件就是为将来立法上"简易程序"留下的适用对象。以上为笔者构想

---

① [日]小岛武司:《简易化救济的法理》,载[日]小岛武司:《诉讼制度改革的法理与实证》,陈刚、郭美松等译,法律出版社 2001 年版,第 106 页。
② [意]莫诺·卡佩莱蒂:《当事人基本程序保障权与未来民事诉讼》,徐昕译,法律出版社 2000 年版,第 40 页。

165

的简易诉讼程序体系大致的整体框架。作为对这个程序分化方案进行论证的一种方式,就是把可能成为不同程序适用对象的案件现实情况加以区分,并做类型化的梳理辨析。通过类型化、简易化的努力使一般国民能够得到具体有程序保障的司法服务。

第七章 特别诉讼程序类型化

基于社会的多元化与纠纷的多样性,当事人诉争的利益自然也有不同的基点,客观上也要求法院需要通过程序的多样化来满足自己接受审判的要求。在生活节奏日渐加快的今天,当事人不仅要求法院保护其合法的实体权益与程序权益,同时也要求不能因为程序的繁琐、拖延造成人力、财力和时间利益的减损。因此,在诉讼成本的考虑之下,特别诉讼程序不是让当事人被动地去使用它,而是根据当事人的不同需求,提供更有弹性、更加灵活的纠纷处理方式。①

一、我国特别诉讼程序检视

(一)我国现行特别诉讼程序反思

民事诉讼审判程序是法院依法审理并裁判案件的程序,按照一般适用还是特别适用,可以分为一般诉讼程序与特别诉讼程序。从解决社会复杂矛盾和不同类型民商事纠纷的角度上讲,我国现行民事诉讼法所规定的民事诉讼程序制度较少,无论是什么类型或性质的民事纠纷,一律都只能适用普通程序或简易程序所规定的程式、步骤、规则进行解决。而没有可供选择或适用的其他诉讼程序。我国现行民诉法有关程序制度的设置过于单一,对于特殊类型的纠纷,缺乏有针对性的程序制度设置。"它把纷繁复杂的民事案件,依据单一的标准一分为二,非此即彼,未免失之简单,由此所设定的程序结构,必然导

---

① 陈桂明、赵蕾:《中国特别程序论纲》,载《法学家》2010年第6期。

致司法中的机械主义,难以保证各个民事案件均能得到符合其本质之解决。"①民事特别诉讼程序类型化制度的缺失,法院目前仍无法对不同性质的诉讼作出灵活处理,而只能在有限的几类裁判类型中进行无奈的取舍。诉讼公正作为程序法的最高追求,也是程序制度设置的最为根本的目标和立法的出发点。而要切实地实现诉讼公正和程序正义,就必须根据不同纠纷的类型设置不同的诉讼程序。这不仅是因为纠纷不同实现诉讼公正的程序就应当有所不同,而且纠纷的类型不同,当事人之间实质上的地位、能力和情况不同,实现正义的程序要求也就应当有所不同。一般财产权益纠纷中,虽然当事人之间在能力、智力以及其他条件上也存在差异,但是在经济交往以及财产关系中基本上是平等的,相互之间具有基本相同的能力、智力和地位。为此,采用通常的普通诉讼程序,即法官居中消极裁判,允许当事人具有处分权,采用辩论主义,直接审理,严格证明原则,以及通过公开激烈地对抗或诉讼程序来发现案件事实,无疑有利于发现真实,从而实现诉讼公正。然而婚姻家庭一类涉及身份关系的案件中,由于存在大量的老人、儿童和妇女,以及残疾人等社会的弱势群体。这类当事人由于自身的智力、能力和条件客观上决定了根本不大可能依靠自身的能力通过公开激烈的对抗式诉讼程序来维护自己的合法权益。因而在这种情况下,为了实现社会正义,也为了维护社会的公序良俗,客观上需要立法从程序制度上作出与通常程序不同的立法调整,即采用职权探知主义,通过法官一定程度的职权干预行为来平衡当事人之间的诉讼能力,从而实现程序正义。因而分层、分类设置诉讼程序是实现诉讼公正,以及程序正义的需要。②

综观我国现行民事诉讼法关于特别诉讼程序规定存在的问题,主要表现为观念的落后以及研究方法的落后,即我们在观念上过于重视一般民事诉讼程序而轻视特别诉讼程序;对特别诉讼程序没有结合实体法的立法以及理论发展进行研究。从应然的角度,特别诉讼程序在民事诉讼中具有同一般程序同等重要的地位。不过由于各种原因导致我国民事诉讼立法和实践中"重"一般诉讼程序而"轻"特别诉讼程序:一般诉讼程序是包含几乎所有民商经济和劳动争议纠纷解决程序的通则;而现行立法关于特别诉讼程序仅局限于海事诉讼,适用特别诉讼程序的案件范围非常狭窄,特别诉讼程序设计得也不尽合

---

① 汤维建:《试论诉讼法理与非诉讼法理的交错适用》,载樊崇义:《诉讼法新探》,中国法制出版社 2000 年版,第 715 页。
② 廖中洪:《中国民事诉讼程序制度研究》,中国法制出版社 2004 年版,第 157 页。

理,在司法操作中也没有受到应有的重视。同时,民事诉讼立法和实践基本上都是围绕一般民事诉讼程序展开的,民事诉讼法规定的诉讼程序几乎可以等同为一般诉讼程序,而民事诉讼同时也沦为一元化的"程序规则"。这种一元化的程序规则与社会的多元化和纠纷的多元化之间的矛盾日益突出,在法制健全的社会中,一般民事诉讼程序吞噬各种特别诉讼程序的状况必须加以改变。

(二)我国特别诉讼程序构建——以程序分类为目标

为了保证民事诉讼程序设置更专业化、精细化,更具科学性,特别诉讼程序在设置的基本原理上采用的是个别化原理,对于专业性较强或者根据案件的性质,不宜适用一般民事诉讼程序进行审理的每一具体类型的案件而进行的诉讼程序类型设计,前者如知识产权、公司、票据纠纷案件,后者如海事海商、劳动争议、家事诉讼案件。例如,1999年《海事诉讼特别程序法》的通过意味着中国海事特别诉讼程序的正式建立。特别诉讼程序是由众多不同的程序组成,这些不同的程序分别适用于性质各不相同的民事案件,之间不具有相互衔接和连续的关系。①

为了保证民事诉讼程序设置更专业化、精细化,更具科学性,特别诉讼程序研究应结合实体法理论的发展以及司法实践的需求进行改革和完善。如果特别诉讼程序能依实体法理论的发展以及司法实践的需求进行调整、改革和完善,我们的审判格局就会大为改观,各归其位。有句话说,恺撒的归恺撒,上帝的归上帝,大家各司其位。这样我们整个诉讼机能才能真正活起来,诉讼活动更具有效性和目的性。

特别诉讼程序研究需要坚持实体法与程序法相结合的方法。通过对民事诉讼程序类型的科学合理设计,为民事诉权的实现奠定实证基础,以增强权益保护的实效性。这种实体和程序的结合交融就构成了纠纷的处理解决本身,并通过一个个诉讼案件处理结果的积累而使实体法规范得到不断的充实与发展。特别诉讼程序的研究既不能局限于目前立法所限定的范围,也不能局限于程序法的范围,而应当用发展的眼光,结合多元化社会的需求,结合实体法的立法和学理的不断发展,构建具有我国特色的特别诉讼程序体系。②

特别诉讼程序作为与一般诉讼程序相对应的一种程序,既是多元化社

---

① 吴汉东:《中国知识产权法制建设的评价与反思》,载《中国法学》2009年第1期。
② 陈桂明、赵蕾:《中国特别程序论纲》,载《法学家》2010年第6期。

的必然要求,也是民事纠纷多样化的内在需要。改革我国现行民事诉讼程序,应当有宽广和开放的心态,应当突破现有民事诉讼程序立法规定。特别诉讼程序是一个包括知识产权诉讼程序、海事诉讼程序、公司诉讼程序、票据诉讼程序、劳动争议诉讼程序和家事诉讼程序等在内的"民事特别诉讼程序体系"。鉴于《海事诉讼特别程序法》的通过以及海事法院的设立,我国海事诉讼基本上是按照特别诉讼程序进行立法设计和司法运作的。限于篇幅,下文主要探讨家事诉讼、劳动争议诉讼特别程序。

二、家事诉讼程序研究——以未成年人利益保护为研究对象

家事诉讼是以婚姻家庭纠纷为调整对象之诉讼,主要包括婚姻关系诉讼、亲子关系诉讼、收养关系诉讼和继承纠纷诉讼。① 婚姻家庭纠纷不仅涉及成年人之间的感情纠葛,而且还会涉及生活于家庭群体内的无辜的未成年子女,他们的抚养、监护、教育乃至身心健康等都会受到一定的影响。因此,在家庭纠纷的解决过程中,还须注重未成年人利益保护。但是,在相当长的时间里,未成年人除了作为"问题"受到关注之外,他们的权利几乎被遗忘了。联合国1959年的《儿童权利宣言》、1979年的《消除对妇女一切形式歧视公约》和1989年的《儿童权利公约》都作出了"儿童利益最大化原则"的倡导性规定,把儿童的利益宣布为权利,并且从人权的角度加以保护。② 在当今世界,"更加注意尊重和保护未成年人利益"已成为现代家事诉讼立法发展趋势。③

---

① 鉴于家事诉讼纷争的特殊性,不少国家和地区就家事诉讼程序进行了与普通程序相异的专门规定。如澳大利亚《联邦婚姻案件程序法》(1959年)和《家事法案》(1975年);英国《婚姻和家事诉讼法》(1984年);德国《民事诉讼法》第六编有专门的家事诉讼程序规定;日本《家事审判法》(1947)和《人事诉讼法》(2003年修订);我国台湾地区《民事诉讼法》第九编就家事诉讼程序进行了专门规定。
② 《儿童权利公约》确认"儿童系18岁以下的任何人";《中华人民共和国未成年人保护法》规定,"本法所称未成年人是指未满18周岁的公民。"我国"未成年人"的界定与《儿童权利公约》中"儿童"的界定是一致的。文中的"儿童"与"未成年人"是同一概念。
③ 陈苇、谢京杰:《论"儿童最大利益优先原则"在我国的确立——兼论〈婚姻法〉等相关法律的不足及其完善》,载《法商研究》2005年第5期。

(一)未成年人诉讼利益保护基本要素理论与制度框架

"现代家庭法解读起来不再像描绘一个虚构的、自然伦理的生活关系,而是如同一个社团章程,在该章程中涉及名称、登记、婚姻事务执行权、家庭内部的财产收入平衡与清算程序。"①传统家庭的解体和现代婚姻的契约定性,导致个人自治在家庭法领域的扩展。但是,未成年人由于生理和心理上的不足,其在家庭自治中的地位很难得到保障。国家和社会开始关注未成年人的利益,未成年人的利益也被逐渐纳入公共利益的范围,成为国家介入家庭领域的正当性依据。②

未成年人由于其身心发育而导致具有不完全的社会行为能力,法律对未成年人的法律意义上的行为能力进行一定的限制,而另一方面,法律却规定了人人生而具有的平等的权利能力。因此,法律必须对未成年人被限制的权利进行补足和救济,由此产生了对未成年人权利的特殊保护。根据社会契约论纯理论的思维模式,法律对未成年人的特殊保护是为了在权利能力与行为能力之间作出平衡。③

在各国家事诉讼中,为实现对未成年人利益特殊保护,除针对家事诉讼进行专门规定外,在家事诉讼立法中还进行了相应的程序设计和制度安排。其中有一些最基本的要素,在各个国家的家事诉讼立法中都是存在的。这些基本性要素包括:

第一,确立"未成年人最大利益原则"。在家事纠纷诉讼中,只要涉及未成年子女利益,都应以有利于未成年人的生存、保护和发展为首要考虑,以符合其最佳利益为方针和指导原则。体现了未成年人(子女)本位的权利理念。

第二,在涉及未成年人利益的家事纠纷案件裁判中,为了保证作出的裁决结果最有利于未成年人,法院从法律方面以外的专业知识的必要性出发设置

---

① [德]罗尔夫·克尼佩尔:《法律与历史——〈德国民法典〉的形成与变迁》,朱岩译,法律出版社 2003 年版,第 105 页。
② 史志君、侯文飞:《保护未成年人子女利益的东方经验——社会关护员参与涉少家事案件调解的理论与实践》,载《青少年犯罪问题》2010 年第 2 期。
③ 社会契约最根本的精神是正义,而正义并不总意味着平等。对事实上不同等的个人使用同等的尺度必然会造成差距。社会契约论之公平正义的诉求,要求对弱势群体实行特别保护或倾斜保护。

了家事调查官。① 家事调查官致力于运用医学、心理学、社会学、经济学以及其他专门知识,针对事件关系人、未成年人的生活环境、真实思想和心理状况等展开调查,向法庭提交报告和提出建议,为亲权、监护权指定、抚养费的确定等事关未成年人重大利益事项的审判和裁决打下基础。

第三,鉴于家事诉讼中父母利益和未成年子女利益容易发生冲突,以父母作为子女的代表人很可能导致其为了实现自己的利益而损害未成年子女权益。为使未成年子女权利得到最大程度的保障,法院可主动或经有关儿童福利组织、其他相关人员的申请,为该未成年子女设立诉讼代表人。② 诉讼代表人在诉讼中具有独立的诉讼地位,代表未成年人出庭为其争取利益。

第四,未成年人权益保护问题,属于社会利益和弱者权益保护范畴,未成年人的权利保护不再是一种"家庭内部事务",必须由国家承担责任,以特殊方式加以保护。近年来,为保护家事纠纷中未成年人权益,无论大陆法系还是英美法系国家,均不同程度地加强了法律调整和依职权干预的力度。③

(二)个案分析:未成年人诉讼利益保护要素缺失

利用上述分析框架,我们对以下三个司法实例进行分析。

案例一:原告(妻子)因其丈夫经常赌博要求离婚,被告不同意离婚。双方各执一词,法庭调解无效。法庭经过检阅证据与庭审调查和辩论,根据最高法院1989年的"14条"指示,因"一方好逸恶劳,有赌博等恶习"准予离婚,认定家中财产的一多半应归原告。双方对于两个孩子(长子5岁,次女3岁)的抚养权争执不下,并各自出示了对自己有利的证据。案件处理时,法院内部有两种观点:一种观点认为,从父母双方权利义务平等的角度,父母应该各抚养一个子女,以显示公平;而另一种观点则认为,鉴于被告方有赌博恶习,兄妹两已经共同生活较长一段时间,从有利于未成年子女健康成长的角度,由原告一

---

① 日本和韩国在家事法院设置专门的家事调查官,澳大利亚、英国分别被称为"顾问(counselor)"、"福利官(Welfare Officer)",我国台湾地区立法院2010年11月5日通过《少年及家事法院组织法》,成立家事法庭,并引进家事调查官制度。他们的任务都是负责对家事案件进行调查并出具调查报告,供法官参考。

② 在澳大利亚、英国、美国、意大利和我国台湾地区法律中均规定有在家事诉讼中依法出庭代表未成年人利益参加诉讼的人,分别被称为"子女代表人"、"诉讼监护人"、"诉讼代理人"、"特别保佐人"和"程序监理人"。

③ 杨飞雪:《民事审判中未成年人权益保护的问题及对策——以家事案件为视角》,载《天府新论》2009年第4期。

方抚养更有利于子女的健康成长。

案例二:父母离异时经法院调解2岁的女儿由男方抚养。几年之后女方突然提起诉讼要求变更抚养关系,理由是男方将女儿交由父母代管,没有尽到抚养义务。诉讼过程中法官了解到,原告(女方)没有任何比被告(男方)更有利于子女抚养的条件,女方一直很少看望女儿,也没有完全尽到调解书确定的义务。其诉讼的真实原因是他们所在地即将拆迁,多一个人口户头可以多一份补偿。

案例三:原、被告离异后,婚生子女由被告(女方)抚养。小孩两岁时,原告(男方)解除强制戒毒劳动教养后,与被告协商将小孩的抚养权交由原告。而原告没有任何比被告更有利于子女抚养的条件,但双方已经自愿达成协议,要求法院以民事调解书的形式确认双方的意思表示。

这三个个案的案情并不复杂。但我们会发现,法官在"未成年人最大利益"保护理论框架内审理这三件案件,会导致审理方式、结果与传统民事审判的方式和结果不一样。

案例一,若按照平等原则,父母条件相当的情况下,各抚养一个孩子是公平的,按照传统民事审判,大多结果如此。但如从未成年子女健康成长的角度考量,这样的裁判结果显然是违背未成年子女最佳利益的。

案例二,父母一方要求抚养子女,并非是基于未成年人子女健康成长的考虑,而是为了控制和使用未成年子女的财产。① 更有甚者,有些案件中子女抚养问题成为父母双方在离婚问题和财产分割问题上博弈的筹码。未成年人利益容易受到损害。家事诉讼中,法院如何介入家庭关系内部保护未成年人子女利益,面临着信息缺失困境,也面临着执行上的困难。

案例三,父母就未成年子女的抚养达成协议,按照最高法院《关于人民法院审理离婚案件处理子女抚养问题的若干具体意见》的规定,父母双方协议变更子女抚养关系的,应予准许。但是,协议结果明显对未成年子女成长是不利的,法院是否也要支持?未成年子女均系幼儿,对其自身的利益没有感知能力,当父母已经陷入权益争执中,谁来为诉讼主体之外的未成年子女主张权利?我国现行立法尚处于空白。

通过上述初步分析可以发现,个案反映的不是执法不力或者制度失效,而

---

① 我国《民法通则》第十八条规定:"监护人应当履行监护职责,保护被监护人的人身、财产及其他合法权益,除为被监护人的利益外,不得处理被监护人的财产"。这意味着监护人可以占有、使用被监护人的财产。

是未成年人利益保护诉讼理念和制度性要素的缺失:第一,都未基于未成年人最大利益原则,对未成年人进行特殊保护。三个个案都有对未成年人生活作出安排或处理情形,但都不是站在未成年人立场,而是站在成年人角度来对未成年人进行安排;第二,在涉及未成年子女的家事纠纷案件中,父母双方通常为对抗性主体,未成年人子女的利益容易受到损害。如个案二和个案三所反映情况,法院如何介入家庭内部确定什么是未成年人子女的最佳利益,什么方案更有利于保护未成年人子女利益,面临着执行上的困难;第三,在涉及未成年自身利益的三个家事诉讼案件,均反映出未成年子女没有作为当事人参与,在诉讼过程中利益缺乏代表,未成年人子女利益保护面临着困境;第四,现行审判视未成年人权利保护是一种"家庭内部事务",不做太多的干预。但三个个案(尤其是个案三)所反映出的是,如果不做适度的司法干预,未成年子女所拥有的成长环境将是非常糟糕的,不利于其健康成长。

(三)未成年人诉讼利益保护要素缺失原因分析

在我国,家事诉讼中未成年人利益保护制度最基本的几个要素是缺失的,目前的诉讼制度无法对未成年人利益提供有效的保护。其根本原因在于:

1. 未成年人诉讼利益保护:强调诉讼对抗忽视诉讼保护

我国现行民事诉讼具有强烈的"成人色彩",大量诉讼制度建构在"成人假设"的基础之上,即制度设计多从成年人的视角出发,根据成年人的思维模式及行为特点进行构建,在诉讼程序中,强调诉讼的形式性和程序的妥当性,强调当事人的对抗性和自我负责性。涉未成年人案件与成年人案件均统一适用一种诉讼制度,没有更多地考虑未成年人的身心特点,制度中缺乏符合未成年人特点,体现未成年人需求,方便未成年人诉讼的特殊程序运行机制。

未成年人与成年人相比,在认知能力、语言表达能力、经济能力、诉讼技巧等方面存在差异,未成年人在诉讼起点上处于天然弱势。在平等语境下,如果不通过相应制度弥补未成年人这种诉讼上的弱势,就有可能导致他们无法有效行使自己的诉讼权利,造成整个诉讼程序朝着不利于他们的方向运行,最终出现形式正义掩盖实质不正义的局面。[①] 上述三个个案所示,由于父母相互对抗,未成年人子女的利益不能得到很好代表,其合法权益往往会被忽视,或者被父母随意处置,他们的权利和意愿没有表达的渠道,得不到应有的关注。

---

① 王晓松、施忆:《平等语境下的未成年人权益最大化——司法能动性在少年民事审判中的回归》,载《今日中国论坛》2008年第10期。

现有法律也没有设置专门制度来帮助法官全面了解最有利于未成年人成长情况,未成年人权益在诉讼中得不到应有的尊重和维护。

反观域外,各国为建构符合未成年人特殊要求的民事司法制度,实现家事诉讼中对未成年人利益特殊保护,在诉讼立法中突出强调了诉讼保护。《英国家庭法》第 11 条规定,"在离婚诉讼中,法官应考虑子女的抚养,并应将子女的利益放在首位加以考虑。"《澳大利亚家庭法》第 64 条规定,"在有关对子女的保护、监护、福利或探视的诉讼中,法官应首先考虑该子女的福利。"在美国,家事法官在处理案件过程中,为了维护未成年人最大利益,家事法院法官常常有直接决定权,可以根据具体情势(如发现父母双方都不适宜担任监护人)直接决定未成年子女的寄养,并在庭后为寄养儿童寻找新家。澳大利亚《家庭法改革法案》(1995)明确规定,"有关子女的一切诉讼程序必须以子女最大利益为首要考虑。"

"没有什么信任比这个世界给孩子的信任更神圣,没有什么责任比确保孩子的权利得到尊重、确保孩子的幸福得到保护、确保孩子的生活免遭恐惧和匮乏更重要的了。人类进步的传承植根于对孩子权利的实现。"① 如何体现和保护未成年人权益,是完全遵照传统民事诉讼的指导理念推进程序运行,还是根据未成年人的特点进行适当突破? 答案是不言而喻的。在涉及未成年人的家事诉讼制度中确立未成年人利益最大化原则,最大限度实现和保障未成年人的权利,更多强调的应当是保护而非对抗。并以此为根基,在具体制度建构上着重关注未成年人的利益诉求。

2. 未成年人诉讼利益保护:强调父母本位忽视子女本位

"父母本位"的立法理念是中国传统子女观的体现。中国传统的子女观是从社会和家庭整体利益的角度认识子女价值的,子女的价值似乎主要在于承载成年人特别是父母对于家庭的社会地位的期望。因此,在成年人的眼中子女必须依附于父母或其他成年人,他们的自我意识和独立人格完全被忽视,更谈不上作为独立主体享有相应的权利了。这种观念在我国影响深远,我国现有立法仍然停留于"父母权利本位"之上。现行婚姻法第 36 条第 3 款规定,"离婚时对子女的抚养问题首先由父母协议,在协议不成时由法院根据子女的权益和双方的具体情况判决。"这一规定首先将问题的决定权完全交给父母,而子女的利益未能得到任何体现,然后在法院判决时将子女的利益与父母的利益做同等的考量,未能体现对子女的优先保护。《最高人民法院关于人民法

---

① 金林祥:《20 世纪中国教育学科的发展与反思》,上海教育出版社 2000 年版,第 10 页。

院审理离婚案件处理子女抚养问题的若干具体意见》(以下简称《子女抚养意见》)第3条第(1)、(3)项关于当事人一方已做绝育手术或因其他原因丧失生育能力、无其他子女而另一方有其他子女的情况下,在双方均要求子女随其生活时优先考虑该方意见的规定更是完全无视子女的利益,只是将子女作为双方争夺的对象而在双方利益之间进行权衡。婚姻法第31条规定,婚姻登记机关查明双方对子女问题"已有适当处理"时就可以发给离婚证,但对怎样处理才算适当并没有明确规定。2003年《婚姻登记条例》第11条、第13条则将要求进一步降低为对子女抚养"协商一致"、"达成一致处理意见"。在这样的规定下,涉及子女利益的问题竟然完全交给父母决定而没有任何监督机制,子女利益完全没有保障与救济,子女作为独立权利主体的法律地位完全被抹杀。虽然我国2007年修订的《未成年人保护法》正式明确了儿童最大利益优先原则,但未规定相匹配的程序机制作为保障,导致该法不具有可操作性。可以认为,在我国现行相关法律中,未成年子女的独立人格被忽视,未成年子女独立的主体地位和应有的权利没有得到确认和保障,子女本位的现代立法原则没有得到明确的确认和充分的体现。

罗斯科·庞德曾指出,"近代的立法和司法判例已改变了对不能独立生活的家庭成员的旧有态度,法院不再使父母对其孩子们的自然权利成为他们决定的主要基础。过去常常被放在首位的父母的个人利益,今天同孩子和社会的利益相比较,几乎已放到了末位,换言之,如今,社会利益才是主要考虑的对象。"①现代社会,保障未成年子女最大利益为特征的子女本位立法作为确立家事诉讼的基本原则不仅超越了法系,也超越了社会制度,已经成为21世纪家事诉讼中未成年人利益保护立法发展的世界性大趋势。②

未成年人利益最大化在家事诉讼中彰显的同时,对父母权利也构成了巨大的冲击。如何平衡和协调家事诉讼中父母和未成年人子女之间的利益关系,尤其是当未成年人与父母、监护人等主体之间产生利益冲突时,成为各国家事立法面对的共同课题。目前在绝大多数国家,视未成年人为独立主体,尊重和保护未成年人权利已成为普遍的公民意识,均以"子女本位"的立法思想,以未成年人利益最大化作为指导家事诉讼的基本准则,将"未成年人最大利

---

① [美]罗斯科·庞德:《普通法的精神》,唐前宏、廖湘文、高雪原译,法律出版社2010年版,第133页。

② 夏吟兰:《离婚亲子关系立法趋势之研究》,载《吉林大学社会科学学报》2007年第4期。

第七章 特别诉讼程序类型化

益"置于"父母法律权利"之上,从未成年人个体权利角度出发,对未成年人进行保护的精神理念载入相关未成年人保护法律中。使未成年子女在诉讼中享有独立的主体地位和应有的权利,而不是诉讼中争夺的利益或相互伤害的工具。1996 年《欧洲儿童权利运用公约》第一章明确规定其目的"通过确保儿童有权自己或通过其他个人或团体参加与他们有关的司法诉讼,根据儿童的最大利益,促进他们的权利,赋予他们诉讼上的权利并帮助他们行使这些权利"。该公约第 9 条中规定儿童有权申请选派特别代理人,"当国内法因利益冲突而排除父母责任主体为儿童代理人时,儿童应有权在与其有关的诉讼中自己或通过其他个人或团体申请特别代理人。"在国内法领域,澳大利亚《儿童法》规定,在法院诉讼中,14 周岁至 18 周岁的儿童就本人的照料、抚养、监护及与父母接触等相关事务,可以以自己的名义出庭等。如果法院认为父母与监护人并非其未成年人最大利益的保护者,法院可主动或经有关儿童福利组织、其他相关人员的申请,为该儿童设立子女代表人,以保障该子女的合法权益。《意大利民法典》第 320 条第 6 款规定,"如果发生处在同一侵权下的子女利益相互冲突的情况,或者发生父母的利益或刑事专属亲权的父亲或母亲的利益与子女的利益相互冲突的情况,则由负责监护事务的法官为子女任命一名特别保佐人。"《俄罗斯联邦家庭法典》第 64 条第 2 款规定,"如果监护和保护机关确定,父母与子女的利益之间相互抵触,则父母无权代表自己孩子的利益。在父母和子女利益有分歧的情况下,监护和保护机关必须为保护孩子的权利和利益指定代理人。"英、美等国也都专门规定,不论是在离婚诉讼,还是在其他家事诉讼中,未成年人作为重要的利害关系人,其独立的意思表示和权益的维护都应在诉讼中得以表现。

3. 未成年人诉讼利益保护:强调司法被动忽视司法能动

目前我国还没有统一的未成年人民事审判规则,现行立法也没有明确通过什么样的路径切实实现未成年人权益最大化。司法实践中,涉及未成年人权益家事诉讼,一直套用普通民事诉讼的模式,即以"当事人主义诉讼模式为主,职权主义为辅"为原则,强调当事人举证和法官的消极居中裁判。以平等对抗为基础构建起来的现行民事诉讼程序,最大特点即限制法官自由能动的发挥,而将诉讼交由双方当事人进行公开的、平等的对抗。基于对法官自由裁量等司法能动的怀疑,程序设计上要求法官尽量保持克制,甚至扮演消极的角色,那么在涉及天然处于弱势的未成年人参加程序时,程序法规范限制了法官能动力的发挥,也就削弱了司法权凸出未成年人利益的能力。

家事诉讼中,父母通常是对抗主体,未成年子女根本就没有作为当事人参与,法庭审理的重点以父母问题为中心,未成年人子女的利益不能得到很好代表,容易受到损害。法律规定父母为未成年子女的法定代理人,其前提假设是父母具有孩子没有的认知能力和经验,可以在日常生活中作出合理的决策,更重要的是,父母与孩子之间的那种难以割舍的亲情使他们的行为一般处于为孩子的最佳利益着想。① 但是,生活事实同样一再证明,某些父母在某些时候可能并不是从孩子的最佳利益考虑,而是从自己的利益考虑。正如上述三个案例所反映事实,父母一方要求抚养子女,并非是基于未成年人子女健康成长的考虑,而是为了控制和使用未成年人子女的财产,甚至未成年子女抚养问题有时会成为父母双方在离婚问题和财产分割问题上博弈的筹码。未成年人诉讼地位缺失,法官听不到来自于未成年子女的声音。现有法律没有设置专门程序来帮助法官全面了解最有利于未成年人成长的情况,其作出的决定未必就一定符合孩子的最佳利益。法院介入家庭内部保护未成年人子女的利益,面临着信息缺失的困境,也面临着执行上的困难。

　　由于我国现行未成年人权益保护诉讼模式和法院介入家庭内部保护未成年子女利益的困境,导致司法实践中这一弱势群体的权益被不同程度地漠视和侵犯。各国学者和法律实务工作者都在寻找相应的解决方案。目前,绝大多数大陆法系和英美法系国家,为实现对未成年人这一弱势群体权益保护,均不同程度地依职权对家事诉讼事件进行了干预。在英国,凡是涉及未成年人的诉讼,都会有专门的"司法福利员"就未成年人的生活环境调查,向法庭提交报告和提出建议。② 澳大利亚离婚法规定,法院在审理离婚案件时,子女最大利益或子女福利是其应当首要考虑的因素,法院可主动或经有关儿童福利组织、其他相关人员的申请,为该儿童设立子女代表人,以保障该子女的合法权益。在日本,家事法院为了保证作出的裁决结果未成年人利益最大化,调查官有专门针对未成年人的调查活动。从调查方法上看,调查官往往根据未成年人特定的年龄、生理状况和精神状况等灵活采用不同的调查方法,展开切实有效的调查。③ 我国台湾地区《民事诉讼法》规定,法院为酌审子女之最佳利益,得征询主管机关或社会福利机构之意见或请其进行访视,就相关事项为事实

---

① 邓冰:《苏益群大法官的智慧——美国联郑法院经典案例选》,法律出版社 2003 年版,第 123 页。

② [英]凯特·斯丹德利:《家庭法》,屈广清译,中国政法大学出版社 2004 年版,第 15 页。

③ [日]高桥宏志、高田裕成:《新人事诉讼法与家庭裁判所实务》,有斐阁 2003 年版,第 139～140 页。

第七章 特别诉讼程序类型化

之调查,提出调查报告及建议。法院认为必要时,也得命少年调查官进行调查。①

法官依职权介入家庭关系内部,通过理性的、科学的司法能动干预,弥补家事诉讼中未成年人在诉讼起点上的劣势,利于防止损害未成年人利益情况发生,实现未成年人权益最大化。"法官权力的扩张并不一定与当事人的保障冲突,相反,它将强化程序公正和判决的确定性"。②家事诉讼中突出司法能动性,并不是要求法官在诉讼过程中大包大揽,而是要求法官针对未成年人的实际情况在具体个案中能动的、有效的凸现未成年人的权益,在平等保护的前提下实现未成年人权益最大化。因此,司法能动性在涉未成年人家事审判中应当是一种合乎法律规范、理性的回归。

(四)未成年人诉讼利益保护要素补足

对性质特殊的案件需要设计特别的诉讼程序及制度加以应对。针对我国现行家事诉讼中未成年人权益保护存在的问题,特提出如下建议。

1. 设立专门的诉讼程序

程序法上的支持是建立健全未成年人权利保护机制,使实体法得以顺利实施的关键。没有救济的权利是虚无的权利。但从我国目前立法看,对未成年人权益保护多在婚姻法、收养法、未成年人保护法等实体法当中,而程序法上未做相应的跟进调整,程序的可操作性较弱,与实体法的发展极不协调。③

考察域外的家事诉讼法制,我们不难发现,对未成年人家事案件设置特别程序的情况比比皆是。从大陆法系代表性国家的立法看,德国在民事诉讼法典第六编为"家事审判程序",其中第五、六章分别为"亲子事件程序"和"抚养的程序"。法国新民事诉讼法典第三卷"某些案件的特别规定"中,设有对于亲子关系案件、收养关系案件、监护案件等的特别规定。日本早在1898年即制定了《人事诉讼程序法》(2003年7月16日修订为《人事诉讼法》),其第二章、第三章和第四章分别对婚姻关系诉讼程序、亲子关系诉讼程序和收养关系诉讼程序进行了特别规定。1947年制定了《家事审判法》,规定在家庭关系案件中,人事诉讼案件以外的涉及子女监护人的确定、抚养费的负担等争议,依照

---

① 姜世波:《论探视权的强制执行》,载《山东理工大学学报》2003年第1期。
② [意]莫诺·卡佩斯蒂:《当事人基本程序保障与未来的民事诉讼》,徐昕译,法律出版社2000年版,第52页。
③ 郭美松:《日本人事诉讼法及其对我国的启示》,载《太平洋学报》2009年第11期。

家事审判程序由家庭法院审理和裁判。从英美法系代表性国家的立法看,英国《1989年儿童法》的第二部分为"关于儿童在家庭诉讼中的指令",其中规定了居住令、探视令、禁止行动令、特定问题令等不同于一般民事诉讼程序的法庭指令。美国《统一婚姻及离婚法》第四部分以及《统一儿童监护司法法》中,亦有与《联邦民事诉讼规则》所规定的普通民事诉讼程序不尽相同的关于未成年人监护案件的特别程序。这些国外相关领域的立法经验也从比较法的角度提示我们,对于未成年人家事案件应当设置特别诉讼程序,在程序上突出未成年人权益的特殊司法保护。①

我国《未成年人保护法》第51条规定,"未成年人的合法权益受到侵害,依法向人民法院提起诉讼的,人民法院应当依法及时审理,并适应未成年人生理、心理特点和健康成长的需要,保障未成年人的合法权益。"《中国儿童发展纲要(2001—2010年)》"儿童与法律保护"中规定,"在诉讼中依法维护未成年人的合法权益,保障未成年人参加诉讼和辩护的权利。"《最高人民法院关于贯彻执行〈中华人民共和国民法通则〉若干问题的意见(试行)》第19条规定,"被指定人对指定不服提起诉讼的,人民法院应当根据本意见第十四条的规定,作出维持或者撤销指定监护人的判决。如果判决是撤销原指定的,可以同时另行指定监护人。此类案件,比照民事诉讼法(试行)规定的特别程序进行审理。"②这些规定为我国设置特别诉讼程序对未成年人权益进行特殊司法保护提供了立法依据。涉少家事纠纷案件审理程序的特别规定,是由立法机关制定一部《家事诉讼特别程序法》,作为《民事诉讼法》的特别法,③还是在现行民事诉讼法的框架下,单独增设一编家事诉讼程序,在程序上突出未成年人权益的特殊司法保护。目前国内专家、学者观点不一。笔者认为,未成年人家事案

---

① 陈历幸:《论我国未成年人民事诉讼特别程序的构建》,载《少年司法》2008年第1期。

② 这是我国最高人民法院制定的司法解释中关于对指定监护人不服而提起的诉讼一定按照"特别程序"进行审理的规定,而《民事诉讼法(试行)》的"特别程序"章有一般规定、选民名单案件、宣告失踪人死亡案件、认定公民无行为能力案件、认定财产无主案件五节。综合考虑该司法解释制定者的意图,对指定监护人不服而提起的诉讼程序,应以比照适用"特别程序"章的"一般规定"节和"认定公民无行为能力案件"节中的有关规定为妥。由于我国民事立法上的监护制度包括对未成年人的监护和对精神病人的监护两种情况,该司法解释制定者显然认为,在对于指定未成年人的监护人不服而提起的诉讼中,有必要适用与普通民事诉讼程序不同的特殊诉讼程序。

③ 单独制定民事诉讼特别法,在我国是有先例可寻的,全国人大常委会1999年制定的《海事诉讼特别程序法》就是这样的例子。

件诉讼程序具有自身独立的价值和鲜明的特点,是普通民事诉讼程序无法涵盖的。家事诉讼程序设置是法制发展必然所使。结合我国国情,在民事诉讼法中设专编或专章规定家事诉讼程序制度,使家事诉讼程序的专业化运作得以实现。这样既有利于立法技巧、结构的安排,避免部分章节内容的重叠,又不会对现行民事诉讼法体例构成太大的破坏。

2. 确立未成年人最大利益诉讼原则

从未成年人保护特殊需要出发,不仅在实体裁判上遵循未成年人最大利益原则,还要在程序上确立"未成年人最大利益诉讼原则",并将其作为家事诉讼的首要原则。

最大利益原则是国外立法和国际公约内容中所确立的保护未成年人的最重要的原则。遗憾的是,我国相关立法没有采用"未成年人最大利益"的提法,而是采取"未成年人利益优先保护"原则。① "未成年人利益优先保护"原则只是从一个侧面体现了儿童最大利益原则的内容,并不能体现儿童最大利益相对于其他考虑诸如父母利益以及一些集团利益的优先性。② 最大利益原则在本质上更能体现未成年人主体的权利理念。"未成年人最大利益"原则既强调未成年人利益的优先保护,又要求做到未成年人利益的最大保护。而"未成年人优先"原则本质上并未超出父母权利的规制,它只是在父母权利的框架下考虑未成年人权利的优先地位。③ 因此,我国对未成年人权利的保护不应停留在"未成年人优先"的层面。确认和实施"未成年人最大利益"诉讼原则,以这样的原则为指导,就会在程序设置上,从最有利于保护未成年人的角度进行,从而形成独具特色的未成年人家事案件审判方式。

"未成年人最大利益"诉讼原则,就是强调程序对未成年人的保护。在诉讼程序设定上,应有一个保护的倾斜度,充分弥补未成年人权利、法律地位等不足,使该弱势群体能够享有一般主体相同的权利,从而达到一种权利享有的平衡。通过有效的程序建构,顺畅未成年人的利益诉讼表达渠道,以实现未成

---

① 国务院发布的我国第一部以儿童为主体、促进儿童发展的国家行动计划——《中国儿童发展纲要(2001—2010)》,确立各级政府和有关部门坚持"儿童优先"的原则;《婚姻法》、《妇女权益保障法》、《收养法》用了"保护未成年人权益"和"优先保护"这样的字眼;2007年6月修订后的《未成年人保护法》正式明确了儿童利益优先原则。

② 王雪梅:《从〈儿童权利公约〉的视角看中国儿童保护立法》,载《当代青年研究》2007年第10期。

③ 蔡淑燕:《离婚案件中儿童利益最大化保护问题》,载《德州学院学报》2008年第5期。

年人权益特殊保护。

为避免最大利益原则成为法院和当事人行使自由意志的借口,而曲解或架空儿童权益保障的最大利益原则的内涵,致其有名而无实。我国应借鉴英美法国家的立法经验,明确规定"未成年人最大利益"诉讼原则,其适用应考虑的具体因素包括:(1)未成年子女的意愿。按照现有法律的规定,在抚养权案件、离婚案件涉及未成年子女抚养问题,一般应当征求10岁以上子女的意见;(2)父母的意愿,以及证明其具备对未成年子女的最优条件;(3)子女的年龄、性别、就学、受教育以及健康情况;(4)未成年子女与父母共同生活的状况;(5)父母的一贯表现、品行、有无刑事污点、吸毒、酗酒、不良行为和不诚信的行为;(6)父母的工作、收入状况、文化程度;(7)子女生活环境的变化可能对其产生的影响;(8)法院应当考虑的其他因素。这样既能使法律更为统一和清晰,又能防止自由裁量权被滥用。

3. 特别诉讼制度设置

上述三案例分析表明,现行诉讼制度安排已不能在家事诉讼中对未成年人给予特殊保护。因此,在未成年人最大利益诉讼原则指导下,构建适合我国国情的未成年人诉讼保护制度,为家事诉讼中未成年人利益提供有效保护,是我国当前亟待解决的问题。

(1)引入家事调查官制度。家事案件的审理和裁判不仅涉及个人私益,更关乎国家和社会公益,因此,妥当化解纷争、维护婚姻家庭良好秩序、保护未成年子女最佳利益等就成了法院当然的追求。而为了实现上述目的,不能只生搬硬套法律,还必须从社会学、心理学等多角度、多层面地进行分析,才能收到处理纠纷的良好效果。因此,法官十分需要具有其他专业知识的专家来辅助,并共同处理家庭案件。很多国家在家事法院内设置专门的家事调查官。家事调查官作为家事法院设立的特别辅助机构,其重要的功能就是对家事诉讼中与未成年人利益相关案件人员的性格、经历、生活状况、财产状况以及家庭和其他环境的情况的调查,然后灵活运用医学、心理学、社会学、经济学和其他专业知识进行综合分析,形成调查报告供法官斟酌和参考,以使家事法院作出的各项裁判更具妥当性、更好地维护未成年人利益。

国外实行多年的运用心理学、医学、社会学知识辅助解决家事纠纷的家事调查官制度,在我国还没有引起重视,若要解决这一问题,需要配备这方面的专家等司法辅助人员。笔者认为,我国家事调查官的产生可以借鉴日本的做法,从社会学、心理学、教育学、医学等各种人类行动的相关学科学者中选拔。具有上述学科背景的人通过公务员考试后,可以作为家事调查官候补,在实务中积累经验,由相应机构(日本为家事调查官研修所)进行为期两年的有关少年案件与家事案件的训练,才能被授予家事调查官的资格。同时合理利用法院内部的人力资源,对于那些未取得审判员资格,且工作经验丰富,对社会学、人际关系学有某种程度的认识的法院工作人员,可竞聘调查官职位。这也为我国法院工作人员的分流开辟了重要的渠道。①

(2)增设诉讼代表人制度。从个案二和个案三得出,在涉及子女抚养的离婚案件,变更抚养关系案件、抚养费纠纷案件中,某些父母在某些时候可能并不是从孩子的最佳利益考虑,而是从自己的利益考虑,未成年人子女的利益容易受到损害。因此,澳大利亚、英国、美国、意大利和我国台湾地区为了保护未成年子女利益,法律中均规定有在家事诉讼中依法代表未成年人利益出庭参加诉讼的人(分别被称为"子女代表人"、"诉讼监护人"、"诉讼代理人"、"特别保佐人"和"程序监理人"),专门代表未成年子女参加家事诉讼,就未成年子女抚养和监护等问题提出处理意见,以供法官参考。

针对我国家事纠纷诉讼中未成年人子女利益容易受到父母损害,未成年人子女利益缺乏代表情况,笔者认为,应借鉴国外立法经验,在家事诉讼立法中增设代表未成年子女利益的"诉讼代表人"制度。当法院认为父母双方并非其未成年子女最大利益的保护者,未成年子女的合法权益有可能得不到保障时,法院可主动或经有关未成年人权益维护组织(妇联、团委、关工委等)、社会维权人士的申请,为该未成年人设立诉讼代表人。诉讼代表人应全面介入诉讼案件,调查、收集有利于维护未成年子女利益的证据,在法庭上代表未成年子女独立参加诉讼,向法官提出有利于维护未成年人最大利益的建议。法官对于未成年子女的诉讼代表人提出的证据和建议,应予充分的考虑。

(3)建立法官依职权适度司法干预的审判方式。目前我国程序法主要是立足成年人制定的,现有的诉讼规则主要还是"成年人的规则",强化当事人在诉讼中的处分权,弱化人民法院的职权干预,这样的审判方式不利于对在审判格局中处于弱势的未成年人权益保护。正如个案三所显示,如果不做适度的司法干预,未成年子女所拥有的成长环境是非常糟糕的,不利于其健康成长。因此,应当通过立法,确立未成年人的权利保护不再是一种"家庭内部事务"的理念,建立"法官职权主义为主,当事人主义为辅"的适度司法干预的审判方式,以司法权能动的干预,突出和维护未成年人的合法权益。

---

① 张晓茹:《家事裁判制度研究》,中国政法大学博士学位论文(2004)年,第58~59页。

"我们迎接时代挑战的最好方式,并非坚持古老的自由放任主义的方案模式,而是要力图平衡当事人个人主义与法官适度控制之间的关系。"① 为此,在家事案件审理中,就需要构建由法官主导、当事人合力推进的符合未成年人特点的诉讼模式:第一,在诉讼推进过程中,法官始终具有主导权,占据主动地位;第二,法官在诉讼程序运行过程中具有释明权。如,告知当事人存在诉讼风险,引导当事人恰当地行使诉讼权利、合理预期诉讼结果、慎重选择维权途径,促使当事人知晓诉讼权利义务和诉讼流程,明确自己在纠纷中的责任。但法官行使释明权不得超过当事人诉请的范围。第三,涉及未成年人意愿、生活环境及其监护人意愿、品行等方面内容,法官应当主动进行查证。② 通过司法能动性的发挥,在诉讼过程中突出未成年人权益的保护,实现未成年人权益的最优化。

三、劳动争议诉讼程序研究

劳动关系是社会关系的重要组成部分,它关系着整个社会的和谐与稳定。随着社会的发展,劳动关系也发生了变化,劳动关系双方的争议数量越来越多,类型也愈加多样化。劳动争议处理制度对于劳资纠纷的及时解决、劳资双方合法权益的维护以及和谐劳动关系的构建发挥着重要作用。劳动争议诉讼在整个劳动争议处理体制中是一个重要组成部分,是最后一道程序,在劳动争议的解决过程中扮演了重要的角色。

(一)劳动争议诉讼程序的提出

2001年3月22日最高人民法院审判委员会第1165次会议通过了法释[2001]14号司法解释,即《最高人民法院关于审理劳动争议案件适用法律若干问题的解释》(以下称《解释》)。该《解释》共21条,在没有劳动争议诉讼法律前提下,独立以条文化格式出台司法解释,意义是深远的,它为我国劳动争议诉讼程序,乃至劳动争议处理程序机制的建立和完善开辟了道路。

---

① [意]莫诺·卡佩莱蒂:《比较法视野中的司法程序》,徐昕、王奕译,清华大学出版社2005年版,第137页。
② 朱福勇:《发挥法官能动性保护未成年人权益》,载《理论探索》2010年第2期。

第七章 特别诉讼程序类型化

劳动争议诉讼是人民法院依法对劳动争议案件进行审理和判决的司法活动,包括劳动争议案件的起诉、受理、调查取证、审判和执行等一系列诉讼程序。它是司法最终解决劳动争议原则在劳动争议处理中的具体体现,是劳动争议当事人不服仲裁裁决寻求司法救助,从而保护其合法权益的法律制度。劳动争议诉讼是解决劳动争议纠纷的最终司法屏障,它发挥了其他劳动争议处理方式所不可替代的作用。但是法律规定的不完善在很大程度上影响了劳动争议诉讼的质量和效率。要充分发挥劳动争议诉讼的作用,首要问题就是完善劳动争议诉讼制度本身。否则劳动争议诉讼不但无法有效解决劳动争议案件,甚至会使劳动者利益受损。

历史上,雇佣合同产生的纠纷适用民事诉讼程序予以解决,是因雇佣关系本身被视作民事关系的一种。随着劳动法从传统民法中逐渐分离并成为独立的部门法,实体法律关系的演进牵动了程序法律关系的变化,突出的表现在:在解决争议过程中,雇佣关系双方要体现意思自治的价值存在,国家要对劳动关系予以协调和干预。公私两股力量聚合在处理争议的程序之中。劳动争议的解决方式是由劳动争议的性质决定的,劳动法的私法公法化特征与其相对应的程序法必然体现这一特征。这也决定了劳动争议诉讼程序具有不同于一般民事诉讼程序的特殊性。

1.行使审判权主体的特殊性。针对劳动争议的特殊性,各国在劳动争议诉讼程序设置以及审判主体的确定上多有不同,反映到审判主体,即法院体制架构上,"很多国家都设有专职的劳动法院,负责审理劳动争议案件。劳动法院具有专业的劳动审判经验,尤其对劳动争议案件驾轻就熟、游刃有余。劳动法官依据有关法律条款,在劳动争议案件中,依法保护雇工的合法权益。"[①] "西方工业先进国家通常设有专门之劳工法院,或在普通法院中设立劳工法庭,供劳资双方经由司法途径解决权利事项的争议。"[②] 在德,专门从事审理劳动争议案件的劳动法院是从普通法院体系中分离出来而成为一个独立的司法机构体系。与普通法院审理的一般民事案件不同的一个突出特点是,德国劳动法院或劳动法庭采取职业法官与名誉法官相结合的形式组成。事实上,除却劳动法院及劳动法官对劳动争议案件专业突出,业务精深之外,一个更重要的原因是审判主体的形成问题。例如,法国个人劳动争议调解委员会,设置有

---

① 潘强、苏东:《司法解释:捍卫劳动者的合法权益——访中华人民共和国最高人民法院民一庭庭长黄松有》,载《中国社会保障》2001年第6期。

② 卫民:《中英劳资争议仲裁制度比较研究》,载《政大法律评论》(台)第64期。

调解和裁判程序，它实际是一审判机构，只不过没有冠以法院之名而已，《法国劳动法典》第五卷第一编第 L511—1 条第 2 款关于个人冲突、劳资调解委员会的性质规定是：劳资调解委员会对调解不成的分歧作出判决。第 L511—4 条第 2 款同时规定：最高行政法院提出资政意见后颁布的法令确定最高劳资调解委员会的组成、权限的组成、权限、组织与运作规则。该调解委员会设置五个不同行业的专业处，调解委员会及其业务处由代表人数相等的受薪雇员和雇主组成。而英国也没有将劳动争议审判机构称作法院，而是独立设置工业裁判所行使劳动争议的审判职权。日本于 2004 年 5 月 12 日颁布《劳动审判法》规定，对于个别劳动争议案件，由法院组成的劳动审判委员会进行审理。

2. 审判人员的构成注重"三方协调性"与"专业性"。在国际上，对劳动关系的调整和劳动争议的处理，有一个通行的原则，即"三方原则"。"三方原则"强调的是由国家（以政府为代表）、资方（以雇主组织为代表）和劳方（以工会为代表）共同参与劳动争议处理的原则。"三方原则"作为一项基础性原则，已经被世界各国广泛适用于劳动政策的制定、劳动关系的调整和劳动争议的处理等劳动领域的方方面面。在劳动争议诉讼中，强调审判人员应由劳方代表、资方代表和政府代表组成。劳方、资方和政府的代表共同参与，运用各自具有的有关劳动关系方面的专业知识处理劳动争议，体现了劳动争议诉讼中审判人员构成的"专业性"。在处理劳动争议的过程中，劳方代表、资方代表的参与，能够针对争议问题共同进行商讨，而国家力量的介入，在一定程度上能够救济处于弱势方的劳动者，对二者利益进行平衡。"三方原则"在劳动争议诉讼中的应用，可以使审判人员及其所作出的审理结果获得争议双方当事人的信任，有利于缓解矛盾，便于沟通，满足构建和谐劳动关系的基本要求。在劳动争议诉讼中强调审判人员的组成具有"三方协调性"和"专业性"，充分体现出劳动纠纷处理对公正性的要求。由于解决争议的审判人员具备了劳动关系方面的专业知识，使得纠纷的解决在体现公正性的同，也满足了效率性的要求。从域外劳动争议审判机构审判人员的构成情况来看，均体现了劳动争议诉讼中审判人员构成的"专业性"。劳动争议审判人员配置，主要有两种形式：一种是全部由职业法官组成，如西班牙的劳资法院或法庭审理劳动争议案件，由精通法律特别是精通劳动法的职业法官行使职权；另一种是由职业法官、劳工代表和资方共同组成，如德国的劳动法院，除职业法官外，还从雇主和雇员中选任兼职法官，兼职法官由工会和雇主协会分别推荐，由劳工部任命。强调以专业知识处理劳动争议。

3. 审判程序的差异。由于审判权主体的不同，且没有与民事审判机构合二为一,所适用的程序法亦独立于民事诉讼程序,如《法国劳动法典》在规定劳资调解委员会的权限与机构、组织与运作及地位的同时,规定了相应的劳动争议审理程序。英国工业裁判所同样适用独立的程序审理劳动争议案件。德国1952年制定和颁布的《德国劳动法院法》既是一个劳动法院组织法,又是一个审理劳动争议诉讼的程序法。它不仅对劳动法院的设置和组织机构做了规定,而且还就劳动法院审理劳动争议案件的一些特殊的程序等也做了详细的规定。德国劳动法院的设置与普通法院的设置并行,独立的审判系统适用独立的审判程序。在意大利,对于劳动争议,由专家级的法官采用特殊的、比其他民事诉讼案件更快的程序审理。

对于劳动争议案件而言,速度和专业是它的实质和关键。从世界范围看,为了促进劳动争议诉讼,及时解决劳动争议,很多国家对劳动争议案件都实行快审快结。专门设立的劳动仲裁和劳动法庭已成为世界通行的解决劳动纠纷的主要手段。因为这种机制在解决同一类型的、发生率较高的劳动纠纷时,具有及时、便利和对应性强的特点,处理程序迅速、合理、低廉,解纷机构及其工作人员具有较高的专业性和针对性,因而能够使劳资纠纷得以有效的控制和解决。①

(二)我国劳动争议诉讼现状及存在的问题

1.我国劳动争议诉讼现状

自1986年我国劳动争议处理制度恢复以后,劳动争议案件的诉讼程序开始启动。1986年11月8日最高人民法院法(研)复[1986]32号批复第一条规定,关于劳动合同纠纷案件,暂由人民法院经济审判庭受理;1993年《企业劳动争议处理条例》出台后,最高人民法院《关于劳动争议案件受理问题的通知》中规定,1986年以来由经济庭审理劳动合同纠纷案件改由民事审判庭受理。在法院系统内部,人民法院根据案件性质以及相关业务分工,曾将适用民事诉讼程序的纠纷案件的审理分别由民事庭、经济庭、知识产权庭等进行,之后审判制度改革为民事一庭、民事二庭、民事三庭、民事四庭等以适应统一的民事诉讼程序,但始终没有劳动争议审判庭的设置。②

1993年6月11日国务院第五次常务会议通过的《中华人民共和国企业劳动争议处理条例》、1994年7月5日第八届全国人民代表大会常务委员会

---

① 范跃如:《劳动争议诉讼审判机构研究》,载《法学家》2007年第2期。
② 范跃如:《劳动争议诉讼程序研究》,中国人民大学出版社2006年版,第95页。

第八次会议通过的《中华人民共和国劳动法》、2001年3月22日最高人民法院审判委员会第1165次会议通过的《最高人民法院关于审理劳动争议案件适用法律若干问题的解释》以及2006年7月10日由最高人民法院审判委员会第1393次会议通过的《最高人民法院关于审理劳动争议案件适用法律若干问题的解释(二)》等。在这些法律、条例和司法解释中,虽然涉及了劳动争议处理的一些程序性的规定,但是并没有确立独立的解决劳动争议的诉讼程序。

　　根据《最高人民法院关于劳动争议案件受理问题的通知》之规定,我国劳动争议案件目前主要由民事审判庭依民事诉讼法规定之程序进行审理。但是,由于劳动争议诉讼案件存在不同于普通民事案件的显著特殊性,导致现行的"民劳合一"的劳动争议诉讼体制日益滞后于形势发展的要求。

　　随着近年来劳动争议案件的飞速增长,不少法院针对劳动争议案件的特殊性,先行先试。例如,河北省武安市人民法院于1995年2月成立的"劳动审判庭",该庭为人民法院下属的专门审理劳动争议案件的机构。2005年4月,深圳市中级人民法院在全国首创设立民事审判第六庭——劳动争议审判庭,其主要负责:审理一审劳动争议案件,审理不服基层法院判决而上诉的二审劳动争议案件,并负责指导两级法院劳动争议的审理工作等。① 这些地方法院不仅设立了劳动审判庭,而且也取得了一定的成效,这为我国劳动争议诉讼程序的建构提供了宝贵的司法经验。

　　2. 我国现行劳动争议诉讼存在的问题

　　综观上述,严格说来,我国尚不具有真正意义上的专门适用于劳动纠纷的诉讼制度,现行制度无非是可以适用于劳动纠纷的普通民事诉讼程序而已。如果从劳动纠纷的诉权受限于仲裁程序的角度观之,姑且可以将之称为"现行劳动争议诉讼制度"。② 法治社会的基本特征是,公民的权利在受到侵害时能够有适当的、保障其为矫正权利的司法通道,而不是以其他程序方式替代。这个所谓的"现行劳动争议诉讼制度"的最大特点是欠缺应有的独立性。具体表现为:

　　(1)诉讼程序欠缺独立性

　　法院在审理劳动争议案件的过程中遵循实体上适用劳动法、程序上适用民事诉讼法的规则,但是劳动法与民法之间存在的差异,使以民法为本质要求

---

　　① 郑尚元:《劳动争议案件审判制度比较与分析》,载《法律适用》2005年第10期。
　　② 冯彦君、董文军:《中国应确立相对独立的劳动诉讼制度——以实现劳动司法的公正和效率为目标》,载《吉林大学社会科学学报》2007年第5期。

设计的民事诉讼法必然不能完全适应劳动争议诉讼。虽在近年相关法律、条例和司法解释中,涉及了劳动争议处理的一些程序性的规定,但是并没有确立独立的解决劳动争议的诉讼程序。劳动争议案件的处理是由普通法院组织体系下的民事审判庭来完成的,在诉讼程序上适用普通的民事诉讼程序。正是由于我国的劳动争议诉讼制度立法滞后于形势的发展,解决劳动争议的诉讼程序与现实的司法需求不相适应。

我国现行劳动争议诉讼在诉讼程序上定位和适用普通民事诉讼程序,欠缺应有的独立性,致使其未能充分满足劳动争议特殊性所产生的制度需求,暴露出越来越多的不适与缺陷,背离了法律程序的公正与效率的价值取向。

(2)裁判机构欠缺独立性

目前我国尚未设立专门的劳动争议审判机构,劳动争议在司法机构内部分工上划归普通法院组织体系下的民事审判庭,缺少独立性。依照我国宪法以及人民法院组织法的规定,我国的司法审判机构是人民法院,包括地方各级人民法院、专门人民法院和最高人民法院。我国现有的专门人民法院有军事法院、铁路运输法院、海事法院等。人民法院可以设置民事审判庭、刑事审判庭、行政审判庭、知识产权审判庭等。在我国法院系统的机构设置中既没有专门的劳动法院,也没有专门的劳动法庭,劳动争议案件的处理是由普通法院组织体系下的民事审判庭来完成的。我国法院系统的民事审判庭机构庞大,无法形成对劳动争议专业化的审理。法律制度越来越精细化,所出现的法律纠纷也具有专业化和复杂化,需要法院审判机构能够进行相对专业化的审理。实践证明,现行审判机构模式已经不能适应现代劳动司法的需求。

(3)审判人员的构成欠缺"三方协调性"与"专业性"

从域外劳动争议审判机构审判人员的构成情况来看,在劳动争议诉讼中强调审判人员的组成具有"三方协调性"和"专业性",充分体现出劳动纠纷处理对公正性的要求。然我国劳动争议案件适用普通的民事诉讼程序,由普通法院组织体系下的民事审判庭来完成,其裁判人员的组成与普通民事案件并无区别。依照我国民事诉讼法的规定,人民法院审理民事案件,不管采取独任制还是合议制,审判人员与民事案件的审判人员没有什么区别,在裁判人员的构成中,并没有体现出劳动争议处理惯行的"三方性"。同时,也没有强调裁判人员应具备解决劳动纠纷的专业知识。即使是全国首创的深圳市中级人民法院劳动争议审判庭,其组成人员也是由民事审判庭中抽调的职业法官组成,没有所谓的"三方原则",且这些法官也没有受过专门的劳动法律知识培训。这种非"三方原则"的审判机制,直接影响了审判的质量。我国的劳动争议诉讼由于缺乏独立性,导致"三方性"和"专业性"在劳动争议诉讼的审判人员构成中均无体现,从而无法充分满足劳动纠纷处理对公正性的要求。

(4)诉讼证明责任分配欠缺独立性

由于我国没有专门的劳动争议诉讼法,劳动争议诉讼通常适用我国《民事诉讼法》的有关规定。我国《民事诉讼法》第64条第1款规定:"当事人对自己提出的主张,有责任提供证据。"2001年12月6日最高人民法院通过的《关于民事诉讼证据的若干规定》(以下简称《证据规定》)第2条规定:"当事人对自己提出的诉讼请求所依据的事实或者反驳对方诉讼请示所依据事实有责任提供证据加以证明。没有证据或者证据不足以证明当事人的事实主张的,由负有举证责任的当事人承担不利后果。"第13条规定,在劳动争议纠纷案件中,因用人单位作出开除、除名、辞退、解除劳动合同、减少劳动报酬、计算劳动者工作年限等决定而发生劳动争议的,由用人单位负举证责任。这种责任的分配存在一定的问题:一是用人单位仅在一些特殊情形下负责证据的收集和举证,而大多数情况下由劳动者负担证明责任具有不合理性。这会进一步加剧劳动关系双方当事人的不平等性;二是劳动者举证能力严重不足,在诉讼中由劳动者承担主要证明责任明显不公正。在劳动争议诉讼中,劳动者调查收集证据困难表现尤为突出,这是无法回避的现实。比如法律知识匮乏、经济力量薄弱、原始证据没有、无法提供证据,以及有些劳动者为捍卫正义出庭作证,结果是"做了人证,丢了饭碗";三是《证据规定》中规定的用人单位举证责任不全面,存在含糊和笼统性。《证据规定》仅在六个方面要求用人单位提出相应的证据举证,然而有些方面仍然要求劳动者提出证据。比如在工伤赔偿案件和职业病认定中,要求劳动者提出用人单位提供的劳动条件是符合安全是非常困难。

法律制度越来越精细化,所出现的法律纠纷也具有专业化和复杂化,需要法院审判机构能够进行相对专业化的审理。现行劳动争议诉讼欠缺应有的独立性,无法满足劳动争议审理专业化要求,达到促进诉讼,快速解决劳动争议之目的。因此,我们应改变现行"民劳合一"劳动争议诉讼体制,着力研究劳动争议诉讼特殊性之所在,确立一种由专业审判机构按照不同于一般诉讼程序的劳动争议诉讼程序,专业、快速地审理劳动争议。

(三)独立劳动争议诉讼制度设计思路

诉讼的产生与发展与人类社会的生产方式、社会结构、政治制度的发展变化联系密切,在人类社会中不可避免地会产生纠纷,而放任纠纷则会引发社会问题,诉讼就是基于解决纠纷的需要而产生的。正确认识劳动争议诉讼解决机制的优势与弊端,要结合对其他争议解决方式的分析,发现劳动法律法规在实施过程中存在的问题和劳动关系双方法律意识上的问题及原因,并对上述问题的解决提出多层面的建议,从而建立起高效、合理的劳动争议纠纷诉讼解决机制。这也正是法学所要研究的重要内容。

1. 建立相对独立的劳动争议诉讼制度

针对现行"民劳合一"的劳动争议诉讼体制日益滞后于形势发展的情形,改革与完善我国现行劳动争议诉讼制度势在必行,大势所趋。我国的立法界也已认识到劳动法律的特殊性,并逐渐将其从传统民事立法框架下独立出来,作为独特的调整对象划为社会法部门。但是在司法制度上并没有建立起相应的程序法与之相匹配,因此,真正意义上解决劳动争议诉讼制度的改革难题,必须认识到劳动争议诉讼不同于传统民事诉讼的特殊性,并将这种特殊性分离出来进行深入研究,确立独立的劳动争议诉讼程序。劳动争议诉讼程序立法,是制定统一的劳动争议诉讼程序法,还是将劳动争议诉讼程序规范糅合在其他法律之中,目前观点不一。笔者认为,劳动争议在与其他民事经济纠纷有共性的同时,其特性是不容回避的,按照我国现行司法体制及劳动争议审判实践,将劳动争议诉讼程序规范纳入民事诉讼程序之中,就其特别之处予以特别规定,列出专章规范劳动争议诉讼特别之规定,是建立和完善中国特色的劳动争议诉讼程序制度路径最佳选择。

劳动争议诉讼就应该设计出符合劳动争议特点的程序。劳动争议诉讼程序具有不同于一般民事诉讼程序的特殊性,劳动案件的审理,不能简单化为主体双方完全平等的民商事规则和程序,而必须尊重劳动关系双方当事人的实际地位、劳动关系的事实状态,在某种程度上适当向劳动者提供倾斜性保护。因此,规范劳动争议案件的审判机构、审判人员构成、证据等方面的规则,均应作出有别于一般民事民事诉讼程序规定。

2. 设立专门劳动争议诉讼审判机构

关于我国劳动争议诉讼审判机构的模式选择,理论界提出了三种模式:第一,兼审非独立型,即维持现有审判模式,仍由民事审判庭兼职审理劳动争议案件;第二,专审独立型,即建立一种独立于现有法院系统之外的劳动司法机构——劳动法院,由其专门审理劳动争议案件;第三,专审非独立型,即在现有法院内部建立劳动法庭,由其专职审理劳动争议案件。

关于第一种模式,普遍认为不再适合我国现实需要,大多数学者都持反对态度;第二种模式,在理论上具有更大优势,符合目前改革的潮流,能使处理程序变得迅速、合理、低廉,保证机构工作人员具有较高的专业化和针对性,促使劳动争议得以有效地解决。但是从我国现实国情和实践上看,会涉及一系列法律法规的修改,配备相应的人员,工程极其复杂,同时和我国正在进行改革专业化法院的精神相违背,①在实践中行不通;笔者认为第三种模式比较符合我国现实国情,有法律依据又有实践依据。从法律依据看,《中华人民共和国法院组织法》规定人民法院根据需要可以设立审判庭;从实践依据看,已有一些地方法院通过试点并取得成功。例如,河北省武安市人民法院于1995年2月成立的"劳动审判庭",该庭为人民法院下属的专门审理劳动争议案件的机构。2005年4月,深圳市中级人民法院在全国首创设立民事审判第六庭——劳动争议审判庭。这些地方法院不仅设立了劳动审判庭,而且也取得了一定的成效,这为我国劳动特别程序的建构提供了宝贵的司法经验。

3. 劳动争议审判庭人员配置突出专业化

劳动争议审判庭审判人员的构成应当体现出三方性的要求,导入"三方机制"来平衡劳动争议双方当事人的利益冲突。如德国的劳动法院审理劳资纠纷案件的法庭采取职业法官与名誉法官相结合的形式组成。基层、州劳动法院审理案件的法庭由本法院自己的1名职业法官和2名外请的名誉法官所组成。联邦劳动法院审理案件的法庭一般由3名职业法官(其中1名为首席法官)和2名名誉法官所组成。名誉法官来自雇主和雇员各方,各占一半,由雇主协会和工会提名,然后由有关部门任命,基层、州劳动法院的名誉法官由地方和州的有关部门任命,联邦法院的名誉法官则由联邦劳工部任命。我国劳动争议审判庭审判人员的构成可仿效德国。审判庭人员构成由专业法官(代表国家)和来自工会(代表工人)、雇主组织(代表雇主)的人民陪审员或称为荣誉法官组成。对专门处理劳动争议的法官进行专业培训,提高劳动法律知识水平。

---

① 2009年7月8日,中央出台正式文件《关于铁路公检法管理体制改革和核定政法机关编制的通知》,开启了铁路法院纳入国家司法体制改革。2010年12月《关于铁路法院、检察院管理体制改革若干问题的意见》下发后,全国的铁路司法机关都动了起来。2012年1月,作为全国首个移交地方的铁路检察院,太原铁路运输检察分院率先纳入国家司法体系、实行新的属地管理。最高人民法院于2012年2月23日下发通知,要求尽快完成铁路运输法院改革,在今年6月底前完成铁路运输法院向地方的移交。宋识径:《最高法要求在6月底前完成铁路法院移交地方》,http://news.sohu.com/20120225/n335835641.shtml,访问日期:2012-02-26。

4. 完善劳动争议诉讼证明责任分配规则

在证据规则上，由于劳动关系本身具有不平等性，因此，应该制定一些适应劳动争议特点的特殊证据规则，从而保证劳动者的合法权益。完善我国劳动争议诉讼证明责任分配规则，存在不少的观点，代表性的观点有：第一，完全倒置说，即由用人单位完全承担证明责任；第二，依案件种类确定说，此说主张根据劳动争议案件的种类来确定证明责任，劳动争议种类的认定是关键；第三，部分倒置说，分为两种情况，一是根据谁主张谁举证，特殊情形下举证责任倒置；二是原则上由用人单位举证，部分事实由劳动者负证明责任。

第一种观点全部倒置说，在于考虑到劳动者处于弱者的地位，由用人单位承担全部证明责任。但是，公正是法律的基础价值，也是诉讼的首要目标。诉讼是保护双方当事人的合法权益，而不是仅仅维护劳动者利益，虽然可以在有些方面进行适当的倾斜，但决不能完全倒向对劳动者利益的维护，这种观点显然存在不合理性；第二种观点根据劳动争议类型具体地分析不同类型劳动争议诉讼证明责任的分配，有些由用人单位承担，有些由劳动者承担，避免了一边倒的举证缺陷。但是不同类型劳动争议诉讼证明责任的分配，可能会陷于一种无穷无尽的对劳动争议类型进行分类、指出在哪种类型下由谁举证的难题，而法律又是不可能穷尽所有的情形，所以这种观点比较理想但无法实现。第三种观点对劳动争议诉讼中劳动者与用人单位证明责任进行了较为妥当的分配，且最高人民法院《关于审理劳动争议案件适用法律若干问题的解释》和《关于民事诉讼证据的若干规定》的相关规定也是依次作出规定的。但由于对用人单位强势地位和劳动者处于弱势地位认识不足，现行立法仅就用人单位作出开除、除名、辞退、解除劳动合同、减少劳动报酬、计算劳动者工作年限等决定而发生劳动争议的负举证责任作出规定。笔者认为，应完善最高人民法院司法解释对适用举证责任倒置的劳动争议案件采用列举式的规定；同时，还有很多其他劳动争议案件也应由用人单位负举证责任。如在职工流动、工伤事故、社会保险和福利等劳动争议案件中，职工的档案材料、用人单位的劳动保护设施及培训、缴纳社会保险费记录、福利待遇发放记录等证据也应由用人单位负责举证。

第八章 群体诉讼程序类型化
——以环境诉讼为视角

社会现象之间的制约与互动规律决定了伴随经济发展的必然是经济主体相互之间的冲突点的增加。因此,一种行为或事实引起众多主体的争议也就不断增多。在国内近几年的民事诉讼法学研究中,群体诉讼悄然成为一个新的热点。这方面研究的兴起,固然与群体纠纷在我国的大量涌现有关(尤其是近年来环境污染和食品安全事故不断发生),却也顺应了国际民事诉讼法学界的最新潮流。① 在2007年9月中下旬召开于巴西的第十三届国际诉讼法学大会上,"群体诉讼"就被列为会议的六个议题之一。② 群体诉讼在某些方面已超越个人的利害关系,其争点往往具有公共性而得以社会化和政治化,其间存在着公的因素与私的因素之间的紧张关系。因此,群体诉讼制度给传统的诉讼理论带来冲击。如何建立一套公正而高效的群体诉讼机制加以妥善解决,业已成为我国民事诉讼法全面修改的焦点与难点。对群体诉讼的研究,也必将推动我国的民事诉讼法学研究进入更具体、更微观的层面。

一、群体诉讼的法经济学分析

群体诉讼制度,是为了解决多数人纠纷所设计的当事人诉讼制度,即在诉讼当事人一方或双方人数众多、一个诉讼空间无法容纳如此之多的诉讼主体、分别诉讼又耗时费资的情形下,为一次性解决众多当事人与另一方当事人的

---

① 无论在美国还是在德国,群体性纠纷的解决都是一个引起民事诉讼法学者广泛关注的课题。
② 转引自吴泽勇:《群体性纠纷的构成与法院司法政策的选择》,载《法律科学——西北政法大学学报》2008年第5期。

第八章 群体诉讼程序类型化——以环境诉讼为视角

利益冲突,实现诉讼经济之目的而创设的一种制度。[①] 17世纪的英国首先确立了代表诉讼制度。此后,各国均根据本国实际创设了独具特色的群体性纠纷解决制度。群体诉讼是一个上位概念,它包含了一系列的具体诉讼形式,其中最知名的莫过于美国的集团诉讼、德国的团体诉讼、英国的集体诉讼、巴西的公众诉讼、日本和我国台湾地区的选定当事人诉讼以及我国的代表人诉讼。群体诉讼大致分两种类型:一是参加诉讼的适格当事人人数众多,身份明确,判决直接约束这些当事人,如日本的选定当事人制度和我国的代表人诉讼;另一种则是提起和参加诉讼的主体虽然单一甚至不一定是实体权利人,但能代表多数人的利益,判决能够直接对多数人发生效力,典型如美国的集团诉讼和德国的团体诉讼。群体诉讼已经在各个国家制度化、法律化和类型化。群体诉讼旨在扩散性解决民事纠纷,恢复既已遭受破坏的社会秩序,实现社会的和谐稳定。作为诉讼样态之一,群体诉讼与建立和谐社会的目标休戚相关。近些年来,东芝笔记本电脑风波、三菱汽车侵权纠纷、"苏丹红一号"、"高尔宝"事件、迪比特停业引发的特大劳资纠纷等群体纠纷接连发生,我国的代表人诉讼制度面临着各种新问题的挑战,尚不能充分发挥立法者所期望的群体诉讼制度的价值和功能,诉讼成本过高、诉讼效益不佳仍是当前困扰纠纷主体和审判机关的一个突出问题。

(一)群体诉讼制度设计所负载的价值和功能

经济分析法学派认为,社会的每个个体在本性上都是"使自我满足极大化的理性主体",这些主体总是要选择对自己有利的行为。在法律领域,不管人们意识与否,经济学的一些基本规律和原则总是自觉不自觉地得到确认和适用,人们实施法律行为时都会考虑成本和效益的关系,也就是考虑自己投入的成本是否能获得最大效益。群体诉讼制度设计的初衷,是基于诉讼经济和司法统一的目的,其制度本身蕴涵着节约诉讼成本、提高诉讼效益,从而保护弱势群体的合法权益,强化实体法的实施等方面的价值和功能。诉讼成本与诉讼效益的对比,制约着人们是否提起群体诉讼,并事实上影响着群体诉讼的结果。

当今世界各国的群体诉讼制度尽管在表现形式、法律技术甚至设计原理等方面有较大差异,但其价值和功能仍有许多相同和相似之处,主要表现在以

[①] 群体性诉讼是适应规模化诉讼的需要从共同诉讼基础上发展起来的一项新的诉讼制度。参见:杨严炎:《群体诉讼研究》,法律出版社2010年版,第14~15页。

下几个方面:

1. 节约诉讼成本,提高当事人起诉的积极性

通常认为,诉讼成本是指诉讼主体在实施诉讼行为的过程中所消耗的人力、物力、财力的总和,包括冲突主体的诉讼成本和审判机关的诉讼成本。具体而言,诉讼成本大致包括以下几方面:纠纷主体为启动诉讼程序而向法院交纳的诉讼费;为聘请律师或委托其他诉讼代理人而支付的费用;为进行诉讼活动而直接支付的其他费用,如当事人和诉讼代理人因收集证据、赴外地开庭等而支出的交通费、通讯费、住宿费、餐饮费等;纠纷主体为参加诉讼活动所耗费的精力与时间;审判机关审理案件耗费的费用、时间、精力等。① 决定诉讼成本高低的主要因素集中体现在:(1)诉讼周期持续的长短;(2)诉讼程序适用的繁简;(3)诉讼费用水平的高低。

边沁说:"良好的立法就是引导人们获得最大幸福和最小痛苦的艺术。"② 群体诉讼通过"浓缩",以一个或若干个诉讼解决具有共同争点的大量诉讼请求,以谋求诉讼效益实现的高效、低廉,以此来代替每个利害关系人的直接诉讼行为,将大大降低诉讼成本。群体诉讼成为现代社会保护被害人的有力武器,显示了其他诉讼形式所无法企及的特殊功用,因而在群体诉讼中尽管有成本支出,但其仍旧能产生特殊的诉讼效益价值。群体诉讼制度对诉讼成本的控制,一方面,对弱势群体的小额诉讼标的的价值给予了应有的评价,另一方面也使诉讼方获得了相对较大的诉讼收益。

2. 提高诉讼效益,避免诉讼重复造成的资源浪费

传统诉讼的典型结构是一对一的单独诉讼,纠纷涉及的利益仅局限于双方当事人之间,而面对群体纠纷,传统的一对一模式就显得力不从心。正如卡佩特先生所言,"随着现代社会的复杂化,单单一个行动就致使许多人或许得到利益或许蒙受不利的事件频繁发生,其结果使得传统的把一个诉讼案仅放在两个当事人之间进行考虑的框架越发显得不甚完备。"③ 同时,"诉讼爆炸"和诉讼文明化、科学化迫使各国立法者不得不正视效益原则,并在各项诉讼制度的设置上都尽可能采取缩短诉讼周期、节省诉讼费用、简化诉讼程序等方式,以此提高诉讼效益。

---

① 赵钢、占善刚:《诉讼成本控制论》,载《法学评论》1997 年第 1 期。
② [英]边沁:《政府片论》,沈叔平译,商务印书馆 1995 年版,第 29 页。
③ [意]莫诺·卡佩莱蒂:《福利国家与接近正义》,刘俊祥等译,法律出版社 2000 年版,第 68 页。

3. 促进司法公正,维护法律适用的统一

群体诉讼制度要求依照一定条件把相关、相同的若干纠纷合并为一个案件进行审判,避免了重复起诉、审理和判决,减轻法院的诉累,确保了法院裁判对相同事实认定和处理的同一性、确定性,使群体诉讼中包含的若干纠纷都得到公平处理。在群体诉讼中,法院裁判所认定的事实、适用的法律以及处理结果,对群体中的每一个纠纷都是适用的。这样保证了法院对相同的事实问题或法律问题认定的同一性和确定性,也就保证了国家法律适用的统一。

在群体诉讼制度中,效益原则比在其他任何诉讼制度中更明显地得到体现,可以说群体诉讼制度本身就是效益原则的产物,它作为一种工具起到了改善诉讼效率和司法经济的功能,它允许法院一并处理相同或相似的诉讼,取得了更大的管理效率,并且避免了诉讼的重复。经济分析法学派代表人波斯纳在《法律的经济分析》中就有这样的表述:"集团诉讼能够将若干小的权利请求最大限度地聚合成一个足以使诉讼成本合理化的大的权利请求,实现诉讼的规模经济。"① 可见,巨大的法律、经济和社会效益正是群体诉讼制度的魅力所在。

(二)我国群体诉讼的立法与司法实践

我国的群体纠纷大量出现仅仅是近十余年的事情,但规模和发生频率大大超过了其他国家工业化进程中的情况。因此,采取一种合理有效的途径解决群体纠纷来缓和社会矛盾迫在眉睫。1991年在修改民事诉讼法时增加了群体纠纷的解决办法——代表人诉讼制度,该制度是在缺乏深入理论研究和司法实践经验积累的背景下,通过借鉴国外相关制度并总结自身经验的基础上设计出来的。

从我国民事诉讼法确立代表人诉讼之际,学术界对其在性质上是否属于群体诉讼制度的范畴存在不同看法。一些学者认为,根据我国民诉法第54条和第55条的规定,代表人诉讼有两种情况,一种是共同诉讼中的代表人诉讼;一种是群体诉讼中的代表人诉讼。还有的学者认为,我国民诉法规定的群体诉讼可分为两种,一种是人数确定的诉讼,一种是人数不确定的诉讼。还有的学者将我国民事诉讼法中的代表人诉讼分为选定代表人和集团诉讼两种,并

---

① [美]理查德·A.波斯纳:《法律的经济分析》,蒋兆康译,中国大百科全书出版社1997年版,第741页。

将他们都看成是解决群体性纠纷的制度。①

从最高人民法院近年的司法政策来看,其对代表人诉讼的适用始终持消极的态度。例如,2002年1月15日最高人民法院发布的《关于受理证券市场因虚假陈述引发的民事侵权纠纷案件有关问题的通知》中规定:"对于虚假陈述民事赔偿案件,人民法院应当采取单独或者共同诉讼的形式予以受理,不宜以集团诉讼的形式受理。"这里的集团诉讼,就是指55条所规定的代表人诉讼。这就等于排除了民诉法55条确立的代表人诉讼制度的适用。又如,2006年1月1日起施行的最高人民法院《关于人民法院受理共同诉讼案件问题的通知》(法[2005]270号)规定:"当事人一方或双方人数众多的共同诉讼,依法由基层人民法院受理。受理法院认为不宜作为共同诉讼受理的,可分别受理。"该通知所指的案件就是民诉法54条规定的代表人诉讼,但最高人民法院回避了代表人诉讼的问题,而是规定这类案件既可以共同诉讼受理,亦可分别受理。这就使代表人诉讼进一步受到冷落。

从实际运行情况来看,大部分法院很少适用代表人诉讼制度来处理群体性纠纷,尤其在一些发达地区和中心城市,代表人诉讼基本上已经销声匿迹。大部分法院采取的是单独立案、合并审理或者单独立案、分案审理的方式。如北京、上海、广东等发达地区的中心城市法院,对于群体性纠纷诉讼原则上采用分案处理的,称之为群体性诉讼或系列诉讼(串案)。这两种方式实际上采取的仍是一对一的诉讼模式,严重影响了群体诉讼制度功能的发挥。我们不禁反思:既然群体诉讼制度具有如此大的优越性,为何在我国的司法实践中处于"休眠"状态呢?是什么原因造成我国的代表人诉讼制度受到冷落呢?

(三)群体诉讼障碍解析

对照法院的司法政策和分拆案件的做法,笔者认为,我国的群体诉讼之所以没有发挥应有的价值和功能,主要有以下几方面原因:

1.代表人诉讼运行的诉讼成本过高,诉讼效益缺乏

基于我国现行民事诉讼法第55条第一、二款规定,我们可以把代表人诉讼看作是一个达成一系列契约的过程,而这个过程中的任何一步都不是免费的。首先,法院公告案情、通知权利人就需要一笔费用。其次,权利人从各地到法院进行登记,又需要花费差旅费、误工费等。再次,权利人推选代表人更是又费时又费精力。另外,如果代表人变更、放弃诉讼请求或者承认对方当事

---

① 章武生:《论群体诉讼的表现形式》,载《中外法学》2007年第4期。

第八章 群体诉讼程序类型化——以环境诉讼为视角

人的诉讼请求,进行和解,还必须经过被代表的当事人同意。问一下每个当事人是否同意的费用恐怕就超过了赔偿额。在我国代表人诉讼中,人数越多,分布越广,达成诉讼契约的成本就越大。如果诉讼程序过于繁琐,意味着诉讼主体需要实施更多的诉讼行为才能满足诉讼程序的各项要求,这样一来,诉讼成本也就不可避免地直线攀升。"当事人作为一个理性的人,面对诉讼成本可能远远大于收益的代表人诉讼,保持'理智的冷漠'比'兴师动众'要明智得多。由此可见,过高的诉讼成本为当事人提起代表人诉讼设置了难以跨越的门槛。"[1]

群体性诉讼纠纷多为"小额多数"的案件,单个受害者通过诉讼能获得的赔偿额度较小,如果提起群体诉讼的诉讼成本较传统的"一对一"模式的诉讼成本非但不会减少反而增加,那么,个人进行诉讼往往会成本大于收入,获得的诉讼效益极小。这在一定程度上挫伤了小额受害者的诉讼积极性,甚至因此放弃了通过诉讼主张权利,以致群体诉讼的潜能没有得到充分发挥,正如日本学者棚濑孝雄所言:"之所以产生回避审判的倾向,并不是一般群众不喜欢明确分清是非的诉讼而愿意互谅互让的解决,其根源在于程序的繁琐和花钱费时等审判制度本身的缺陷。"[2]如果由于"诉讼集合"导致群体诉讼变成"马拉松"诉讼,或者因此增加单一诉讼所没有的诉讼成本,并且新增成本接近甚至超过众多纠纷分别诉讼所需成本的总和,那么就难以实现诉讼经济的功能。由此可见,我国代表人诉讼制度所设置的繁琐程序导致诉讼成本和审理成本均偏高,直接影响了群体诉讼手段可利用性的充分发挥,进而对群体性纠纷案件受害方的权利保障机制的形成和运行起明显的消极制约作用。

2. 立法规定过于原则,诉讼程序尚不完备,增加了操作难度,影响了法院推动的积极性

首先,我国现行民事诉讼法第 54 条规定的代表人诉讼的性质是错误的。从当时的立法意图和许多论著明确表达的意思来看,该条增设的应当是群体诉讼制度,可是立法时却将其定位为共同诉讼,以至于混淆了共同诉讼与群体诉讼两种性质不同的诉讼制度的界限。[3] 实际上,群体诉讼和共同诉讼尽管

---

[1] 丁钢全:《我国代表人诉讼制度的经济分析》,载《广州广播电视大学报》2006 年第 1 期。

[2] [日]棚濑孝雄:《纠纷的解决与审判制度》,王亚新译,中国政法大学出版社 1994 年版,第 266 页。

[3] 杨严炎:《共同诉讼抑或群体诉讼——评我国代表人诉讼的性质》,载《现代法学》2007 年第 2 期。

有一些重合之处,但两者是有本质区别的。代表人诉讼由于人数众多,超出了共同诉讼可以容纳的范围,以至于到了不得不选派代表人代表全体当事人进行诉讼的程度。近年来我国涉及民事诉讼法第54条产生的一系列理论与司法实践混乱,均与此直接相关。

其次,群体诉讼制度的具体规则缺失,造成程序运作困难。法院在适用代表人诉讼解决群体性纠纷时,本应以灵活多样的程序规则去处理纷繁复杂的问题,如当事人适格、律师代理、争点的整理、证据交换等等。而现行法中并没有就群体诉讼的各项程序进行明确规定,造成法院在适用该制度解决纠纷时无法可依,处于一种尴尬无奈的境地。法院因怕出差错,故索性将其拒之门外或分案受理。

3. 我国法院的司法消极主义运作方式是造成群体诉讼制度举步维艰的一个组织因素

首先,法院在群体诉讼的立案程序上,不恰当地限制诉的合并、行使诉的分离等权力。在群体性纠纷中,应适用合并审理的案件却一律单独立案的情况,在法院实践中是大量存在的;而单独立案的案件又往往合并审理,这样做的结果就是,法院和律师的收费提高了,当事人的诉讼成本却增加了。

其次,我国法院的审判责任追究及法官的考核制度,使法院对群体诉讼表现出审慎的态度。群体诉讼制度的"休眠",很大程度上是由于法院内部的各种工作指标和激励机制强调对办案数量重于案件对社会的意义,法官尽可能多办案并减少错案数量即可获得一个不错的评价,审理代表人诉讼反倒是一件费力不讨好的工作。"一个诉讼完全可以解决的案件被拆分成几百乃至几千个案件,使案件的统计数字严重扭曲,群体诉讼的功能得不到发挥。"① 如果法院在对待群体性纠纷的态度上仍然保持"明哲保身",只注重自身"业绩",那么,群体诉讼制度的功能只能被限制甚至变形走样。

第三,法院过分地强调稳定的主流目标与群体诉讼制度的立法初衷相去甚远。对于法院而言,解决纠纷必须兼顾法律效果和社会效果,而群体诉讼涉及庞大群体的诉讼利益,法院在审理过程中面临着巨大的压力,在追求"维稳"的目标下,对待群体纠纷表现出慎之又慎的戒备状态,甚至干脆不去触摸"烫山芋"般的群体纠纷。压制群体诉讼表面上是为了维护社会稳定,但这种做法不但不能从根本上消除矛盾,反而为社会矛盾的积累和爆发埋下了更大的

---

① 章武生、杨严炎:《我国群体诉讼的立法与司法实践》,载《法学研究》2007年第2期。

第八章 群体诉讼程序类型化——以环境诉讼为视角

隐患。

(四)我国群体诉讼合理规制的路径

我国的群体诉讼制度需要完善,这是经济社会发展的潮流与要求,而法院在群体诉讼的模式和程序等方面的运用、探索和构建中,仍需积极地有所作为。在这个过程中,必须把控制诉讼成本以提高诉讼效益作为健全群体诉讼制度的基点来考虑。正如我国目前正在积极探索的审判方式改革,目的也是为了"争取节约处理每个具体案件投入的人力、物力,以腾出有限的资源去解决更多的纠纷"。[①]因此,笔者从降低诉讼成本和提高诉讼效益角度提出以下建议:

1. 在群体诉讼案件立案时必须考虑效益原则

最大限度地减少法律实施过程中的经济耗费是评价和设计法律程序时所考虑的重要价值,也是司法活动所应追求的价值目标。故法院在决定是否适用群体诉讼制度处理纠纷时,必须考虑:第一,该诉讼以何种方式审判最为经济;第二,以群体诉讼来处理能否形成规模经济效益;第三,是否符合群体诉讼的一般特点;第四,在诉讼过程中,怎样指挥诉讼达到最佳效果(包括经济效益与社会效益)。

(1)从立法上完善启动群体诉讼的前提条件

一个诉讼能否得到群体诉讼途径解决,其首要问题是立法上要对当事人的资格作出详细明确且易于操作的规定,在审判流程中也要有一个相应的程序用来确定群体诉讼当事人的资格。这一点是启动群体诉讼的前提条件。而我国现行民事诉讼法并没有就"群体"资格的认定标准和程序作出明确而且具有可操作性的规定,当事人难以在诉讼中形成利益共同体,法院在立案阶段对待群体诉讼与其他一般案件别无二致,这就可能出现莫诺·卡佩莱蒂所描述的那种情况,"在许多情况下,采纳一种立法和严格统一的解决方案就像使用木匠的斧子来做精细的手术。"[②]因此,对群体诉讼的认定,与对案件实质问题的判断一样重要。在这个问题上,笔者主张可以借鉴美国集团诉讼的做法,即当一个诉讼被作为群体诉讼起诉后,在它被认定不是群体诉讼以前,法院必须将其当作群体诉讼来对待。只要符合群体诉讼的条件,尽量以这种程序来处

---

① 王亚新:《论民事、经济审判方式的改革》,载《中国社会科学》1994年第1期。
② [意]莫诺·卡佩莱蒂:《比较法视野中的司法程序》,徐昕、王奕译,清华大学出版社2005年版,第413页。

理。只有在可能导致诉讼迟延和诉讼过度复杂的情形出现时,才可以作出分别审理的裁定。

(2)对群体诉讼案件合并计算诉讼费用,降低群体诉讼的起诉成本

诉讼费用在冲突主体所需列支的诸项诉讼成本中,是最先考虑、最直接、最典型的一项。一位英国法学家曾经说过这样一句话:"对诉讼来说,诉讼费用犹如汽车上的发动机。"我国的财产案件受理费用是以争议金额的大小按比例递减收取的。因此,案件标的总额相同,案件数量不同,诉讼费相差就可能比较大。鉴于代表人诉讼是集合了众多原告的诉权,其本质上属于一个诉讼,理应将众多原告的诉讼请求合并为一个诉讼标的计算和交纳诉讼费,再由各个当事人按照各自的诉讼标的额自行计算分担比例,通过诉讼费用的分担,减轻了当事人的负担,提高了当事人提起群体诉讼的积极性,也给了当事人接近预期诉讼效益的机会。

(3)缓和权利登记程序,便利当事人提起群体诉讼的条件

从参加诉讼方式来看,我国代表人诉讼规定了较为严格的权利登记程序,采取了"明示选择加入诉讼"方式,通过向法院登记权利,使群体诉讼的人数确定下来。"权利登记制度尽管克服了人数不确定的弊端,但是同时也有负面作用,因为代表人诉讼最重要的功能就是在'小额多数'的情况下,给予受害者群体救济,如果有关权利人不来登记,并且以后也不主张权利(由于信息的不发达或权利主体法律意识不强,这是很容易出现的),违法者受判决确定的赔偿额大大低于其违法所得利益,不但不能起到最大限度地救济受害者的作用,反而放纵了违法行为人。"① 群体诉讼的目的之一即是使众多未直接参加诉讼的当事人能够以最小的诉讼成本获取最大的诉讼效益。权利登记程序在立法者眼里或许是一种保障,但到了司法实践中,却成了群体诉讼中众多小额受损者的障碍。因此,缓和权利登记程序,能够扩大群体诉讼制度的救济面,鼓励公众通过这一制度来保护自己的合法权益。

2. 赋予诉讼代表人实体处分权,避免诉讼程序拖延

现行民事诉讼法第54条、第55条只规定了代表人享有程序性权利,不包括实体性处分权,这样规定会严重损害诉讼效益。原因在于:(1)由于代表人只享有程序性权利,一旦涉及实体性权利,诉讼就得停止,由代表人征求被代表人的意见。代表人诉讼制度的效益原则无法体现,并且有可能因为被代表

---

① 肖建华:《群体诉讼与我国代表人诉讼的比较研究》,载《比较法研究》1999年第2期。

人人数众多而拖延诉讼。(2)这使得和解结案基本没有可能。由于被代表人众口难调,只要有一个人不同意和解,和解结案就会成为泡影。这意味着本来可以通过和解解决的案件,只能由代表人继续将诉讼进行到底。

由此观之,立法者只注意到了利用代表人诉讼来解决单个诉讼低效益的问题,但没有注意到如何提高代表人诉讼本身的效益。赋予诉讼代表人实体处分权,让其可以充分行使权利,而不只是扮演一个跑腿者的角色,的确可以大大节约诉讼成本,也简化了不必要的程序,充分发挥群体诉讼的优势。当然,诉讼代表人拥有了实体处分权,同时必须加大法院对代表人的监督力度,并建立对代表人的监督制约机制,使诉讼代表人能够真正为维护群体诉讼全体当事人的利益而正当行使自己的程序处分权和实体处分权。

3. 规范和制约法院选择适用群体诉讼制度

由于缺乏理论的指导和法律的约束,司法实践中的做法存在较大的自发性、任意性,却缺乏规范性。为避免法院适用群体诉讼制度的随意性,法院对代表人诉讼机制的适用必须考虑当事人的意愿。法官在尊重当事人意愿的基础上,才有理由对诉讼机制作出调整,而且这种调整的目的是更有利于解决纠纷和保障当事人权利。赋予当事人一定的程序选择权,可以有效扼制法院的不当利益,避免法院程序适用上的随意和混乱。法院为增加诉讼费或者人为增加办案数量的不当目的,就很难有容身之地。

4. 引入示范诉讼作为群体诉讼制度的补充

我国多数法院将群体性纠纷进行分拆的原因是基于社会稳定的考虑,在这种情况下,引入示范诉讼制度,不但能够节约诉讼成本,而且可以大大缓解群体诉讼人数众多给法院带来的不安感。示范诉讼,是指从存在共同原告或共同被告、且事实与证据相同、所要解决的法律问题亦相同的数个案件当中选出一个案件,经全体当事人同意,法庭作出相当于合并审理的裁定,对该案件首先进行审理并作出判决,全体当事人均受该判决的约束。① 我国尽管缺乏示范诉讼的理论或法律规定,但法院在处理群体纠纷的实践中,也摸索出了一套类似国外示范诉讼的做法,并在劳动争议诉讼、小股东与公司或控股股东等诉讼中广泛运用,取得了不错的效果。

在示范诉讼中,基于示范诉讼所作出的裁判结果会促使当事人自我衡量下一步应当采取何种措施。如果原告方败诉,为避免继续进行诉讼遭受同样

---

① 杨严炎:《我国示范诉讼司法实践与相关立法问题浅析》,载《人民法院报》2008年1月22日第6版。

败诉的结果，那些停止诉讼以及尚未起诉的同类纷争的当事人要么撤诉要么不再起诉。无论是撤诉还是不再起诉，对当事人而言，都可以节约许多因继续诉讼所支出的诉讼成本。相反，如果原告方胜诉，示范诉讼的结果又会促使被告方主动与其他同类纷争的当事人达成和解，从而避免了原被告双方的诉累及因此多支出的相关诉讼费用。另外，对于法院而言，通过在同类案件中选定一案或几案作为示范案件进行审判，其他案件则暂时停止，示范诉讼的裁判结果可以直接扩张至所有同类案件，无疑节约了许多审判成本。当然，在群体诉讼制度设计上，要充分考虑并注意处理好示范诉讼与代表人诉讼制度的协调问题，最大限度地趋利避害，以促成群体性纠纷合理解决。

社会纠纷解决的需求是不断发展的，因此，各种制度都需要经过实践检验，并在实践中调整。我国群体纠纷的复杂性，决定了法院对群体纠纷的处理有一个不断探索的过程。在这个过程中发现问题、总结经验，以最大的限度趋利避害，才能发挥出该制度应有的功能。

二、环境侵权示范性诉讼制度研究

面对环境侵权群体性纠纷频发的社会现实以及传统环境侵权诉讼制度的不足，环境侵权示范性诉讼制度成为了各国应对环境侵权群体性纠纷的新选择。鉴于我国目前司法实践的需要和现行诉讼对环境侵权救济的缺失，构建环境侵权示范性诉讼制度，是我国诉讼机制能动地适应解决社会冲突变化的需要，同时也为我国环境侵权群体性纠纷的解决提供了新的选择。

（一）问题的提出

因同一或同因的环境侵权行为所引起的多数人权利受到损害的所谓"多数人环境民事纠纷"已成为当前新型的社会群体性纠纷。为妥善化解群体性纠纷，平衡矛盾各方的利益冲突，现代各国在依托各自的本土民事诉讼制度资源的基础上，根据本国的立法政策和实践需要，创设了各具特色的群体性诉讼制度，如美国的集团诉讼、德国的团体诉讼、日本和台湾地区的选定代表人诉讼，我国大陆地区的代表人诉讼制度。当环境侵权行为造成的多数受害者运用本国的群体性诉讼制度，以寻求环境权利的损害赔偿或要求制止环境侵权

第八章 群体诉讼程序类型化——以环境诉讼为视角

行为时,就构成了环境侵权诉讼制度。① 这些环境侵权诉讼制度在一定程度上,对于环境侵权纠纷的解决发挥了重要的作用。但是,鉴于环境侵权群体性纠纷是因社会发展而产生的新型群体性纠纷,这些传统的环境侵权诉讼制度对于该类群体纠纷的解决也存在一些不足。诉讼在本质上是对社会冲突进行司法控制的基本手段,当社会经济生活的发展使某类社会冲突大量涌现或产生了新的纠纷形式时,就需要有与之相适应的诉讼形式来匹配。故而,我们有必要探求一种新的环境侵权诉讼制度——环境侵权示范性诉讼制度,以最佳的法律对策来应对社会发展给我们带来的环境侵权群体性纠纷频发的新问题。

面对环境侵权群体性纠纷频发的社会现实以及传统环境侵权诉讼制度的不足,环境侵权示范性诉讼制度成为了西方国家应对环境侵权群体性纠纷的新选择。② 环境侵权示范性诉讼作为一种特殊的环境民事诉讼制度,是指因同一或同因的环境侵权行为所造成的环境权利受害者人数众多,引发多起具有相同事实或法律问题的环境侵权诉讼,由当事人协议选定或法院指定其中某一环境侵权案件作为示范诉讼,法院中止其他同类环境侵权案件的审理,该示范诉讼案件经由法院运用现有的"一对一"的方式审理、裁判后,其判决结果成为其他案件在诉讼上或诉讼外解决的依据的一种诉讼制度。示范诉讼在国外环境侵权领域也已实践多年,是用来解决该类群体性纠纷的一种制度模式。然而在我国,这样一种必要的诉讼实践在"环境纠纷发生的数量和程度已经达到空前程度"的情况下却因为理念及制度上的诸多障碍而限于困境。③ 故我们有必要对环境侵权示范诉讼制度进行讨论研究,以建立符合我国国情的环境侵权示范性诉讼制度,对我国环境诉讼制度的完善以及在环境侵权群体

---

① 这里所称的"环境侵权诉讼制度"采用了概括性、学理性意义上的广义的使用方法,即运用有效的诉讼制度来解决环境侵权纠纷的诉讼制度的总称。

② 各国在应对群体性纠纷时,在原有纠纷解决机制的基础上积极地探索新的适当的纠纷解决机制,其中最为典型的当属示范诉讼了。最早进行示范诉讼制度研究的是德国,早在1991年的《德国行政诉讼法》中就将示范诉讼成文法化,在2005年德国又制定了《投资人示范诉讼法》,适用于证券投资领域。在对示范诉讼的不断深入研究与实践过程中,德国将示范诉讼制度推广运用到环境侵权纠纷解决等领域。2000年英国在《民事诉讼规则》中增设了集团诉讼制度,并同时将示范诉讼在新的集团诉讼制度中作了明文规定,并广泛运用于环境侵权等群体性纠纷解决领域。美国也将示范诉讼作为集团诉讼的一种替代性方式。

③ 王灿发:《环境纠纷处理的理论与实践》,中国政法大学出版社2002年版,第17页。

性纠纷解决方面发挥作用。

(二)环境侵权示范性诉讼制度的功能和价值

德国法学家耶林曾指出:"目的是全部法律的创造者。每条法律规则的产生都源于一种目的,即一种实际的动机。"①所以,任何一种法律制度或机制都是源于社会实践的现实需要这一动机产生的,其存在也必然有其固有的价值和功能,环境侵权示范诉讼制度也不例外。

1. 节约诉讼成本

无论进行哪种诉讼,都不可避免地要耗费一定的诉讼成本。对于当事人而言,基于对示范案件判决结果的参照,其他当事人会自我衡量下一步该采取何种措施处理自己的纠纷。由于环境侵权案件往往是受害者一方为多数,如果被告方胜诉,为避免继续进行诉讼得到同样的诉讼结果,同类环境侵权纠纷的当事人会选择不再起诉,这无疑节约了因继续参加诉讼而支出的诉讼成本。相反,如果是原告方胜诉,示范案件的判决结果又会促使被告方主动与其他环境侵权诉原告方达成和解,从而避免了后诉中同类的环境侵权诉讼原、被告双方继续进行诉讼而由此支出相关的诉讼费用和时间耗费。这样的话,被告只需要集中精力去应对一个案件,就可以解决同一或同因环境侵权案件的事实和证据相关问题,同时由于采用一对一的诉讼模式,案件不可能像多人诉讼那样耗时费力,一般可以在较短的时间获得判决,极大地节省了诉讼成本。

对于法院而言,如果同类的或相似的环境侵权诉讼案件都涌向法院,法院就要花费大量的时间和资金进行案件的调查和庭审,而选定一示范案件进行审理,就无须就同一或同因环境侵权案件相关的事实和证据相关问题进行重复调查、确认,加之"一对一"审理方式的使用,也便于法院对整个诉讼过程的控制和管理,从而节省了大量的审判成本。

由此可见,环境侵权示范诉讼制度无论对于环境侵权纠纷的当事人而言,还是对于法院而言,都能够减少物质和时间的支出,极大地节省了诉讼成本。

2. 提高诉讼效率

诉讼的高效率、高效益是司法追求的目标之一。诉讼效益包括以下两个方面的要求:一是司法资源耗费最小化,达到最低诉讼成本;二是加速诉讼进

---

① [美]E.博登海默:《法理学:法哲学及其方法》,邓正来译,中国政法大学出版社2004年版,第109页。

程,缓和诉讼拖延。① 追求诉讼效益已经成为全球性趋势,创建和改革诉讼制度无疑是实现诉讼效益的重要途径。在法治较为发达的当代社会,诉讼在纠纷解决方面的作用越来越重要,然而,国家的司法资源是有限的,日益繁重的案件负担和有限的司法资源之间的矛盾使得无论是在立法还是在司法过程中都力求实现诉讼效益最大化。

环境侵权示范诉讼制度的产生即是追求诉讼效率最大化的结果。其采用"一对一"审理的方式,通过对同一或同因的环境侵权纠纷诉讼的个案审理,使示范诉讼的判决对其他案件的诉讼在一定程度上具有拘束力,以较小的诉讼成本获得多数案件得到处理的收益,从而扩大了诉讼制度解决纠纷的能力,使有限的司法资源得到有效的利用,实现了诉讼效益。

3. 社会秩序价值实现

纠纷解决机制通过对特定纠纷的处理,除了改变纠纷当事人之间的权利义务关系之外,也不可避免地要对社会秩序产生影响。② 换言之,即纠纷解决机制除具备消除社会成员纠纷状态的基本功能外,还具备了稳定或更新社会秩序的功能。在社会一些新型侵权领域中,"私人当事人"通过提起诉讼,不仅阻止和惩罚了某些机构实施的违反法律的行为,实现了自身的权益,也对社会公益提供了良好的保护。③ 我国司法机关肩负着维护社会稳定的政治使命,以至于在处理群体性纠纷时,社会稳定也成为法院关注的目标之一。环境侵权示范诉讼制度在解决示范案件当事人的纠纷之外,同时示范诉讼的判决对其他同类案件具有扩张力,对于加害者来讲,促使其考量成本效益,从利益衡量机制上对其侵权行为进行遏制,从而减少环境侵权纠纷的发生,避免大规模群体事件,利于一定范围内社会的稳定。

4. 政策形成机能

政策形成功能是现代司法能力扩张的具体表现。④ 在环境侵权示范诉讼中,法官的裁判在解决具体当事人之间环境侵权纠纷的同时,还产生着对社会关系的间接调整。与传统的诉讼相比,环境侵权示范诉讼的争点多涉及环境污染破坏等社会公共问题,更加社会化、政治化,法院判决虽然解决的是具体的环境侵权纠纷,但是也体现了法院对此类纠纷、价值冲突的观点和取向,客

---

① 徐昕:《英国民事诉讼与民事司法改革》,中国政法大学出版社 2002 年版,第 522 页。
② 范愉:《ADR 原理与实务》,厦门大学出版社 2002 年版,第 49 页。
③ 张卫平:《民事程序法研究(第二辑)》,厦门大学出版社 2006 年版,第 297 页。
④ 汤维建等:《群体性纠纷诉讼解决机制论》,北京大学出版社 2008 年版,第 96 页。

观上对此类公共问题的法律关系的界定提供了一个范本,由于司法的最终解决性,这种示范效应更被放大,扩大了诉讼制度解决纠纷的机能。

(三)环境侵权示范性诉讼制度的类型及分析借鉴

环境侵权示范性诉讼因启动主体不同可以分为:契约型环境侵权示范性诉讼、职权型环境侵权示范性诉讼、混合型环境侵权示范性诉讼三类。通过环境侵权示范性诉讼制度类型化分析,可为我国环境侵权示范诉讼制度的构建寻求一种恰当的类型。

1. 契约型环境侵权示范诉讼

契约型环境侵权示范诉讼强调当事人自主选择纠纷解决的途径,其存在的前提是当事人之间存在示范诉讼契约。因此,诉讼程序的展开是由环境侵权纷争当事人之间达成的示范契约来引导的。环境侵权示范诉讼契约在内容上常表现为一系列协议的组合,环境侵权诉讼当事人在协议选择示范诉讼案件的时候,一并对一些相关问题达成一系列协议,主要分为以下四个部分:

(1)停止争讼协议或暂不起诉协议。环境侵权示范诉讼契约的主要目的在于避免多数同类环境侵权诉讼的提起,因为同类环境侵权诉讼同时涌向法院,不利于环境侵权纠纷的及时、有效解决,因此,在环境侵权纷争涉及的众多当事人之间常约定以其中某一环境侵权受害者已提起的诉讼作为示范诉讼,以示范诉讼的判决作为纷争解决的依据,在判决确定之前,已经提起诉讼的其他同类案件中止诉讼、尚未提起诉讼的同类案件暂不起诉,利于减少纠纷解决的时间和金钱的支出。如果不能达成这些中止或暂不起诉协议,而允许其他同类环境侵权诉讼同时进行,示范诉讼就失去了存在的价值与必要性。

(2)示范判决拘束力协议。为避免另行起诉,或扩大纠纷,使示范诉讼的判决能在其他同类环境侵权纠纷的解决上发挥应有的作用,当事人约定该判决对于未起诉的当事人在后诉讼或诉讼外纷争解决上也具有一定的拘束力,则构成"拘束力协议",即既判力扩张契约。其正当化的依据在于,程序上的当事人经由诉讼程序已受有程序保障,由于诉讼外的第三人未能参与诉讼,而不宜受到判决效力的约束。但第三人如愿意放弃程序保障,同意以他人间诉讼的判决作为其解决纷争的依据,由于并无占用司法资源之虞,也是其意思表示自由,亦可使同类环境侵权纠纷的解决在多数当事人间具有一致性,避免另行诉讼而生裁判矛盾的情形。①

---

① 沈冠伶:《诉讼权保障与裁判外纷争处理》,北京大学出版社2008年版,第244页。

第八章 群体诉讼程序类型化——以环境诉讼为视角

(3)强制执行的协议。为避免纷争不能彻底解决,亦可使债务人为"愿径受强制执行"之声明,而约定于示范诉讼进行后,其他未起诉之当事人如不依示范判决自动履行债务,得径为强制执行。在协议示范诉讼中,当事人往往达成既判力扩张协议,如果协议一方在其他同类环境侵权纠纷中不履行示范诉讼裁判结果,另一方参加协议的当事人可基于该协议及示范案件的裁判结果申请法院强制执行。

(4)舍弃、认诺限制的协议。未起诉的当事人为避免环境侵权示范诉讼的当事人在诉讼上为不利益之诉讼行为而受有损害,亦可就示范诉讼之程序约定"不得为舍弃或认诺"等。

其中,停止诉争协议及示范判决拘束力协议是环境侵权示范诉讼契约的典型内容,至于强制执行力协议与舍弃、认诺限制协议,当事人可以视其需要,加以约定。

从当事人角度而言,当事人常在契约中约定:在示范诉讼判决结果出来之前,不得另行进行相同或类似诉讼,从而有利于降低其他相同或类似环境侵权案件当事人同时进行诉讼的成本。同时,尊重了环境侵权纠纷当事人的程序选择权和处分权,在当事人的选定、费用分摊等方面也比较容易确定,契约的当事人之间按份分摊诉讼费用,当在判决对于相同或类似环境侵权案件当事人将出现不利后果时,为维护自己的利益,其可以选择诉讼外和解等方式解决纠纷,尊重当事人对于纠纷解决方式的选择,从而节省自身的资金和时间,利于纷争的快速、有效解决。

从法院角度而言,环境侵权所涉及内容具有复杂性,由于在示范判决中已对集中的环境侵权法律和事实争点作出了认定,如果其后的当事人还是要通过诉讼方式来解决相同的环境侵权纠纷的话,那么这些诉讼的过程可以得到简化,有助于避免法院将有限的司法资源浪费在重复的审理中,毋庸就前诉判决中已经判断过的相同争点再为裁判,从而节约了司法资源,也会避免出现前后矛盾判决的情形,在"诉讼爆炸"的今天有着重大的意义。

此外,环境侵权示范案件的裁判作为其他依协议中止诉讼或暂不起诉的案件处理解决的依据,有助于社会大众预见其诉讼的未来走向,具有明确化及安定化的法律秩序之机能,使同类环境侵权纷争能循相同或类似的准据加以解决,有助于公平正义理念的实现。

2. 职权型环境侵权示范性诉讼

职权型环境侵权示范性诉讼是指示范诉讼的启动并不是依照环境侵权纠纷当事人之间示范诉讼契约的约定,而是由法院依其职权选择一宗环境侵权案件进行示范诉讼,同时将其他同类环境侵权案件依职权裁定中止或暂停审理,并将该示范诉讼案件的判决结果适用于作为其他中止或暂停审理的同类环境侵权案件。该类环境侵权示范诉讼存在的必要性在于:虽然众多的同类环境侵权案件集中由同一法官(合议庭)审理,有着统一辩论、证据调查及判决的优点,从而有助于诉讼经济,但由此产生的问题是,在涉及大量同类环境侵权纷争的情形下,由于纷争当事人人数众多,使达成示范诉讼契约的难度加大甚至不可能达成。此时,就有必要承认由法院依职权择定一环境侵权示范诉讼案件,对多数案件进行整理、归纳,并使示范判决对于同类其他环境侵权案件的后诉在一定条件下也有拘束力。

如何选择环境侵权示范性诉讼案件是法院在行使职权过程中面临的重大问题。作为示范诉讼的案件应当包含对其他同类环境侵权案件而言在裁判上的重要争点,例如:环境侵权案件涉及的重要事实或法律问题,法官对此应当进行认真审查。同时,为了保障当事人具有一定的程序选择权,法院的职权也应受到一定的限制,一是在选定示范诉讼案件之前,应当先听取相关当事人的意见,以防程序上的突袭;二是,法院在择定环境侵权示范性诉讼案件之后,当事人也可以通过和解等诉讼外方式行使程序处分权利。英国、德国等国在立法中就环境侵权示范性诉讼制度所做的规定,就属于职权型。① 这种方式有效地避免了将人数众多的当事人和整个集团(或团体)诉讼整体一次性审理中可能出现的种种不便,选择其中共同的法律问题先行以实验性诉讼的方式进行,实际上仍将其还原为个别诉讼,既可以减少审理的不便和压力,又可能以正常的程序进行审理,一旦其中的共同的法律问题和事实问题作出了判断,就可以推及其他案件和整个集团(或团体)诉讼,具有反思和试错的功能。②

---

① 英国《民事诉讼规则》第19.15条规定,管理集团诉讼的法院可以通过指令从集团登记的事件中选择一宗作为示范诉讼,而该诉讼已经当事人达成和解的,则管理法院可作出命令,再指定其他事件代替成为示范性诉讼,法院对原示范性诉讼作出的任何命令,对所替换的示范性诉讼具有拘束力,法院另有指令的除外。可见,在英国法院是依职权启动示范诉讼,依职权更换示范诉讼案件,依职权确定示范诉讼的效力,控制程序的合理进行。参见:徐昕译:《英国民事诉讼规则》,中国法制出版社2001年版,第93页。德国2005年制订了《投资人示范诉讼法》,目前仅被限定适用在证券诉讼中,但是根据德国联邦司法部的说法,示范诉讼制度将推广到其他领域如环境侵权群体性纠纷等领域运用。参见:齐树洁、徐雁:《群体诉讼的困境与出路:示范诉讼制度的构建》,载人大书报资料中心《诉讼法学、司法制度》2009年第5期。

② 范愉:《集团诉讼问题研究》,北京大学出版社2005年版,第122页。

第八章 群体诉讼程序类型化——以环境诉讼为视角

法院对在环境侵权纠纷中是否适用示范诉讼具有决定权是这种类型的示范诉讼有别于契约型环境侵权诉讼运作的最大特点。职权型环境侵权示范诉讼有助于避免同类环境侵权纷争在法院存在"同案不同判"的审理结果，从而有利于维护司法的权威性，保证司法的统一性，并给予当事人可预测性。此外，法院可以控制与管理整个示范诉讼过程，使程序的选择与案件的价值、复杂性成比例，符合诉讼均衡性原则，也便于快速地梳理案件争点，及时有效地解决环境侵权纠纷，将有限的司法资源合理地在众多要求进行诉讼的当事人之间进行分配，充分地利用了司法资源，提高了诉讼效益，对于缓解司法资源不足的现状有着重要的意义，这也是其正当性之所在。

3. 混合型环境侵权示范性诉讼

混合型环境侵权示范性诉讼的启动基于环境侵权案件事实或法律问题具有同一性，经由当事人的申请和法院的许可其中某一案件进行示范诉讼，并中止其他案件的审理，示范诉讼的判决对其他案件的审理产生拘束力。与职权型环境侵权示范诉讼不同的是，当事人申请示范诉讼时，要取得所有其他当事人的同意，并一同签订示范诉讼契约，将申请送达所有的当事人；不同意的当事人也应在申请送达之日起10日内向法院说明自己不同意的原因。申请人应自愿成为示范诉讼的原告，同时向法院申请中止其他环境侵权案件。中止申请一旦得到法院的认可，示范诉讼就可以进行。

在美国，示范性诉讼是作为集团诉讼的一种替代性方式用于环境侵权群体性纠纷解决。[①] 美国示范诉讼的主要特点是以当事人之间签订示范诉讼契约为前提，以法院的许可为要件。正当程序是美国的法律传统，因此美国示范诉讼制度给予非示范诉讼当事人较多的程序保障权，如在审理过程中法院作出的同意示范诉讼申请、中止示范案件审理等决定都需要及时向所有缔结示范诉讼契约的当事人送达，使其可以据此作出相应的程序选择。如果非示范诉讼当事人认为示范诉讼当事人不能充分代表其合法权益，可以向法院申请退出示范诉讼程序。任何事情有利必有弊，由于示范诉讼程序中止和当事人退出的可能性极高，往往使得示范诉讼程序耗时较长，诉讼成本较高，因而示

---

① 美国联邦民事诉讼规则23(b)(3)要求法院在公正而有效率的解决纠纷时，要评价集团诉讼是否比其他方法更为优越。法院必须考虑解决纠纷的替代性方法，包括示范诉讼。美国《国际贸易法院规则》第84条和第85条对示范诉讼程序做以下规定：如果所有的案件的事实问题或法律题具有同一性，经当事人的申请法院可以从众案件中指定示范性诉讼。参见：杨严炎:《我国示范诉讼司法实践与相关立法问题浅析》，载《人民法院报》2008年1月22日，第6版。

范诉讼契约的目的也容易落空。

该类示范诉讼的运作机理在于示范诉讼契约和法院管理双重程序制度保障。一是,当事人可以通过示范诉讼契约而行使程序选择权:当事人可约定在同意接受示范判决约束力的条件下同意法院中止审理自己的案件;当事人不同意接受示范诉讼判决约束或在示范诉讼过程中发现示范诉讼当事人有损害其诉讼利益的,也可以向法院申请免除中止令。二是,由于除示范诉讼当事人外,其他环境侵权案件的当事人在示范诉讼中不享有当事人或利害关系人的地位,因此,在示范诉讼当事人的某些行为有损害其他环境侵权案件当事人的利益时,法院可以依职权中止示范诉讼的进行,并将结果送达所有参与示范诉讼契约的当事人。法院的管理不仅能够对示范性诉讼契约进行审查,而且能够确保其他案件的当事人的诉讼利益不因示范诉讼当事人的某些机会主义行为而受到侵害。① 该制度在提高诉讼效率的同时,为当事人提供了一个接近司法和追求诉的利益的平台,有利于公平、正义的诉讼理念在社会群体中的实现。

4. 分析与借鉴

契约型环境侵权示范诉讼以当事人之间缔结有示范诉讼契约为前提,是尊重环境侵权纠纷当事人(即程序主体)对于程序的选择、处分所承认的纠纷解决制度。在当事人选定、费用分摊等问题上体现意思自治原则,当事人人数较少时,较易成立示范诉讼契约,但是基于同一或同因环境侵权所生的纠纷中往往涉及多数当事人,要成立示范诉讼契约的难度也就增大,以致多数当事人常无法达成示范诉讼契约,这样虽然凸显了当事人的程序主体性,但在实践中常因未能实现制度构建的预期目的而易使示范诉讼目的落空,该类环境侵权示范诉讼的利用可能性也就大大降低了。

美国是采用混合型环境侵权示范诉讼的典型国家。美国混合型环境侵权示范诉讼是在吸收职权型和契约型优势的基础上发展起来的,本应能充分发挥两种模式的优点,但因受美国的法律传统影响,该模式并没有取得良好的效果。注重正当程序是美国的法律传统,"美国宪法早期的修正案即已经明确表明:无论是联邦政府抑或是州政府均不得剥夺他人的'生命、自由或财产而未经法律的正当程序'。""任何人的生命、自由或财产不能在未经预先通知和听

---

① 肖建国、谢俊:《示范性诉讼及其类型化研究——以美国、英国、德国为对象的比较法考察》,载《法学杂志》2008年第1期。

审争议的前提下被任何法院剥夺或裁判。"[①]同时,美国司法实践中采用当事人主义诉讼模式。正是由于这种传统,使得一方面法院过于强调当事人之间的诉讼协议,若无协议,则无环境侵权示范诉讼;另一方面异常注重非示范诉讼当事人的正当程序权利,致使有关既判力、法院事物分配之协议等合法性和可行性常遭质疑,因而往往使得诉讼程序耗时长,成本高,示范诉讼契约的目的也很容易落空。很显然,混合型环境侵权示范诉讼模式并不适合我国的国情。

相较于其他两种模式而言,职权型环境侵权示范诉讼,具有其自身的优势:首先,环境侵权示范诉讼是由法院启动,避免了当事人难以达成诉讼契约的困境,也避免了同类环境侵权纷争在法院存在"同案不同判"的审理结果,从而有利于维护司法的权威性,保证司法的统一性。其次,法院可以控制与管理整个示范诉讼过程,使程序的选择与案件的价值、复杂性成比例,符合诉讼均衡性原则,也便于快速地梳理案件争点,避免诉讼的拖延,及时有效地解决环境侵权纠纷,合理分配了司法资源,提高诉讼效率。为了降低当事人之间因利益衡量而无法达成示范诉讼契约的难度,或避免因达成示范诉讼契约旷日持久而造成诉讼的拖延,顺应我国现行审判模式,应当赋予法院对诉讼程序一定的控制权,使得法院发挥其积极职能,能够及时就环境侵权示范案件的重要争点进行调查并进行审理,实现对环境侵权纠纷迅速、有效地处理,充分保障环境侵权受害者的合法权益,因此,在我国更适合采用职权型环境侵权示范性诉讼。

(四)我国环境侵权示范性诉讼制度实现路径

"他山之石可以攻玉",源于域外的环境侵权示范诉讼制度在环境诉讼领域为我们开辟了一条新的环境侵权救济途径,在诉讼理论与实践方面为我国环境侵权示范诉讼制度构建提供了借鉴。笔者认为,构建我国环境侵权示范诉讼制度需要解决以下几个问题。

1. 管辖问题

司法公正的第一道生命线就是诉讼管辖。在我国对环境侵权示范诉讼制度作出法律规定之前,示范案件的级别管辖应遵守现行的民事诉讼管辖规则。《最高人民法院关于人民法院受理共同诉讼案件问题的通知》规定:当事人一

---

① [美]史蒂文·苏本、玛格瑞特·伍:《美国民事诉讼的真谛——从历史、文化、实务的视角》,蔡彦敏、徐卉译,法律出版社2002年版,第24页。

方或双方人数众多的共同诉讼,依法由基层人民法院受理。受理法院认为不宜作为共同诉讼受理的,可分别受理。由此可以看出,该司法解释意图在于将更多的类似环境侵权群体诉讼化解在基层法院,缓解对中级以上法院的诉讼冲击。这是值得商榷的。环境侵权等群体性纠纷之所以棘手,就是因为环境侵权具有社会危害性和一定的价值性,涉及民生,关乎当地的发展与稳定,如果处理不当会产生广泛的社会影响。因此,如果由被告所在地的基层法院管辖,极易使众多原告产生司法地方保护主义或地域歧视的担忧。此外,尽管环境侵权示范诉讼采取传统的"一对一"的审理模式,但是法院对共通性事实或法律争点的调查确认,将成为后诉纠纷处理的依据,因此审理示范案件的技术性要求更高。故笔者建议,提高环境侵权示范诉讼的审级,将当事人所在地跨县级以上行政区划的,且争议标的达到一定数额或在当地有较大社会影响的环境侵权示范案件,全部交由中级以上法院管辖。

2.立案问题

在环境侵权群体性纠纷中,由于原告方多是相对弱势的普通民众,往往缺乏有效的信息联系,导致起诉时间不完全一致,如果法院分别立案、分别审理,既需要耗费大量的司法资源和重复诉讼成本,又不可能实现环境侵权示范诉讼的有效运作,因此,对符合受理条件的第一个案件进行立案后(下称先诉案件),应当在立案阶段做好环境侵权示范诉讼的基础工作,包括以下两个方面的工作:环境侵权示范诉讼公告和权利登记。

(1)公告。对环境侵权示范案件进行审查时,如果发现可能属于因同一或同因环境侵权行为导致多人受损害的情形时,与当事人进行核实后,应当发出环境侵权示范诉讼公告,通知相关权利人在一定期间内到法院进行权利登记。因为要保证环境侵权示范性诉讼判决对当事人产生示范作用,就必须拥有一定数量、可供选择的原告,但任何主体都不能在不自知的情况下被纳入某个诉讼程序中去,这就需要有人充当召集人的角色。公告的主要环节是途径和期限。由于公告的目的是为了让潜在的当事人能够集中进行权利登记,以此提高诉讼的效率,因此公告形式应该灵活多样,以便使潜在的当事人知悉公告事项。为了使公告信息广泛、快速地传达给潜在当事人,宜由法律统一规定公告期。

笔者认为,鉴于效率因素及当代信息媒介的多元化与发达程度,我国的环境侵权示范诉讼的公告期可借鉴德国《投资人示范诉讼法》规定,当事人向地区法院提请示范诉讼,地区法院对示范诉讼申请发出电子公示,在此当事人可以查询与自己具有共同侵害特征的信息并在电子公示上登记,公示期为 4 个月。①

(2)权利登记。权利登记是权利人向法院初步表明自己权利主张的一种法律行为。在立案阶段,我们应该完善权利登记的审查程序,由于我国法院的立案采取职权审查主义,而非登记主义,所以权利人申请登记时,要提交一些相关的证明。但证明的标准应有别于立案标准和裁判标准,所以只要权利人提交的证据能证明与对方当事人之间存在环境侵权纠纷或因此受到了损害,法院就应予以登记。①关于登记期限的问题。环境侵权示范诉讼在公告期满后,权利人应当在一定时间内向法院提出权利登记申请。为了提高环境侵权群体性纠纷解决的效率,同时考虑到环境侵权的广泛性,为保证众多权利人都能够提出权利登记申请以及法院进行权利审查有充裕的时间准备,笔者认为,可以规定登记时间为 15 天。②无人登记的处理(特殊情形)。在司法实践中,如果出现在法定期限内没有其他相关权利人进行登记的情况,先诉案件自然成为环境侵权示范案件,不影响环境侵权示范诉讼的进行。理由是:在法定期限内,没有相关权利人进行权利登记,这并不代表在期限外不会再有权利人提起诉讼。如果相关权利人在登记期限外提起诉讼,只要是在诉讼时效内,其诉权仍将受到保护,因此,这些后诉案件的处理也仍将受先诉案件审理结果的拘束。

3.程序启动问题

关于环境侵权示范诉讼程序的启动问题,其核心在于环境侵权示范案件的产生,即环境侵权示范案件的典型性和代表性问题。根据本文第二章的论述,我们可以明确环境侵权示范诉讼的程序启动有当事人协议启动、法院依职权启动和当事人协议加法院认定三种途径,鉴于我国国情宜采用职权型环境侵权示范诉讼类型模式,因此应该由法院根据当事人的申请依职权选定一个案件作为环境侵权示范案件,示范案件诉讼的结果可以扩张至已经登记的因同一事件(包括同一行为)引发的其他同类案件,选定的环境侵权示范案件必须具有典型性与代表性。

所谓的典型性与代表性体现在被选定的环境侵权示范案件与其他同类案件在所涉及的争议事实问题乃至法律问题上具有同一性。这里所讲的同一性并不是指所有当事人的证据或每个受害者的损失等都是一致的,而是指对所有纠纷的当事人来讲,被告的环境侵权行为与造成众多受害者的损害之间具

---

① 杨严炎:《示范诉讼的分析与借鉴》,载《法学》2007 年第 3 期。

有相同的因果关系等。什么样的个案能够成为典型的示范案件？可资考量的因素主要有：(1)损失最大或较大原则；(2)自愿原则；(3)道德和法律知识掌握程度原则；(4)余暇和精力投入原则。① 笔者建议将四点结合起来进行判断。因为自愿进入环境侵权示范诉讼程序的当事人权利意识一般比较强，诉讼的积极主动性比较高，而损失较大的主体的胜诉愿望也大都较为迫切，在诉讼过程中能更充分发挥程序主体性作用。当事人具备较高的道德水平，掌握较充分的法律知识，能投入较多的诉讼时间和精力，则越能够保障示范裁判的公正性，对后诉纠纷的解决也将产生更为积极的作用，能够更有效促使其他同类环境侵权案件的有效解决，充分发挥环境侵权示范诉讼制度的功能。

4. 案件的审理问题

审理是诉讼程序的一个重要阶段。在环境侵权示范诉讼制度中要注意以下几个方面的问题：

(1)特殊情况下需要替代性案件。由于环境侵权示范诉讼制度采用"一对一"的审理方式，因而对环境侵权示范案件的审理与普通案件的审理基本一致。但是，如果被选定的示范案件当事人自愿和解或是以调解撤诉方式结案，则环境侵权示范诉讼的目的就会落空，无法起到示范的作用。因为环境侵权示范案件的和解、调解撤诉是案件当事人自愿处分自己民事权利的意思自治行为，其结果并不能当然扩张至其他同类案件。在这种情况下，为了使环境侵权示范诉讼能够得以继续，必须产生替代性案件作为新的环境侵权示范案件。

(2)送达。环境侵权示范案件的裁判结果作出以后，法院应当将裁判文书送达环境侵权示范诉讼双方当事人和其他权利登记人，因为送达是发挥环境侵权示范诉讼作用的前提，也是环境侵权示范案件裁判力扩张的必要途径。这与普通案件送达的对象不同，后者只要送达案件的当事人即可，但在环境侵权示范诉讼中，由于示范案件裁判结果对其他同类案件有拘束力，因此与环境侵权示范案件的案外人有法律上的利害关系，应当向其送达裁判文书，确保他们的权利能够得到应有的保障。

(3)留设和解期。虽然环境侵权示范诉讼的既判力对其他同类案件具有扩张力，但是因为环境侵权示范诉讼的裁判能使其他同类案件当事人据此对自己的案件进行预测，可以促使其他权利人自愿与被告达成和解，既能够节省大量的司法资源和诉讼成本，又有利于迅速、妥善地化解环境侵权群体性纠纷

---

① 姜炳俊：《德国投资人示范诉讼新制》，载《迈入二十一世纪之民事法学研究》，台湾元照出版公司2006年版，第159页。

的矛盾,这是环境侵权示范诉讼重大的司法价值所在,这种价值被有的学者称为"间接波及效益"。① 因此,在环境侵权示范案件裁判结果产生并送达之后,并非是直接将裁判效力扩张至其他同类案件,而可以从制度设计上留设一个和解期。由于环境侵权具有广泛性,因此,其他相关同类案件与选定的环境侵权示范案件在事实认定与法律适用上基本一致,环境侵权示范诉讼的裁判结果给权利人与被告的和解提供了蓝本。和解期的时间长短可由权利人与环境侵权人协商确定,也可由法院依法指定。若和解期届满,当事人仍未能达成和解,则裁判结果自动扩张至其他中止的同类案件。

5. 既判力扩张问题

环境侵权示范诉讼案件裁判对于其他同类纷争的效力,因环境侵权示范诉讼案件是由当事人协议约定还是由法院依职权选定而有所不同。就前者而言,环境侵权示范诉讼案件的裁判对于其他同类纷争的效力主要视当事人是否参与协议约定而确定。对于直接参与协议约定的当事人来讲,由于其不仅签订了环境侵权示范诉讼协议,而且还达成了一系列其他协议诸如判决效力扩张等协议,因此,环境侵权示范诉讼的裁判结果当然对这些协议当事人产生拘束力。不过,该示范诉讼的裁判结果可作为以后诉讼裁判的直接基准和依据。就后者即法院依职权选定的示范诉讼案件而言,环境侵权示范诉讼的裁判效力具有直接扩张性,可以直接适用于被法院中止的其他同类型诉讼。我国采用职权型环境侵权示范诉讼,所以环境侵权示范诉讼案件的裁判效力的扩张性应属于后一种情况。

6. 相关权利人的程序保障问题

要使环境侵权示范诉讼判决约束未参与诉讼程序的相关权利人,②必须赋予其充分的程序保障,因为环境侵权示范诉讼的当事人有可能为了自己的利益而损害相关权利人的权益。由于我国采用职权型示范诉讼模式,所以法院应当对诉讼双方行为的偏差和非示范诉讼当事人权益的维护起到积极的纠偏和保障作用。只有在诉讼程序中充分保障非示范诉讼当事人下列权利,判决效力才能对非示范诉讼当事人产生约束力:其一,知情权。在环境侵权示范诉讼中,法院对作出的同意环境示范诉讼申请、同意当事人和解、变更环境侵

---

① [日]小岛武司:《范式诉讼之提倡》,载于陈刚:《自律型社会与正义的综合体系》,中国法制出版社 2006 年版,第 57 页。

② 该处相关权利人是指进行权利登记的后诉当事人,因其并没有参与被选定的环境侵权示范案件的审理程序,所以称为相关权利人。

权示范诉讼案件、中止环境侵权示范诉讼审理等决定,应当及时通知未参与诉讼的相关权利人,使其可据此作出相应的程序选择。如果不服法院决定,可以申请退出,不受示范裁判的约束。其二,异议权。正如美国联邦最高法院大法官 Frankel 所言,"让缺席的当事人受既判力的约束应有一个极限,这个极限应当是使这些当事人在以后的程序中对意欲强加给自己的判决能够提起复审,至少对判决加于他们的公正性的基本问题重加检讨"。① 因此,赋予相关权利人异议权十分重要。如果发现环境侵权示范诉讼双方当事人存在通谋等违法行为,或忽视某些对诉讼结果可能产生重大影响的证据时,相关权利人可向法院提出异议。

诉讼机制的作用在于依据社会冲突的不同状况,运用诉讼手段对冲突实施不同的排解和抑制。由于社会关系的日益复杂化,社会冲突越来越趋于综合性,解决社会冲突的需求对现实诉讼分类提出了深刻的挑战。② 鉴于我国目前司法实践的需要和现行诉讼对环境侵权救济的缺失,新兴的环境侵权示范性诉讼制度的出现,为我国环境侵权群体性纠纷的解决提供了新的选择。环境侵权示范性诉讼制度的构建,不仅是诉讼机制能动地适应解决社会冲突变化的需要,更是对国家环境保护途径的有益探索,对于有效维护当前社会公平稳定,长远保护后世社会利益意义重大。③

三、环境民事公益诉讼法律制度研究

要完善民事诉讼的相关制度,使诉讼活动更具有效性和目的性。首先是公益诉讼制度,这是大家比较关注的,当我们消费者权益受到损害的时候,当我们的环境受到污染的时候,谁来提起诉讼? 有时候就个人来说,只有反射的利益,或者说是间接的利益。根据原告资格理论,他们是难以提起诉讼的,所以有时就没人起诉。"扩大司法手段的运用、特别是保留司法对民事纠纷最终解决的权力是法治社会的基本取向。至少在司法手段与其他手段的覆盖范围

---

① supreme Court of the United States 1940 311us. 32,61S. Ct. 115.
② 顾培东:《社会冲突与诉讼机制》,法律出版社 2004 年版,第 42~46 页。
③ 张旭东:《环境民事公益诉讼法律制度研究》,载《北京邮电大学学报(社会科学版)》2007 年第 1 期。

之间,不应有空隙或盲区。"①这样就有必要建立一个公益诉讼制度,立法机关也已接受这样一个意见。考虑公益诉讼问题的复杂性和修法的时间表,2012年8月31日修订并通过的我国《民事诉讼法》第55条仅对公益诉讼问题作了原则性规定,即:"对污染环境、侵害众多消费者合法权益等损害社会公共利益的行为,法律规定的机关和有关组织可以向人民法院提起诉讼。"首次赋予与案件没有直接利害关系的机关、有关组织提起公益诉讼的资格,被视为推动公益诉讼前行的突围之举。但是目前对这个问题还有很多争论。下文将着重从环境权视角对这一问题进行研究。

(一)问题引出

当今,由于人类对自然不受节制的开发与利用,导致环境污染、破坏等严重的生态危机出现,威胁着人类的生存和发展。这场生态危机就其实质而言,是人类对自由的过渡滥用而导致的一场公益危机。面对日益增多与严重的公益危机,传统的法律制度却显得力不从心。在传统法律制度领域中,法律主体应该是理性人、经济人、自利人,一方面意味着个人有充分发展的自由,另一方面意味着个人仅对属于其私益的事项负责。在此理念指导下的宪法的本位是个人自由与权利的保障,民法的本位则是意思自治、契约自由等。具体到诉讼制度,个人仅对侵害其个人利益的行为有权获得司法救济,而面对与个人并非有直接法律利益关联的环境污染、破坏等问题,现行的诉讼制度及法律理念捉襟见肘。而环境公益诉讼制度正是为适应这一突破性要求而产生的一项理想的制度设计。本文所要关注和研究的是这一制度在环境民事诉讼领域的实现——环境民事公益诉讼制度。

环境民事公益诉讼在具有相应制度设计与制度实践的国家具有不同的称谓,但本质上均属于环境公益诉讼之范畴。环境民事公益诉讼制度是指为直接维护环境公益,任何公民或团体依法对侵害环境公益者提起诉讼,要求人民法院对环境公益予以救济的法律制度。它作为保护社会公共的环境权利和其他相关权利而进行的诉讼活动,是针对保护个体环境权利及相关权利的"环境私益诉讼"而言的。

环境民事公益诉讼作为"现代型诉讼"之一种,在西方发达国家的环境法理论与实践中已有二三十年的历史,以英美等国家最为发达。美国法律规定:只要某人能说明,他有权使用或享受某些自然资源或他本人的生计依赖于这

---

① 顾培东:《论我国民事权利司法保护的疏失》,载《法学研究》2002第6期。

些资源,尽管资源的所有权不属于他,他也不是某一污染行为的直接受害人,但可以"保护公共利益"为由而向排污者起诉。英国的《污染控制法》也做了"对于公害,任何人均可起诉"的规定。① 但非常遗憾的是,这一制度在我国目前的法制框架内尚不存在。

　　环境民事公益诉讼作为一种保护社会公共环境权利与解决环境公益纠纷的衡平机制,与传统的环境民事侵权诉讼相比较,具有以下特点:第一,环境民事公益诉讼制度的目的是直接救济受侵害的环境公益。虽然侵害公共环境权益亦可对每个个体的权益产生侵害,其诉讼结果存在着间接维护或有利于个体利益的效能,但其提起诉讼的目的与直接为保护个体本身利益的私益诉讼仍有不同。第二,侵害主体的特定性及被侵害主体的不特定性。基于环境侵权的社会性、广泛性、潜在性、不特定性等特征,②被侵害主体之间往往是不相联系的,无组织的,但他们的个人利益均被侵害。这是和环境侵害的整体性和个体性相关的,由于被侵害主体的不特定性和环境权的公益性,环境民事公益诉讼体现了法律对环境权的整体保护。第三,环境民事公益诉讼的原告是不特定当事人。环境民事公益诉讼中原告可以是与侵害后果无直接利害关系的公民、公益组织或法定的国家机关,只要其认为加害人的行为侵害了社会公众的环境民事权利,或者社会公共利益有被侵害的现实威胁就可以提起民事诉讼。③ 第四,环境民事公益诉讼具有显著的预防性。与私益诉讼相比环境民事公益诉讼不以造成实际损害为成立条件,也就是说只要能根据有关情况合理判断有社会公益侵害的潜在可能就可以提起诉讼。④ 由于环境损害存在着长期性、潜伏性、不易逆转性等特点,其损害的结果在侵害人实施侵害行为时不一定立即表现出来,而可能要经过一段相当长的时期才实际爆发,而一旦这种结果发生,则对环境造成极大的损害,并且不易消除这种损害。鉴于此,容许公民在环境侵害尚未发生或尚未完全发生时提起环境民事公益诉讼加以排除,阻止环境公益遭受无法弥补的损害,应当是环境法中"预防为主"原则在诉讼机制上的具体体现。

---

　　① 吕忠梅:《环境法新视野》,中国政法大学出版社2000年版,第288页。
　　② 曹明德:《环境侵权法》,法律出版社2000年版,第18页。
　　③ 戚道孟:《论海洋环境污染损害赔偿纠纷中的诉讼原告》,载《中国海洋大学学报(社会科学版)》2004年第1期。
　　④ 郑春燕:《论民众诉讼》,载《法学》2001年第4期。

(二)环境民事公益诉讼的理性求证

1. 环境民事公益诉讼的法益基础与公益理念

任何法律都有具体的保护法益,环境法自然也不例外。环境权作为一种新的、正在发展中的法律权利,不仅是环境立法、执法和诉讼的基础,而且是环境法学体系建立和可持续发展实现基本理论的根据。在立法上是否确立环境权,直接关系到在司法实践中,原告能否以环境权作为权利依据提起诉讼,法院面对这种案件是否受理的问题;尤其是对于环境民事公益诉讼,其作为环境权从理论到实践的重要途径,环境权能否成为一项独立的法定权利对环境民事公益诉讼具有实质性的意义。当前环境民事公益诉讼引入我国所面临的最大困难就是环境权的确立问题。因此,我们应从发展的眼光来加强环境权的研究,将之作为可诉的权利予以付诸实施。

根据法律论证理论,要确立一项打破传统法体系的新型权利,除非有足够充分且正当的理由。目前,用来论证环境权的最有力的学说莫过于公共信托理论。公共信托理论源于罗马法。在罗马法中,空气、海滩和河流等公共物品,由人类共同拥有,但委托给政府管理,以保障市民享有自由而不受阻碍的利用的权利。政府官员或者市民均可对损害公共财产(包括环境利益)的行为人提出"民众诉讼"以维护公共利益。此后,这一原则又以判例的形式被美国法所吸收,适用于河流、海岸以及自然领域。1892年,美国最高法院在 Illinois Central Railroad Co. v. Illinois 案中确立了该原则。在这个案件中,伊利诺州政府通过一项法律将一块面积达1000多英亩的紧挨芝加哥商业中心的优良土地转让给伊利诺中央铁路公司。由于该地包含了很大部分密执安湖沿岸的水域,由此引发了官司。最高法院认为,一个州的政府受公众的委托享有对水资源的管理权,以保障公民的自由航运、贸易和捕鱼的权利,并防止任何私人的破坏和干涉。除非是为了促进公共利益的增进,否则州政府的这种管理权利应该永远维持,不能让渡。因此最高法院撤销了该转让土地的法律,明确了伊利诺州政府的托管权,从而确立了公共信托原则。① 公共信托原则的理论内涵与现代代议制政府代表人民对国家资源实施保护和管理的基本原则是一致的。二者的目的都是为了公共利益,客体在很大部分上也发生重合,如土地、空气和水资源等,因此公共信托原则被现代学者当作环境保护运动的一个

---

① Nancy K. Ku base k Gary S. Silverman, *Environmental Law*, New York: Pearson Education Inc,2002,p. 36.

最为有利的武器。20世纪70年代,萨克斯教授正是在这一原则基础上首次提出了环境权理论。

萨克斯教授认为,水、空气等与人类生活密不可分的环境要素不是无主物,而是全体国民的共有财产,国民为了管理他们的共有财产可委托政府管理。此时国民与政府之间的关系为委托人和受托人的关系,政府应当为全体国民包括当代美国人及其子孙后代管理好这个财产,未经委托人许可,政府不得自行处理这些财产。当时萨克斯教授的这种观点受到了美国人民的普遍赞同和支持,从而确立了公民有在良好的环境中生活的权利这一原则。后来又有人将公民环境权扩展到采光权、通风权、宁静权、清洁水权、清洁空气权等诸多权利。每一个公民都有在良好环境中生活的权利,公民环境权是公民最基本的权利之一,应当受到法律保护。目前,公共信托理论已被许多国家的环境立法作为确立环境权的理论根据,从而也相应成为环境民事公益诉讼的依据。

我国环境立法、执法、司法中长期普遍存在着环境公益受损难以得到救济的事实。究其根本原因,是我国立法供给不足和存在的缺陷造成的。一方面,我国现行立法未将环境权作为公民的一项基本权利加以确认,在司法实践中不能适用具体案件,作为裁判的依据;另一方面,现行诉讼制度将起诉主体限定为与案件具有直接利害关系者,使对具有社会性、间接性、复杂性、缓慢性和不可逆性等特点的环境公益侵害很难得到有效的救济。因此,笔者认为,我国环境公益保护的当务之急是在宪法和环境保护法中明文确立环境权是公民的一项基本权利,为公民环境权受到侵害获得法律救济提供理论支撑和法律依据。同时应就现行诉讼制度进行必要的变革,使作为公共环境的维护者和受益者的每个公民,在存在环境违法行为时,都可以自己的环境权益受到侵害为由,提起环境民事公益诉讼,以维护环境公益。①

2. 环境民事公益诉讼建制目的与价值追求

正如在制定实体法时必须要考虑利益一样,在运用诉讼程序解决纠纷时,也有利益衡平问题。西班牙著名诉讼法学家 Calamandrer 曾经说过:"诉讼程序的实质目的,并不是事后去实现规范所首要保护的利益,而是首要实现那些相同的规范所欲调节的生活的利益。"美国法学家 E. 博登海默也曾精辟地指出:"对相互对立的利益进行调整以及对他们的先后顺序予以安排,往往是靠立法手段来实现的。然而,由于立法是一般的和指向未来的,所以一项成文法规可能会不足以解决一起已经发生利益冲突的具体案件。如果这种情况发

---

① 王梅:《论环境公益诉讼机制的构建》,载《林业经济问题》2003年第6期。

第八章 群体诉讼程序类型化——以环境诉讼为视角

生,那么就可能有必要确定相关实施并就相互对立的主张中何者应当得以承认的问题作出裁定。"①在现实生活中,不少利益都是相互矛盾和冲突的,法律的一个重要功能就是协调与平衡各种相互矛盾的利益,就是对两种或两种以上相互矛盾冲突的利益进行分析和比较,找出其各自的存在意义与合理性,在此基础上作出孰重孰轻、谁是谁非的价值判断。

众所周知,现行民事诉讼制度所秉承的是民法的精神。作为私法的典型,民法立足"个人本位",尊崇"意思自治"的基本理念。②而根植于民法精神的民事诉讼所预设的纠纷也表现为平等主体间"一对一"的私益纠纷,在这种纠纷解决模式下,主体间的利益纷争都是特定化、个别化、具体化并且是可以自由处分的私法性质的。民事诉讼的目的就在于解决主体间私权纠纷、保护民事主体私权利,维护私法秩序。民事诉讼的这种私益属性在其对当事人与处于争议中的民事权益具有直接利害关系的要求及贯穿于诉讼结构中的程序规则上体现得十分明显。这也决定了受制于民事实体法的民事诉讼对处理公益纠纷,维护社会公共利益是难有建树的。基于"有权利必有救济"的理念,必须寻求恰当的途径,为社会公益设定司法救济方式,以维护社会正义和社会秩序。而环境民事公益诉讼制度正是为适应这一突破性要求而产生的一项保护环境公共利益的制度设计,并为国外立法与实践所检验与认同。

环境公共利益作为社会这一系统所具有的独立的价值,区别于社会成员的环境个体利益,这种区别,主要体现在利益内容的特殊性上。环境公共利益并非社会个体成员环境利益的总和,一方面,社会个体成员环境利益与环境公共利益之间表现为依存共生的关系,环境公益的普惠性说明增进环境公益行为一定会促进环境个益的满足,环境公益是环境个益实现的必要途径,环境个益与环境公益的利益诉求具有趋同性;但另一方面,环境公共利益与环境个体利益在内容上并不具有同等性和可比性。首先,环境公益不可量化和等分,其不可分割性导致环境公益较之环境个益不仅易受损害而且受损后果更为严重。其次,现代经济学已经揭示,由于存在外部不经济性和信息不对称,个人环境利益的被满足,并不意味着整个社会环境公共利益也被满足了。因此,环境法上的民事公益诉讼制度从一开始建立即定位于公益诉讼,它与基于传统理论的环境侵权损害个案救济的私益诉讼有着根本的不同,其诉讼主张指向

---

① [美]E.博登海默:《法理学:法律哲学与法律方法》,邓正来译,中国政法大学出版社 2004 年版,第 400 页。

② 姚辉:《民法的精神》,法律出版社 1999 年版,第 7 页。

的是环境公共利益而非某个人或某些人的环境利益。

3. 环境民事公益诉讼是民主法治的要求

民主、自由是人类社会的共同追求,无论是发达国家还是发展中国家概莫能外。特别是在环境保护这一典型的社会公共领域,民主决策、民主管理是其内在的要求,环境保护民主原则是环境法公益性、社会性的体现。① 环境保护的社会性、公益性决定了公众参与环境保护的重要性。当前,无论是在发达国家还是在广大的发展中国家,社会公众的环境意识日益高涨,公众参与已经成为各国环境保护不可或缺的社会条件,这种变化推动了社会民主的发展,进而使民主政治日益成为环境法运行的社会政治基础。从某种意义上讲,公众参与程度甚至已经成为衡量一个国家或者地区环境保护事业发达程度和环境管理水平高低的一个重要标志。

环境民事公益诉讼是公众参与法律实施的一项重要途径,也是公众参与法律实施的重要表现。最早的公众参与环境法律的实施可以追溯至六百多年前,在1388年,英国的理查德二世(Richard 11)在国会批准了一项有关处理排放到水沟、河流和水域的粪便和污物的水污染法律。该法规定,政府官员或认为受到损害的其他人可以提起诉讼以实施该法。这种私人参与环境法律的实施的方式是普遍的,因为,任何对社区规则的违反都视为对整个社区及其全部成员的侵犯。② 在环境民事公益诉讼制度较为发达的美国,人们认为,公众参与实施法律是美国民主和宪政的核心,这项政治权利是美国民主的根基之所在,公众有权对体现自己意志的法律的实施予以检查,有权使法律得以良好的实施。这是民主法治的一项基本原则。

从环境民事公益诉讼的诞生来看,其直接的目的就是为了弥补政府实施法律之不足而由公众实施法律。现实中,一方面,政府被法律赋予越来越多的有关环境保护的职责,而政府却存在人力、物力和精力的不足。相对短缺和滞后的政府执法资源并不能完全满足实施法律的需求。政府实施法律存在一定的盲点;另一方面,政府有时由于受各种因素的影响,比如,地方经济的发展、短期经济利益与政治利益的趋导等因素,政府本身并不愿意充分实施法律。此外,还存在政府违法的情形。因此,面对政府执法不力或不能守法的现象,

---

① 蔡守秋:《环境资源法学教程》,武汉大学出版社2000年版,第420页。

② Defenders of Wildlife & Center for Wildlife Law, the Public in Action: Using State Citizen Suit Statutes to Protect Biodiversity, September 2000, p. 13. http://www.defenders.org/states/publications/publicinaction.pdf,访问日期:2010-05-15。

公众参与实施法律就成为必要。

当公民环境权益或社会公共环境利益遭受不法侵害时,能够通过法律诉讼而获得司法救济,是法治社会的基本要求。我国宪法明确规定:"人民依照法律规定,通过各种途径和形式管理国家事务,管理经济和文化事务,管理社会事务。"《环境保护法(试行)》规定的环境保护三十二字方针中的"依靠群众,大家动手"已包含环境民主原则的内容。《环境保护法》第6条规定:"一切单位和个人都有保护环境的义务,并有权对污染和破坏环境的单位和个人进行检举和控告。"《国务院关于环境保护若干问题的决定》(1996年8月30日)关于"建立公众参与机制,发挥社会团体的作用,鼓励公众参与环境保护工作,检举和揭发各种违反环境保护法律法规的行为"的规定,以及《水污染防治法》和《环境噪声污染防治法》均规定:"环境影响报告书中,应当有该建设项目所在地单位和居民的意见。"《中国21世纪议程》明确提出"公众、团体和组织的参与方式和参与程度,将决定可持续发展目标实现的进程。"《环境影响评价法》更直接明确了公众在环境影响评价中的法律地位。环境民事公益诉讼制度为人们参与国家事务的管理与环境保护提供了新的途径,也为人们这一权利的实现提供了司法保障。[①] 环境民事公益诉讼制度规定的诉讼权利,是民主权利在诉讼中的表现,它使社会主义民主在诉讼领域内制度化、法律化,它为我们提供了一条通过诉讼推进民治的途径。

(三)环境民事公益诉讼制度构建

无救济即无权利,是法治主义的最高信条之一。这一理论要求对所有合法权利,都预设、提供充分和合理的救济,而不论这种权利属于个人性质、集体性质还是国家性质。环境公益具有共享性和受损后果的时滞性等特点,这就使得救济和保障环境公益无法适用普通民事权益受损后的救济方式。这也决定了为适应新型权利的保护要求,有必要建立一种能够突破现行的相关传统法学理论的制度。结合学界对环境公益诉讼理论问题的研究以及实践探索性操作中存在的困惑,笔者认为,构建完善的环境民事公益诉讼制度需要解决以下几个问题。

1. 立法模式问题

即是在不改变现行程序体系的总体框架,适应现在的民事审判格局,在民

[①] 韩志红、阮大强:《新型诉讼——经济公益诉讼的理论与实践》,法律出版社1999年版,第87~88页。

事诉讼体系内通过立法修改现有制度或设计新的诉讼形式,还是变革现有诉讼体系的整体框架,突破传统诉讼观念和制度的局限,通过建立全新的公益诉讼制度来解决。学者们有不同的认识。笔者认为,现阶段我国传统民事诉讼秉承的是民事实体法的精神,民事诉讼的目的就在于解决个体间的私权纠纷,救济和保护民事主体实体私权利,维护司法秩序。民事诉讼的这种私益属性,在对当事人适格的要求及程序结构安排上体现的甚为明显。因此,无论立法修正现有制度或扩张当事人理论,甚至设计特别诉讼程序,民事诉讼都不可能对其程序价值与架构进行质的否定与背离,这也决定了受制于民事实体法的民事诉讼对处理民事公益纠纷,维护社会公共利益上的瓶颈。异化本质的方法毕竟有限,建立价值与规则同一的全新环境民事公益诉讼制度显然更为合适。

2.起诉模式问题

以公民提起诉讼要不要先经过有关机关审查为标准,可分为公民直接起诉与前置审查起诉模式。大陆法系国家在公民提起公益诉讼上大多采取直接起诉模式,起诉前,不需要任何机关的审查批准。如日本、德国。英美法系国家大多采取前置审查起诉模式,即公民提起公益诉讼之前,必须通知并要求有关国家机关制止损害社会公共利益的违法行为或者提起诉讼,当有关国家机关不提起诉讼时,公民才可径行提起诉讼。

鉴于环境民事公益案件诉讼利益的公共性和扩散性,应当对环境民事公益诉讼设置不同于一般诉讼案件的诉讼模式。笔者认为,从行政与司法合理分权的客观需要出发,我国环境民事公益诉讼的提起以设置前置审查程序为宜。因为前置程序的设置,一方面给有关国家机关一个缓冲期间,由有关机关利用职权去纠正违法行为;另一方面亦对公民公益诉讼进行控制,防止滥诉。这样可以使环境民事公益诉讼和国家行政机关在维护公益上互相制约、互相补充。

3.诉讼当事人问题

传统的诉讼强调原告适格,原告要获取当事人资格,必须证明其权利受到了侵害。这种理论使得对公共利益的保护出现了司法真空。为能实现环境公益保护的有效性,我们不应恪守传统民事诉讼法的"无直接利害关系便无诉权"的理论,而应将原告资格范围放宽,赋予包括公民、社会团体和有关机关作为原告进行环境公益诉讼的权利,都有权为维护环境公共利益而提起诉讼进行司法救济,是环境民事公益诉讼制度的一大突出特点,也是环境民事公益诉

第八章 群体诉讼程序类型化——以环境诉讼为视角

讼的目的得以实现的必然要求。① 在环境保护领域有意识地放松诉讼主体资格,这已成为世界各国环境与资源保护立法发展的总趋势。

基于提起公益诉讼的衡量标准,原告要么与案件没有利害关系,要么仅有象征性的利害关系这一要求,公民个人作为适格的公益诉讼主体自然无疑。在公益诉讼中,有权提起诉讼另一类重要主体就是有关组织。关于有关组织的资格,起码应具备以下条件:(1)该组织的设立必须是以公益为目的;(2)该组织提起的公益诉讼符合其章程及设立目的;(3)该组织应具有进行诉讼的权利能力、行为能力和经济能力。② 为避免有关组织资格被滥用,法院应对有关组织的起诉权进行严格审查,有关组织诉讼的目的应与其组织宗旨一致。同时鉴于团体诉讼的发展和扩大是非常谨慎,且通常都是与实体法同步完成状况,有关组织提起公益诉讼的范围应受到严格限制,借鉴国外做法,可在不正当竞争以及违法垄断领域、消费者权益保护领域及环境保护等领域,由相应的组织提起公益诉讼。③

对于环境行政机关、检察机关是否应排除在原告范围之外?虽然我国2012年8月修订通过的《民事诉讼法》第55条规定赋予了法律规定的机关提起公益诉讼资格,且司法实践中屡有环保局、检察机关作为起诉主体提起公益情况,如:2012年2月20日陕西韩城市环保局诉韩城市白矾矿业有限责任公司排放尾矿废渣,污染水源和周边生态案;④2011年1月昆明市环保局诉昆明三农农牧有限公司、昆明羊甫联合牧业有限公司污染环境案;⑤2010年11月浙江嘉兴平湖市人民检察院诉嘉兴市绿谊环保服务有限公司等5被告环境污染责任纠纷案等。⑥ 但人们对其提起公益诉讼主体资格争议依然很大。有观

---

① 公益诉讼的目的主要是维护社会公共利益,尽管在某些案件中也包含有保护私益的诉讼请求,但保护公共利益是整个诉讼的侧重点,而保护私益只能是象征性的。以此为衡量标准,提起公益诉讼的原告要么与案件没有利害关系,要么仅有象征性的利害关系。

② 杨严炎:《群体诉讼研究》,法律出版社2010年版,第272页。

③ 范愉:《集团诉讼问题研究》,北京大学出版社2006年版,第232页。

④ 梁娟:《陕西韩城环保局起诉污染水源公司获立案》,http://www.ahradio.com.cn/news/system/2012/02/20/002077737.shtml,访问日期:2012-02-20。

⑤ 云南省高级人民法院:《昆明市环境保护局起诉昆明三农农牧有限公司、昆明羊甫联合牧业有限公司环境污染侵权纠纷一案》民事判决书(2011)云高民一终字第41号,http://vip.lawxp.com/Casecenter/Show/c1482397.html,访问日期:2012-02-20。

⑥ 陈东升:《浙江首例环保公益诉讼案件开庭》,http://www.legaldaily.com.cn/index_article/content/2011-11/30/content_3145348.htm?node=5955,访问日期:2012-02-20。

点认为，环境行政机关作为行使环境监管与环境行政处罚权的职能部门，只能用行政手段解决环境违法现象，对破坏环境资源造成的公众或国家的环境权益或财产损失等民事权益的保护却无能为力，因此，环境行政机关应以公众受托人和国家环境资源所有权代表人的身份，直接对侵害公众或国家环境资源权益的行为提起环境民事公益诉讼。对于检察机关，由于检察机关的多重身份和角色介入到民事诉讼中，其对民事审判活动的监督权必然导致法院中立地位难保，其特殊的地位和诉讼权利（权力）也会使其与对方当事人之间的平等对话产生困难。检察机关的介入，非但不能当然带来权力扩张的结果，反而可能引发检察机关角色的混乱和冲突。① 然而笔者认为，将环境行政机关列入环境民事公益诉讼原告范围之内，将检察机关排除在环境民事公益诉讼原告范围之外都是不妥的。就环境行政机关而言，法律上已经赋予了其保护公共环境资源的权力，它们不但有管理权及一定的行政强制权（即它们只要作出具体的行政行为就可以制止侵害公共环境资源的行为），而且一旦这些行政行为不足以制止不法行为，其可直接申请人民法院强制执行，因此，它们没有提起环境民事公益诉讼的必要。就检察机关而言，赋予检察机关在环境民事公益诉讼中提起诉讼的权利，符合检察机关作为国家法律监督机关的职能特点，也是环境公益诉讼国家干预原则的体现，特别是当环境行政机关不履行法定职责时，检察机关有义务对此进行监督，并可以采取包括环境公益诉讼在内的措施对环境资源破坏进行补救。这种环境诉讼既可以是对环境行政机关提起的环境行政公益诉讼，也可以是对破坏环境资源的单位和个人提起的环境民事公益诉讼。② 在美国，检察官是政府的代表，代表政府行使诉讼权利，对涉及政府利益的案件和公共利益的案件，提起诉讼，保护政府和公众的利益。法国、德国及日本也有着相应的规定。③ 由此可见，由检察机关对损害公共利益的案件提起诉讼是一种普遍的做法。

4. 损害事实发生前可否提起诉讼问题

当损害社会公共利益的行为客观上已经发生时，允许提起公益诉讼，这应该是不言自明的。问题在于损害环境公共利益的客观事实还没有发生，是否允许提起公益诉讼？针对环境损害存在着长期性、潜伏性、不易逆转性等特

---

① 王福华：《我国检察机关介入民事诉讼之否定》，载《政治与法律》2003年第5期。
② 在我国，自1997年河南省方城县检察院首次以国家代表的身份作为原告提起民事公益诉讼之后，至今类似案例已有几百起。
③ 金明焕：《比较检察制度概论》，中国检察出版社1991年版，第86页。

第八章 群体诉讼程序类型化——以环境诉讼为视角

点,其损害的结果在侵害人实施侵害行为时不一定能立即表现出来,而是可能要经过一段相当长的时期方可实际发生,且结果一旦发生,则可对环境造成极大损害。笔者认为我国的环境民事公益诉讼应采用美国公益诉讼模式,允许提起事前预防诉讼。[①] 亦即只要能根据有关情况合理判断有社会公益侵害的潜在可能,就可提起诉讼,由违法行为人承担相应的法律责任。这样可以有效地保护公民和公众的环境权益不受违法侵害行为的侵害,把环境违法行为消灭在萌芽状态,从而阻止环境公益遭受无法弥补的损害,以达到防患于未然之功效。

5.诉讼费用问题

在环境民事公益诉讼中,原告提起诉讼的动机,更多情况下是完全源自对环境公益的维护心理,与个人可能并无直接的利益关系。公益诉讼的提起必然要耗费一定数量的金钱和大量的时间精力,诉讼费用承担上的设计不当必将严重挫伤私人提起公益诉讼的积极性,所以在制度设计时应多为原告着想,但是为了防止滥诉,笔者认为可采取保证金办法:即要求提起公益诉讼的原告提交一定的保证金,在诉讼结束后,若原告胜诉,由被告承担诉讼费用;若原告败诉,由法院酌情而定(适当减轻),若原告属恶意诉讼,将保证金没收。同时,为鼓励和推动公民参与环保和行使维护环境公共利益诉权的积极性,我国环境民事公益诉讼在制度设计上应仿效美国集团诉讼惩罚性赔偿制度确立对胜诉原告的补偿与激励机制,刺激公民的利益动机,借以维护社会公共利益,除此之外,还可由国家设立公益基金,奖励胜诉原告,以引导、鼓励公民维护公益的积极性。

6.诉讼时效问题

我国现行的三大诉讼体系之中关于诉讼时效的规定,均要求当事人必须在一定的期限内提起诉讼(普通环境民事诉讼的诉讼时效为三年),否则将丧失胜诉的权利。但根据最高人民法院在《关于贯彻执行〈中华人民共和国民法通则〉若干问题的意见(试行)》第170条的规定:"未授权给公民、法人经营、管理的国家财产受到侵害的,不受诉讼时效期间的限制"。这一规定的法律精神明显是出于保护国家利益所需,而环境民事公益诉讼同样是保护国家利益和社会公共利益的救济渠道,也应当不受诉讼时效的限制。使侵犯环境公共

---

① 美国《克莱顿法》对反垄断实行"早期原则",允许有根据地对预期将来会发生的、且尚未有结果的垄断行为提起诉讼。美国《清洁水法》第505条规定,允许公民在联邦环保局或各州对过去、现在或将来的民事或刑事违法者提起公诉时介入。

利益的违法行为在任何时候均能受到法律追究,有利于从根本上保护生态环境,同时也能对环境公害的制造者起到威慑作用。

诉讼机制能动地适应解决社会冲突变化是诉讼制度发展的必然要求。① 鉴于我国目前司法实践的需要和现行诉讼对环境公共利益保护的缺失,建立环境民事公益诉讼制度势在必行。环境民事公益诉讼制度的构建,不仅是维护环境公共利益、实现环境权从理论到实践的重要途径,同时也有助于为环境民事公益诉讼的启动提供切实可行的操作规则,也能够有效解决我国受损环境公益救济缺位的问题,真正建立起完善的权利救济体系。

四、公益诉讼独立性研究——以环境公益诉讼为切入点

2012年8月31日我国修订通过的《民事诉讼法》第55条规定,对污染环境、侵害众多消费者合法权益等损害社会公共利益的行为,法律规定的机关和有关组织可以向人民法院提起诉讼。使公益诉讼从幕后走到台前,被视为推动公益诉讼前行的突围之举。但是目前对这个问题还有很多争论,认真梳理发现,争论的核心点在于:公益诉讼是作为一种独立的诉讼类型登上我国法制历史舞台,还是如有些学者所认为的,公益诉讼并非一种独立的诉讼类型,而是依附于传统诉讼制度存在的。②

法的生成是一个渐进、漫长的过程,公益诉讼制度的生成同样如此。选定推进我国公益诉讼的基本态度,是透视公益诉讼司法、促进公益诉讼立法的前提。笔者以为,从当下中国的情势看,公益诉讼的推进无疑应该坚持渐进、保守的态度,而不能过分强调公益诉讼对传统诉讼以及传统权力结构的颠覆性。但从长远角度看,鉴于公益诉讼具有显著不同于传统诉讼的独立特性,及公益

---

① 顾培东:《社会冲突与诉讼机制》,法律出版社2004年版,第42~46页。
② 持环境公益诉讼在本质上属于新的诉讼法律制度观点的有:刘卫先:《环境公益诉讼制度独立性的基础及其目的》,载《四川行政学院学报》2009年第3期。持环境公益诉讼并非一种独立的诉讼类型,而是依附于传统诉讼制度存在的观点有:郑贤宇:《我国环境公益诉讼原告资格的完善》,载《东南学术》2011年第4期;李义松、苏胜利:《环境公益诉讼的制度生成研究——以近年几起环境公益诉讼案为例展开》,载《中国软科学》2011年第4期;邓一峰:《环境诉讼制度研究》,中国海洋大学博士学位论文(2007)年,第86页。

保护的特殊性,[1]将公益诉讼作为一种与传统三大诉讼并行独立的诉讼类型进行规定,不失为一种较好的立法安排。

一个新的、独立的诉讼制度必须要冲破现有诉讼理论与制度障碍才能有建立的机会。公益诉讼的研究必须突破传统诉讼理念的误区,将公益诉讼作为一种新的、独立的诉讼类型进行研究。本文拟以环境公益诉讼为视角从制度、法理、障碍及构建等方面展开对公益诉讼独立性研究。

(一)环境公益诉讼独立性之制度分析

环境权利是环境公共利益不受侵害的权利,因此,环境权利是环境公益诉讼的权利基础,可以用来预防和救济"对环境本身的损害"。人身权利是人身利益不受侵害的权利,财产权利是财产利益免受侵害的权利。因此,财产权利和人身权利可以用来预防和救济经由环境污染导致的财产和人身损害。环境公共利益是一种与人身利益和财产利益相并列的人之利益。[2] 当环境污染造成多数人的人身损害或财产损害时,人们将这种人身损害或财产损害也视为对环境公共利益的损害,显然是有问题的。从损害的角度看,当造成"对环境本身的损害"之时,即当导致"对环境功能的损害"之时,环境公共利益就遭受了损害。清洁的空气和河流被污染就是造成了"对环境本身的损害",也就是侵害了环境公共利益。环境污染可能造成特定或不特定多数人的人身和财产损害,但这种人身和财产损害与"对环境本身的损害"在性质上是根本不同的。

环境公益诉讼一般具有这样一个特征,即原告与其欲求实现的诉讼效果之间没有人格上的、私人独占的或者金钱上的利益关系。环境公益诉讼旨在预防和救济"对环境本身的损害",而不是预防和救济多数人的人身和财产损害。然在现行大多数理论研究与实践中,人们经常忽视环境公益诉讼与环境侵权诉讼(传统诉讼)之间的区别。

环境公益诉讼与环境侵权诉讼之间的区别首先体现在权利基础上。环境权利是环境公益诉讼的权利基础。环境公益诉讼主要解决"对环境本身的损害"问题,旨在保障以预防和救济"对环境本身的损害"为指归的环境权利。在目前的侵权责任法框架中,环境侵权诉讼旨在保障人身、财产权益,救济污染

---

[1] 张旭东:《环境民事公益诉讼法律制度研究》,载《北京邮电大学学报(社会科学版)》2007年第1期。

[2] 王小钢:《论环境公益诉讼的利益和权利基础》,载《浙江大学学报(人文社会科学版)》2011年第3期。

受害者的人身和财产损害。

环境公共利益是一种与人身利益和财产利益相并列的人之利益。"对环境本身的损害"不是财产损害。前者是对环境功能的损害,后者是对经济功能的损害。森林和水等自然资源同时具有环境功能和经济功能。当砍伐林木用作制造家具的原材料时,森林资源的经济功能得以实现,然而其蓄养水源和吸碳吐氧的环境功能却遭受了损害。"对环境本身的损害"不是人身损害。遭受了污染的环境可能会影响人们的健康、舒适和审美。"对环境本身的损害"虽然可能引起人身损害,但毕竟不同于人身损害。诚然,预防和减少"对环境本身的损害"可以间接保护和增进人们的健康、舒适和审美。有一种观点将"财产损害、人身损害、精神损害"和"环境污染、生态破坏"分别视为"对人的损害"和"对环境的损害"。这种观点意识到了"对环境本身的损害"和"人身损害"的差别。① 除了享有人身利益和财产利益外,人们还可以享受环境公共利益。虽然环境公共利益不是人身利益,但环境公共利益依然是一种人之利益。保护环境并不必然基于环境的内在价值,在更多的时候可能是基于人之利益。环境公共利益仍然属于人之利益,还没有进入环境的内在价值的范畴。人们有时会混淆环境公共利益和环境的内在价值。虽然环境是"身外之物",但环境与人的生命、健康、舒适和审美密切相关。因此,环境公共利益是一种不同于人身利益的人之利益。

环境权益没有写入《侵权责任法》又是另一个例证。《侵权责任法》第8章中的"环境污染责任"是因侵害民事主体人身、财产权益而产生的侵权责任。该法第65条规定:"因污染环境造成损害的,污染者应当承担侵权责任。"按照体系解释,该条中的"损害"是指人身和财产损害,"侵权责任"是指污染者因其污染环境造成人身和财产损害而应当承担的民事责任。环境侵权诉讼主要解决污染受害者的人身和财产损害问题,旨在保障民事主体的人身和财产权益。目前侵权责任法中的环境侵权诉讼并不需要从环境权利上寻找权利依据。②

其次二者承担民事责任的方式有所不同。1989年出台的我国《环境保护法》第41条规定:"造成环境污染危害的,有责任排除危害,并对直接受到损害的单位或者个人赔偿损失。""排除危害"意味着直接排除环境污染损害,亦即"对环境本身的损害"。在环境公益诉讼中,任何公民或公民团体都可以向法

---

① 吕忠梅:《环境公益诉讼辨析》,载《法商研究》2008年第6期。
② 王小钢:《环境法侵害排除和排除危害制度——从美、日、德相关诉讼制度的视角》,载《当代法学》2005年第3期。

院起诉要求污染者排除危害。然目前侵权责任法框架中的"停止侵害"、"排除妨碍"和"消除危险"意味着停止、排除和消除人身和财产权益所遭受的侵害、妨碍和危险。在环境侵权诉讼中,只有其人身和财产权益遭受侵害、妨碍和危险的污染受害者才有权向法院起诉要求污染者"停止侵害"、"排除妨碍"和"消除危险"。环境保护法中的"排除危害"与侵权责任法中的"停止侵害"、"排除妨碍"和"消除危险"之间是有区别的。

环境公益诉讼与环境侵权诉讼存在明显不同,但并不意味着二者是截然对立的。在特定情形下二者会出现互补。环境侵权诉讼在主要救济人身或财产损害的同时,也可以附带地救济"对环境本身的损害",间接保护环境公共利益。在环境公益诉讼中,人身和财产权益因环境污染而间接遭受侵害。为了避免人身和财产权益遭受进一步的侵害,可以运用侵权责任法中的"停止侵害"、"排除妨碍"和"消除危险"责任来附带地救济"对环境本身的损害"。预防和减少"对环境本身的损害"可以间接保护人身利益和财产利益。

(二)环境公益诉讼独立性之法理分析

1. 社会法视角:公、私法渗透融合下的程序性变迁

20世纪以来,现代社会中出现了一些特殊的社会问题,比如对不正当竞争的限制、消费者权益的保护、公害污染的处理等,这些问题是传统的公法机制和私法机制难以单独处理的,单独使用总显得简单机械,灵活性和平衡性不够。于是,公私两种法律运作机制相互"融合"、"渗透",出现了公法私法化和私法公法化的趋势。随着新的法律现象、法律制度不断涌现,"公法私法化"和"私法公法化"进程向前推进,在公法和私法之后第三法域出现,我们称之为社会法。环境法便是社会法的典型代表,新法域的出现导致了传统诉讼纠纷解决机制的失灵,这就要求我们创立新的诉讼机制。

谋求社会权利的实现,使其从一种非司法上的权利步入司法上的权利就成为必然的选择,这也就引发了不同国家和地区实现社会权利司法救济的尝试。① 体现在环境法领域就是环境公益诉讼制度的建立。公益诉讼(在印度又称之为"社会行动诉讼"),它背离了只有个人权利受到侵犯的人才能上法庭的传统规则。传统诉讼一直坚持,只有个人权利受到侵犯时法院才会受理。因此,社会行动诉讼在两方面有别于传统诉讼:一是它扩大了原告的主体资

---

① 例如印度在谋求社会权利的司法救济方面发展了另一种形式,即通过公益诉讼克服社会权利无法得到有效救济的不足。

格,那些非涉及个人的实际权利的团体和个人也可以提起诉讼;二是扩大了保护的范围,传统诉讼保护的主要是个人的利益,公益诉讼使得在公共利益受损时也可以通过司法途径得以救济。

公益诉讼设立的主要目的是解决涉及公共利益的纠纷,但是我国并没有实质意义上的公益诉讼。当前理论研究中学者们囿于传统诉讼制度的框架,将环境公共纠纷的解决寄希望于传统诉讼制度,继而企图修改现行诉讼法中不适宜环境公益保护的部分,却不管不顾其体系性和完整性。理论研究的局限和不发达导致立法的滞后性,虽然司法实践中已经开始尝试建立环境法庭受理环境公益诉讼案件,但还是按照传统民事或行政诉讼来处理这些案件,这就很难达到预想的司法效果。环境法属于社会法领域,涉及环境公共利益的纠纷属于典型的公共纠纷,解决环境公共纠纷的制度就是环境公益诉讼制度。环境公益诉讼突破了民事责任的个人责任与个体补偿原则,体现的是环境法中的社会责任与公益补偿责任。①

环境权是环境法的基础权利,正如人身权、财产权是民法的基础权利一样。很难将环境权划分为"公权"还是"私权",它是兼具公益和私益特征的社会权。在具有社会性特征的环境权基础上建立的环境法律关系是一种新型的法律关系,"它既不同于以国家利益为本位的公法关系,也不同于以私人利益为本位的私法关系"。② 环境利益是典型的公共利益,公共利益与个人利益是相对的,公共利益也不等同于国家利益,国家利益是介于个人利益与公共利益之间的。那么这种以环境公共利益为本位的法律关系只能由环境法律来调整,而环境法律所要求的保护环境利益的程序是以保护私人利益和国家利益为目的的传统诉讼制度无法满足的,这就需要一种新型的诉讼机制。按照法学理论的观点,从内在结构来看,权利主要包括自由权、请求权、救济权等主要权能。为保护融合了"社会性"色彩的环境权,就需要建立一种专门的诉讼形式——环境公益诉讼,对环境权所涉及的利益进行综合考量,突破以往只考虑财产利益和人身利益的做法,突破只考虑个人利益和国家利益的做法,突破只考虑人的利益而忽视自然利益的做法。

2. 程序相称原理

保障当事人的裁判请求权,就必须保障当事人的公正审判请求权,而保障

---

① 任权:《论我国环境公益诉讼的构建》,中国海洋大学硕士学位论文(2009)年,第8页。

② 吴勇:《可持续发展与环境诉讼的更新》,载《甘肃政法学院学报》2007年第3期。

公正审判请求权,并不意味着对所有的纠纷,法院都必须使用程序保障相同的程序来审理。在现代社会,权利具有多元性,法律关系具有多样性和多层次性,这就使得现代社会的纠纷呈现多元化和多层次性的特点。为使不同类型的纠纷都能够得到妥当的处理,就有必要设置多元的纠纷解决程序,而且必须根据纠纷类型的性质和特点设立不同类型的程序,易言之,诉讼程序的设置应当与纠纷的类型相适应,即程序的设立必须遵循程序相称原理。

实体法规定的权利内容依赖于程序法才能实现,成文法国家如果没有在实体法中规定相关权利内容,程序法上就不能进行救济。在纠纷内容涉及公法领域时,比如纠纷内容属于刑法、行政法等公法时,我国有刑事诉讼和行政诉讼与之相配套;而纠纷的事实和内容涉及私法领域时,比如民法、商法等,有民事诉讼与之相配套;但是纠纷的事实和内容属于社会法领域尤其是环境公益法律时,传统的纠纷解决机制的适用便出现了问题,这类纠纷是传统的公法机制和私法机制难以单独处理的,单独使用总显得简单机械,灵活性和平衡性不够。环境法的特殊性,产生了对现行诉讼法进行修正或形成新的诉讼法与之立法目的、内容相对应的要求。

《民事诉讼法》第108条第1项规:"起诉必须符合下列条件:原告必须是与本案有直接利害关系的公民、法人和其他组织"。据此,只有实体权利受到侵害的受害人才能提起诉讼,而环境公益的一个重要特点就在于它是一个比较抽象的社会公共利益,任何单位和个人都没有专属享用权,环境公益的损害对个人来说并不是直接的。民事诉讼法的这一规定,把所有的人都排除在为环境公益提起诉讼的主体范围之外。不仅如此,由于大多数环境侵害的间接性和无形性导致难以确定直接具体的受害者来担任原告。

《中华人民共和国行政诉讼法》第2条规定:"公民、法人或者其他组织认为行政机关和行政机关工作人员的具体行政行为侵犯其合法权益,有权依照本法向人民法院提起诉讼"。这就确定了行政诉讼的原告资格范围,即被具体行政行为侵犯了其合法权益的公民、法人或组织。"合法权益"是指法律规定的实体性权利,那么原告必须在法律上专属性或者排他性拥有该实体性权利,才能在该权利受到侵犯时向人民法院提起诉讼。然而许多环境公益损害中涉及的环境要素,如清洁的空气、清澈的河水等并非任何单位或个人专属享有的,而是属于集体和全人类共同所有的。按照行政诉讼法的规定,公民和法人只能对破坏环境公益的具体行政行为提起行政诉讼,不能对那些破坏环境公益的抽象行政行为起诉,而可能恰恰是这些不当的抽象行政行为对环境的破坏性更大。我国的行政诉讼法也没有作出规定对于一些可以预见环境损害的行政行为提起行政诉讼,在能够预防环境公益受到损害时提起环境公益诉讼的可能性被法律否决,这就大大降低了公益诉讼在预防环境公益损害方面的功能。

如果对我国行政诉讼法律制度中不利于环境公益保护的部分进行修改,是否能够达到维护环境公共利益的效果呢?通过下面的一系列论述,结论显而易见。首先,在立法目的上,行政诉讼法是为了保护个人利益免受行政权力的侵害,而为了保护环境公共利益所进行的诉讼显然与保护私人利益的行政诉讼相互矛盾,在同一部法律中不可能存在两种相互矛盾的立法目的,这样便违背了行政诉讼法的立法目的和立法原则。其次,行政诉讼中的司法机关只能对具体行政行为的合法性进行审查,只要行政机关的行政行为没有违反法律规定,那么司法机关便无权干涉。然而许多造成环境损害的具体行政行为是在法律规定的范围作出的,司法机关又无权对行政行为的合理性进行审查,那么这便阻碍了对环境公共利益的有效保护。如果赋予司法机关对抽象行政行为以及具体行政行为的合理性进行审查的权利,意味着司法权真正的独立,这种可能破坏司法权与行政权之间平衡的司法独立非一朝一夕能实现的,不适合我国当前国情。最后,对环境公益的保护只能从整体上进行,从私人利益的角度很难达到保护环境公益的目的。即使每个人的私人利益都能得到很好的保护,也不意味着环境公益得到了有效的保护,这一点是行政诉讼无论如何也改变不了的。① 如果对行政诉讼法中那些不利于环境公共利益保护的地方进行修改,那么我们的行政诉讼法便会面目全非,不仅破坏了行政诉讼法自身制度的协调一致性,也背离了行政诉讼法保护个人利益免受行政机关侵害的初衷,而且传统的行政诉讼制度并没有如此大的张力来容纳整个环境公益诉讼制度。

显然,民事诉讼和行政诉讼无法达到我们要保护环境公共利益的目的,那么刑事诉讼呢,答案也是否定的。刑事诉讼的目的是为了保护国家社会公共利益,其本质上便具有公益诉讼的属性。我国《刑事诉讼法》明确规定检察机关有权代表国家对侵害国家社会公共利益的行为提起诉讼,这一制度设计为环境公共利益的保护提供了通道。然而刑事诉讼是对违法犯罪行为提起的诉讼,这一特点便决定了刑事诉讼的保护环境公益范围的狭窄,如果一个侵害环境公共利益的行为没有达到犯罪的程度,那么检察机关便无权向人民法院提

---

① 刘卫先:《环境公益诉讼制度独立性的基础及其目的》,载《四川行政学院学报》2009年第3期。

起刑事诉讼。此外,检察机关代表国家为保护环境公共利益提起的刑事诉讼,其起诉主体仅是检察机关,这样的起诉主体太狭窄同时大大降低了对环境公益的保护。

综上所述,仅对三大诉讼法进行修改并不能达到保护环境公共利益的效果,而且任意修改三大诉讼也会破坏各诉讼法原来的立法目的、立法原则,让原本已经成熟的民事诉讼机制、行政诉讼机制和刑事诉讼机制变得杂乱无章。环境侵害的紧迫性、危害的无法弥补性又不容许我们迟疑保护环境公共利益的脚步。在环境保护实体法逐步完备时,却没有相应的程序机制对其进行保护,在传统诉讼机制不能适应时,新的诉讼机制亟待建立,为了保护环境公共利益进行的诉讼已经超出三大诉讼法的理论纬度,成为一种新的、独立的诉讼制度,即环境公益诉讼制度。

(三)环境公益诉讼独立性之障碍分析

近年来,环境污染不断发生,社会现实状况呼唤建立相关机制,维护环境公共利益。确实有必要重新设计我国的诉讼机制,以回应社会现实对立法和司法的要求。环境公益诉讼的出现为解决这一难题提供了契机,然而要建立这样一种独立的诉讼模式还面临着很大的困难。法律发展的重心不在于立法,不在于法律科学,也不在于司法判决,而在于社会本身。① 应该说,就我国社会发展现状而言,确乎有必要建立相关保护公共利益的制度。但是,在我国建立环境公益诉讼尚且存在诸多体制和理念的障碍,笔者以为,其中最主要的莫过于下列几点:

1.立法上的障碍

从我国现有立法看,目前不仅没有确立关于环境公益诉讼的具体规定,甚至连政策性、纲领性的规定都没有。一般而言,一项诉讼制度的建立首先需要实体法上将有赖于该诉讼制度的权利体系做详尽的规定,而在程序上也需要将此制度法律化,具体到环境公益诉讼的建立,首先就需要在环保法律中明确规定环境实体性权利。"而在我国当前的法律体系中,在实体法上存在对环境权规定的重大缺失,不仅宪法没有规定环境权,环境法律也没有相应的规定,

---

① [美]H.W.埃尔曼:《比较法律文化》,贺卫方、高鸿钧译,清华大学出版社2003年版,第3页。

在诉讼法上则表现为关于环境公益诉讼的规定一片空白"。① 囿于传统三大诉讼制度的局限性,在其固有制度范围内不能将环境公益诉讼纳入其中。虽然2012年8月31日我国《民事诉讼法》第55条规定,对环境污染损害社会公共利益的行为,法律规定的机关和有关组织可以向人民法院提起诉讼。使环境公益诉讼从幕后走到台前。但这种将环境公益诉讼规定在民事诉讼法典中的做法毕竟是权宜之计。

考察我国关于环境保护的法律会发现一个有趣的现象,检举权和控告权无处不在,比如《宪法》第41条、《环境保护法》第6条、《大气污染防治法》第5条等,但这种检举和控告并不意味着可以提起诉讼。不论是在国家的根本大法——《宪法》,还是在环境保护基本法或者环境保护其他法律,人民法院、人民检察院组织法以及我国现行诉讼法中都无法找到环境公益诉讼的法律依据。立法上的空缺对于环境公益诉讼制度的构建是一块硬伤,没有立法谈何制度的构建。

2. 现代司法理念的阙如

我国是奉行成文法主义的国家,法官严格依照法律的规定裁判案件,不能在法律之外创造"新法",民事诉讼从现有立法规范出发,保护私人既有权利和利益。对于超出现有法律规定保护框架之外的利益,法官往往以法无明文规定而不予保护。司法的机械和僵化之性不言自明。因此,面对不断涌现的新类型纠纷,法官在传统思维的支配下,果断地作出不予受理或者在受理作出驳回起诉的裁定。在环境污染纠纷领域,诸多所谓的"好事者"被冷酷的司法机关阻挡于正义的殿堂之外。2005年12月松花江污染案就是一典型的例证。当事人因无法接近司法机关而无法接近正义。

3. 司法实践中的障碍

虽然作为成文法国家的我国并没有在立法上确立环境公益诉讼制度,但在保护环境的驱使下,司法实践中对环境公益诉讼的探索却一直在进行。司法实践的摸索为我国环境公益诉讼制度的建立提供了宝贵的实践经验,然而实践效果却不尽如人意,下面通过几个案例说明之。

案例一:2010年10月18日,中华环保联合会接到贵阳市乌当区群众投诉,称贵阳市乌当区定扒造纸厂将生产废水排放到南明河,导致南明河受到污染,中华环保联合会随即派专人赴现场实地调查,查证定扒造纸厂排放未经处

---

① 徐敬华:《环境公益诉讼制度研究》,中央民族大学硕士学位论文(2009)年,第20页。

第八章 群体诉讼程序类型化——以环境诉讼为视角

理的污水属实。污染产生的大量泡沫与上游流入的南明河水汇合,形成一个长长的污染带,南明河污浊不堪。11月19日,出于保护公共环境的目的,中华环保联合会与贵阳公众环境教育中心向贵州省清镇市人民法院提起环境公益诉讼,请求法院判令定扒造纸厂立即停止向河道排放污水,消除偷排生产废水对其下游南明河及乌江产生的危险。经审查,清镇市人民法院于当日决定立案受理,最终清镇市人民法院支持了原告的诉讼请求。①

在判决书中我们可以看到,该法院使用的是贵州省清镇市人民法院(2010)清环保民初字第4号民事判决书,即该案是按照民事审判程序审理的,最终判决也仅停留在停止排放污水、消除危害方面,没有就环境本身的损害赔偿(生态恢复费用)问题进行裁判。②

案例二:2007年3月,厦门市民林雷以自己拍摄的公交车排放的黑色尾气照片为证据,向厦门市思明区人民法院提起诉讼,依据《厦门市环境保护条例》第38条的规定,他认为厦门市特运顺联公交公司、公益公交公司、白鹤友谊公交公司等3家公交企业超标排放尾气的行为危害了他的健康,要求法院判令三家公交公司向他公开道歉,并赔偿1元钱损失。该案经过思明区法院的两次开庭审理,最后作出判决,驳回了林雷的诉讼请求,林雷上诉后,厦门市中级人民法院经过审理,认定了公交车排放的尾气超过国家标准的事实,但最终的判决结果是"驳回上诉,维持原判"。③

经过了接近两年的时间,该案最终作出驳回诉讼请求的判决可以说是在意料之中,因为我国法律中没有关于个人可以代表国家或者集体提起公益诉讼的规定,该案中林雷虽然也是受害者,但是法院并不支持他的诉讼请求。立法上的落后阻碍了司法实践的发展。

案例三:2010年6月21日,昆明市环境保护局以三农公司、羊甫公司养

---

① 中华环保联合会:《判决书——中华环保联合会诉贵阳定扒造纸厂环境污染一案》,《中国公益诉讼网》,http://www.pil.org.cn/q_aj/q_ajpage_996.html,访问日期:2011-08-09。

② 如前文分析,侵权责任法框架中的"停止侵害"、"排除妨碍"和"消除危险"与环境保护法中的"排除危害"之间是有区别的。"停止侵害"、"排除妨碍"和"消除危险"意味着停止、排除和消除人身和财产权益所遭受的侵害、妨碍和危险。"排除危害"意味着直接排除环境污染损害,亦即"对环境本身的损害"。

③ 苏丽艳:《黑尾气存在≠对市民产生伤害 公交黑尾气案林雷终审败诉》,《东南早报网》,http://www.qzwb.com/dzb/dzb_zb/content/2009-01/13/content_2988402.htm,访问日期:2011-07-24。

殖废水渗入地下水系统,致使长期以来依赖该龙潭水生产、生活的大树营村委会相关村组人畜饮水发生困难为由,提起诉讼,请求判令:三农公司、羊甫公司立即停止对环境的侵害,赔偿为治理嵩明县杨林镇大树营村委会七里湾大龙潭水污染所发生的全部费用,暂计人民币 417.21 万元(其中:治理设施建设成本费用计人民币 363.94 万元,运行维护成本按 1 年运行期计算计人民币 53.27 万元),专项应急环境监测费和污染治理成本评估费用及案件的诉讼费用。

本案经过昆明市中级人民法院、云南省高级人民法院两级审理,最终作出判决:被告昆明三农农牧有限公司、昆明羊甫联合牧业有限公司立即停止对环境的侵害,支付"昆明市环境公益诉讼救济专项资金"人民币 417.21 万元,用于大龙潭水治理;支付评估费人民币 132520 元。

以上三个案例是我国环境公益诉讼司法实践中的典型代表。不难看出,面对同类案件,法官作出不同的裁判。究其原因,在于法官对环境公益诉讼理解上的不同,最终导致裁判结果的差异。有的法官囿于传统诉讼制度,认为环境公益诉讼是传统诉讼的延续,环境公益诉讼案件的判决结果只能局限在传统的诉讼制度框架下进行审理、裁判。如例 2,就体现出这种认识,不敢越雷池半步。而有些法官认为,虽然环境公益诉讼是传统诉讼的延伸,但他毕竟有其特殊之处,而不能简单套用传统诉讼模式来审理案件,应有所突破,如突破当事人利害关系、设立专门的环保法庭、引入专家证人等。基于突破的程度,实践中表现也是不同的,例 1 和例 3 就很典型,它们都体现出了对传统诉讼模式的突破,但在承担民事责任的方式上却有所不同,例 1 局限于传统民事责任承担方式,而例 3 则扩展为对环境本身的损害承担责任。司法实践的不一,认识上存在的偏差,对形成统一的环境公益诉讼无疑是一种障碍。

(四)我国构建独立的环境公益诉讼制度之思路

1.构建独立的环境公益诉讼制度总体构想

(1)突破理论误区

学者们将环境公益诉讼局限在传统诉讼范围之内,认为环境公益诉讼并非一类独立的诉讼类型,而是附属于传统诉讼制度的。他们认为环境公共纠纷可以通过传统的诉讼手段解决,不管是修改现行诉讼法还是在环境相关法律中规定环境公益诉讼制度,总之是寄希望于通过现有的诉讼机制解决新型环境纠纷,企图将环境公共纠纷在传统诉讼机制的维度内解决。极少数学者认为可以建立专门的环境诉讼制度或者建立普通环境公益诉讼和环境公诉作为环境公益诉讼制度。专门的环境诉讼制度包括公民之诉、国家公诉、后代人

第八章 群体诉讼程序类型化——以环境诉讼为视角

之诉和自然物种之诉。普通环境公益诉讼包括环境民事公益诉讼和环境行政公益诉讼,环境公诉包括环境刑事公诉、环境民事公诉和环境行政公诉。笔者的观点与后两种观点有所不同,既然要建立专门的、独立的环境公益诉讼制度,为何还要局限于传统诉讼机制的理念和制度设计。

首先,应该打破传统法律观念的桎梏,从探究整个诉讼制度的缺陷这个角度进行理性的分析。既然环境公共纠纷是一种新的纠纷类型,就绝不可寄希望于现有的诉讼制度或者企图修改现有三大诉讼法使之与环境公益诉讼的理念和制度相符合。置传统诉讼制度的设计文化理念于不顾任意修改诉讼法,只会破坏原有诉讼体制的完整性。我们应该摒弃固有的落后的法律观念,勇于理论创新,将具有特殊意义的环境公益诉讼独立为一种新的诉讼类型,这种做法不仅不会破坏原有三大诉讼结构的完整性,还能与环境保护实体法形成一个完整的环境法律体系,另外,也为我国公益诉讼制度的发展提供了可资借鉴的理论研究和实践经验。

其次,理论研究应该建立在实践基础上,如果理论研究脱离实际就会变得毫无意义。法律理论研究也是如此,虽然国外的环境公益诉讼制度有很多值得我国借鉴的地方,但不能一味的照搬照抄,要结合我国的国情、法情。将环境公益程序法规定到环境保护实体法中的建议,显然脱离了我国的法情。在我国实体法与程序法有明显的界线,贸然将实体法与程序法混合一气,这样混乱的法律可能会造成更大的环境损害。笔者以为,应勇于理论创新、突破现有法律框架的束缚,在我国建立一个独立的环境公益诉讼制度。

(2)实体法中确立环境权

环境权是环境法的基础性权利,正如财产权、人身权等是民法的基础性权利一样,拥有权利才能谈权利救济,若没有此权利谈何救济?环境权是公民和环保组织提起环境公益诉讼的权利基础。环境权在我国的环境法中早就被列为一项重要的权利,近年来环境权理论被列为环境公益诉讼的理论基础之一,与公共信托理论、私人检察总长理论、私人实施法律理论并列,各个理论在为环境公益诉讼提供理论支撑层面上都有其独特性,而环境权理论又是在公共信托理论的基础上发展起来的。可惜的是环境权只停留在理论研究层面,我国的环境保护法并没有规定环境权,环境公益诉讼的提起就缺乏了有力依据。

第一,在宪法中规定环境权。宪法是我国的根本大法,宪法的根本性地位对环境保护有深远意义。环境权在宪法上的缺失,直接导致了环境公益诉讼的缺失,致使人们环境维权举步维艰。① 我国是成文法国家,在宪法中规定环境权,不仅为其他环境保护实体法律确定环境权的具体内容起到指导作用,也为诉讼程序的实施提供了实体法的根本依据。因此,在宪法层面上,要修订宪法,肯定公民的环境权,肯定社会性的环境公共权益,并确认司法救济对于保护公民和社会环境公共利益的作用。②

第二,在环境保护基本法中确定环境权的具体内容。关于环境权的内容,宪法不宜作具体化的规定,在宪法中可以规定公民享有在良好的生态环境中生活的权利。其具体内容可由环境保护基本法做详细规定,即环境权的享有主体只能是自然人,包括当代人和后代人;环境权的内容包括对良好生态功能的保有权、享受权等实体性权能和环境参与权、环境知情权、环境请求权等程序性权能。环境权如此细致的规定为公民提起环境公益诉讼提供了权利基础。

(3)制定《环境公益诉讼法》

新法域的出现导致了传统诉讼纠纷解决机制的失灵,这就要求我们创立新的诉讼机制,具体到环境法领域,必须建立专门的环境公益诉讼制度。政协委员、人大代表也已不止一次地在全国人民代表大会上以提案的形式提出建立环境公益诉讼制度。③ 2012 年 8 月 31 日我国《民事诉讼法》第 55 条规定,已对公益诉讼作出规定。这一条款的确立使中国公益诉讼制度迈出跨越性一步。但这种把公益诉讼制度作为民事诉讼制度诉讼机能扩张的一个具体表现和制度安排,其面临的困境也是非常明显的:将公益诉讼内置于民事诉讼的"拉补丁"式改革,很容易使人民法院依照普通民事诉讼程序、规则和责任规定等审理公益诉讼案件,虽然表面上使一个具体纠纷轻而易举地解决了,甚至可能出现原被告"双赢"局面,却导致了公共利益并未得到切实有效的保护,还容易诱发原告假借公益诉讼之名获取不正当利益等矛盾。公益诉讼无论是在价

---

① 李爱年:《中国环境公益诉讼的立法选择》,载《法学杂志》2010 年第 8 期。

② 常纪文:《我国环境公益诉讼立法存在的问题及其对策——美国判例法的新近发展及其经验借鉴》,载《现代法学》2007 年第 9 期。

③ 全国政协委员梁从诫在 2005 年全国政协十届三次会议上提出建议尽快建立健全环保公益诉讼;全国人大代表吕忠梅、曲修霞于 2006 年 3 月在十届人大四次会议上,分别提出了第 691 号提案,要求尽快建立环境公益诉讼制度。现任最高人民法院副院长万鄂湘 2009 年两会上提交了《关于建立环境公益诉讼制度推进生态文明建设》的提案,引起了相关部门高度重视;2010 年两会期间,他再次呼吁,建立环境公益诉讼制度,实行环保案件专门管辖。

值理念上,还是在具体诉讼程序和规则上,都根本有别于传统诉讼机制。我们不能人云亦云地把公益诉讼简单置于现行某个诉讼法做内部化处理,也不能在相关诉讼法改革尚未跟进的背景下而一贯依赖司法解释。基于"实体权利是诉之利益的基础"之根本要求,我们不妨为中国公益诉讼定位与立法模式提供一个不同于私法与公法的社会法视角,把公益诉讼置于社会法视野下,逐步建立健全中国公益诉讼的特有机制与诉讼体系。

作为成文法国家,该程序法制定后可以与环境保护实体法律形成完整的环境法律体系,完善和扩充我国的诉讼法律体系。制定专门的《环境公益诉讼法》可以实现环境权益和社会效益的最大化,这种专门指导环境公益诉讼的司法程序凸显我国对于环境公共利益的重视程度,能更好地保护环境公共利益。环境公益诉讼立法遵循的两个最为主要的基本原则为:一是公益原则;二是必要原则。建立公益诉讼制度不外乎是想通过运用司法程序来达到对公共利益保护的目的。当且仅当违法行为侵害了国家利益、社会利益或不特定多数人的利益,而诉讼主体又不确定或缺失的情况下,才有必要提起公益诉讼。公益原则实际上是对提起公益诉讼的诉权进行限定,强调只有公益受损才能提起诉讼,以此保障公益诉讼的范围适当。这里应当强调的是,并不是所有损害国家利益及公共利益的案件都需要提起公益诉讼,在决定是否提起公益诉讼前还应进行必要性的衡量,这种必要性的一个主要衡量标准应是看国家利益和社会公共利益是不是受到了严重的损害。公益诉讼主体不代表自己的利益,也不代表某种特殊的或具体的利益,其代表的是国家和社会公共利益,只有在国家或社会公共利益需要救济的特定情况下,即当国家利益、社会公共利益或公序良俗受到违法行为的侵害,造成严重后果,而又无特定主体起诉或特定主体不起诉或不宜起诉等情况时,才能行使公益诉权。因此,公益诉讼中一些具体制度的规定应该有利于对公共利益的保护,有助于扫除阻碍公益诉讼制度的各种障碍。

环境公益诉讼作为公益诉讼的一个典型代表,将其作为一切入点来对公益诉讼立法进行研究具有重要的理论和现实意义。公益诉讼法涉及的公益诉讼的类型和范围很广,先将《环境公益诉讼法》制定实施,待司法实践和立法时机成熟后,再统一制定一部公益诉讼法。从特殊到一般的立法路径在我国当前是十分必要的。

2. 环境公益诉讼具体制度构建

鉴于前文(第八章第三节)对环境公益诉讼具体制度构建已有部分涉及,此处仅就前文未涉及的、需特别规定的一些制度提出构建设想。

(1) 设立环境法庭

自贵州省在2007年年底成立了我国第一个环境法庭——清镇市人民法院环境保护法庭,专门审理环境违法案件以来,全国各地纷纷设立环保法庭专门审理环境案件。据统计,到2010年底,我国云南、贵州、海南、福建、山东、江苏等省都设置了专门的环境法庭。这样的司法实践无论对于环境纠纷的解决还是对于法院审判庭制度的建设都具有里程碑式的意义。环境公益诉讼案件属于典型的环境纠纷,环境污染的不可逆转性、潜伏性等特点对司法审判人员的专业要求也很高,环境公益诉讼应由环境法庭来专门审理。

司法实践中的环境法庭不仅审理环境公益诉讼案件,其审理的大多数是环境私益诉讼案件,笔者认为这样的受案范围不利于环境法庭的专业性发展。环境私益诉讼属于环境侵权案件,即侵犯的是诉讼主体的人身权、财产权,只不过因涉及环境这一介质就将其放到环境法庭来专门审判,有点大材小用的感觉。环境私益诉讼案件有具体的受害人和侵权行为人,有具体的诉讼请求,受害人的损失与侵权行为人的行为有直接利害关系,受害人可以直接提起民事诉讼或者行政诉讼请求保护其人身权和财产权。前面提到的环境众益诉讼我们的传统诉讼也有解决的方法,即代表人诉讼和团体诉讼。侵权法修订后更加有利于环境侵权案件的救济,此类案件属于典型的民事和行政案件。至于举证责任的分配,侵权法也给出了具体而详细的规定,诉讼时效也比普通的侵权案件长,这样的法律规定完全可以处理好环境侵权纠纷。

环境损害具有涉及面广、影响力大的区域性和国际性等特性,环境介质的影响也致使环境公益诉讼的技术性和专业性很强,传统的民事、行政法庭难以对环境公益诉讼作出公正的司法裁判。而这种特殊的诉讼规则和制度恰恰可以由专门的审判庭——环境法庭来实践。环境法庭专门处理环境公益诉讼案件,可以提高司法效率以尽快达到保护环境公共利益的目的。

关于环境法庭设置的法院级别,考虑到其特殊性,笔者认为基层法院不宜设置环境法庭。基层法院的管辖有限,而环境公益诉讼往往是跨区域的,有时是跨市、跨省的,另外很多环境公益诉讼案件往往是以当地行政机关为被告的,这样的案件由基层法院一审显然不妥。在我国就有专门的海事法院、军事法院等,这些特殊法院是特别设立的,环境法庭也可以看作是特别设立的,将环境公益诉讼案件归类为重大复杂的案件由中级人民法院设立环境法庭审理。环境公益诉讼也需实行两审终审制,由本省高级人民法院作为终审法院,这样的涉及不违背我国的诉讼制度。关于环境法庭的审判人员,由于专业性要求较高,设置环境法庭的人民法院应该培养一批具有专业知识和高素质的

第八章 群体诉讼程序类型化——以环境诉讼为视角

审判人员,保证公益诉讼案件高效、合法的审理。

2. 环境公益诉讼的可诉范围

一般来说,环境公益诉讼案件有两类,一是以直接排污造成环境公共利益受损的企业、个人等为被告的案件,另一种是以政府部门为被告的案件。其实这两类被告在同一环境公益诉讼案件中是可以同时被作为起诉对象的。

前面已经论述,我国需要建立的是专门的环境公益诉讼,没有所谓的环境民事公益诉讼和环境行政公益诉讼的区分,这种区分也是不科学的。笔者认为只要是损害环境公共利益的或者有损害之虞的行为都可以被起诉。对于传统行政诉讼上不能对行政机关的抽象行政行为提起诉讼的限制在此是不适用的,实际上行政机关的抽象行政行为的不当对环境公共利益的破坏性更大。如果行政机关的环境抽象行政行为不具有可诉性,那么将极大地阻碍对环境公益的维护。鉴于环境公益诉讼的预防性目的,关于环境公益诉讼的提起条件,可以不必局限于已经实际发生的环境损害,只要有对环境公共利益造成损害的可能性便可起诉。

基于此,环境公益诉讼的可诉范围可规定为:出于保护环境公益的目的,只要行为人的行为危害到了或有可能危害到环境公益,权利主体都可以向人民法院提起环境公益诉讼。对于行政机关的行政行为,不论其是具体行政行为还是抽象行政行为,只要其行为有可能损害环境公共利益或已经造成损害,那么都可以成为环境公益诉讼的对象。

3. 原告的适格范围

环境公益诉讼的原告范围在学术界的讨论多如牛毛,大致可以分为两类,即单一说和多元说,单一说把环境公益诉讼的原告范围限定为有关机关、社会团体;① 多元说认为原告范围包括公民、检察机关、行政机关、环保团体等,后来又发展到"物""后代人"也可以成为环境公益诉讼的原告。司法实践中,贵州省贵阳市中级人民法院指定清镇市人民法院管辖所有的环境案件,贵阳市人民法院在《指定管辖决定书》中规定:"环境公益诉讼案件:各级检察机关、'两湖一库'管理局、各级环保局、林业局等相关职能部门,可作为环境公益诉讼的原告向人民法院提起环境公益诉讼。案件类型仅限于涉及'两湖一库'及环城林带的环境保护、管理、侵权、损害赔偿等案件。"在借鉴此实践经验的基础上,笔者认为我国在建立环境公益诉讼制度时,可以将原告的资格范围作出

---

① 这与我国 2012 年修订通过的《民事诉讼法》第 55 条规定规定的公益诉讼主体资格基本一致,将其限定为法律规定的机关和有关组织。

具体规定(详见第八章第三部分)。

4.环境公益诉讼前置程序

所谓诉讼前置程序,是指起诉主体在向人民法院起诉前,必须依照法律规定完成起诉前相关事项的程序性要求,才可以提起诉讼。大多数国家有关于此项制度的规定,其目的是为防止恶意诉讼和诉讼泛滥。在环境公益诉讼制度中设置强制性的诉讼前置程序,可以实现以下效果:首先,有利于环境公益诉讼相关制度的规范,防止诉讼泛滥和恶意诉讼。环境公益诉讼往往涉及国家和社会的公共利益,某些别有用心的人可能趁此机会挑拨民众恶意提起诉讼达到其某种目的,前置程序的规定可以防止此类事件的发生。其次,有时可能达到意想不到的效果,比如有些环境公益诉讼案件在前置程序就得到了很好的解决,那也没有必要多此一举去诉讼了。最后,前置程序解决的问题可以成为后面的诉讼过程中使用的证据,有利于提高审判效率,节约司法成本。

美国联邦环境公民诉讼条款规定,提起公民诉讼的原告在提起环境公益诉讼之前应当先履行起诉前通知的前置程序,即在通知前,不得提起公民诉讼。不管是以违反联邦环境法律的特定条款的违法行为人为被诉对象还是因为行政机关的不作为以该行政机关为被诉对象的,都应向特定人发出起诉通知,在该通知发出之日起60日内不得起诉。① 德国对于环境团体提起的环境公益诉讼规定必须以已经申请了行政救济为前提,这与我国行政诉讼中行政复议前置相似。荷兰、日本、印度等国家也都为环境公益诉讼设置了前置程序。

对于诉前程序,我们并不陌生,在我国法律中就有相类似的规定,比如我国《行政复议法》第30条第1款中对自然资源的确权类争议做了行政复议前置的规定,《治安管理处罚法》第39条规定的复议前置等,这些法律规定都对我们探讨环境公益诉讼前置程序起到了借鉴作用。

笔者认为,对于重大的环境公益诉讼案件可以不必履行通知程序,应当向当地的环境监管部门或者当地人民政府进行检举,在15日内,行政机关未作出回应的,可以提起诉讼。此重大环境公益诉讼的标准可以由环境法庭的法官自由裁量,比较简单的环境公益诉讼案件可以不实行诉讼前置制度。以行政机关为被告的环境公益诉讼,可以规定起诉人必须向该行政机关发出30日内起诉的通知,敦促去纠正不当的行政行为或及时履行行政职责。笔者以为,

---

① 陈冬:《环境公益诉讼研究——以美国环境公民诉讼为中心》,中国海洋大学博士学位论文(2004年),第54页。

第八章 群体诉讼程序类型化——以环境诉讼为视角

30日的期限比较合理,其他国家规定的60日并不适用于我国国情,环境公益诉讼涉及面广、影响力大,不宜拖延。另外对于比较特殊的环境公益诉讼案件可以设置前置听证制度,组织专家学者、民众、原被告等在人民法院的主持下,就争议点进行辩论,最后由法官进行意见汇总决定是否进入实质审理程序。

5. 证明责任分配

在诉讼过程中,证明责任的分配会对当事人和法院的行为产生巨大影响,它影响着整个诉讼的结构,因此,德国普维庭教授将证明责任视为"诉讼的命脉"。① 环境侵权纠纷的难题,归根结底是环境侵权因果关系证明责任分配的问题。在众多环境侵权因果关系证明责任分配方式中,证明责任倒置法成为许多国家解决环境侵权因果关系证明责任分配难题的通例。我国于2010年施行的《侵权责任法》第66条规定:"因污染环境发生纠纷,污染者应当就法律规定的不承担责任或者减轻责任的情形及其行为与损害之间不存在因果关系承担举证责任。"然环境侵权因果关系具有多样性和复杂性,单一的因果关系证明责任倒置方式,无法合理、有效地化解环境侵权纠纷。

笔者认为,基于环境侵权类型多样化,环境侵权因果关系证明责任分配,应当综合考量当事人证据取得的难易程度、与证据距离远近、对证据控制的可能与否以及是否有利于防范损害的发生、是否有利于民事权利的救济等重点因素。出于公平原则、衡平利益的考量,缓和环境侵权因果关系实行证明责任倒置,改变单一、片面、僵化的证明责任倒置模式,建立一种与案件类型相适应的多元、精细的证明责任分配制度,不仅利于精致正义的实现,而且通过调节环境侵权因果关系证明责任方法,易于达到相对利益均衡的社会良性运行状态。② 具体思路如下:

(1)简单环境侵权因果关系证明责任由原告承担。简单的环境侵权,是指加害行为持续时间较短,损害后果能够及时显现的环境侵权。该类案件的因果关系要件较为简单,受害人的损害后果与加害人的加害行为之间的时间间隔较短,与此相关的证据较易收集,加害行为与损害后果之间的因果关系较易证明,原告完全可以借助多种多样的证明方法完成简单环境侵权因果关系证明责任,而不必经过复杂的科学鉴定程序,也免除了科学技术鉴定所需花费的时间与精力。由原告方负证明责任,可能很多人都会说这不是一种回到过去

---

① 参见周翠:《〈侵权责任法〉体系下的证明责任倒置与减轻规范》,载《中外法学》2010年第5期。

② 参见霍海红:《证明责任配置裁量权之反思》,载《法学研究》2010年第1期。

状态的倒退吗?这种观点的问题在于将证明责任的配置看作是调整诉讼证明问题的唯一路径。其实,证明责任倒置是一剂"猛药",《证据规定》实施后的实践也表明环境侵权纠纷案件倒置证明责任可能是一种矫枉过正。此类案件中,与原告相比,被告并不具有任何证据距离的优势,如果要求被告承担此类案件的因果关系不存在的证明责任,则可能使本来可以收集与保存的证据灭失,进而使案件事实陷入真伪不明的境地,造成诉讼时间的不必要拖延;且若要求被告从反面证明因果关系不存在,比由原告从正面证明因果关系存在要困难得多,如此易导致本来简单的案件变得复杂化,无端增加了当事人的诉讼负担,有违诉讼经济与诉讼效率。

简单的环境侵权案件具体包括哪些类型的案件,目前还没有具体的标准,而要确立这一标准,在当前环境下也存在较大的困难,但是从司法实践中的案例来看,以下几类案件,一般来说属于因果关系较为简单的环境侵权,应当采用一般的证明责任分配方式,即谁主张、谁举证的证明责任分配方式解决环境侵权的因果关系证明责任分配问题:第一类,为日常生活中普通公民之间的涉及相邻关系的环境侵权。有学者认为,此类案件应当采用民法中的相邻权纠纷的解决方式处理,不应当适用侵权责任法中的环境侵权条款。笔者认为,此类案件所涉及的权利义务关系较为明确,属于普通的较为简单的环境侵权,同样具有通过损坏环境这一介质再作用于人身和财产的特征,不应当否认其具有的环境侵权行为的性质。日常生活中污染物质排放后,可能给邻近的居民造成人身、财产的损害,该类案件中双方主体一般具有较强的确定性,所造成的损害也能及时显现出来,污染行为与损害之间的因果关系较为明确,原告完全有能力承担此类案件因果关系证明责任。在实务中,在适用《民法通则》第83条、第124条判案时,针对个案,法官认为受害人更有条件或能力来证明损害原因,就不再适用证明责任倒置理论,而按照"规范说"(即谁主张、谁举证)的证明责任分配原则,由受害人对污染者的污染行为与损害之间存在因果关系负担证明责任。[①]第二类,为突发性的环境污染或环境破坏行为所致的环境侵权。此类环境侵权在日常生活中常常表现为突发性的环境污染型事故,如突发性的石油泄漏、突发性的有毒有害物质泄漏所造成的损害等。这类型环境侵权,污染行为持续时间较短,其所造成的损害也能在较短时间内显现出来,污染行为与损害之间的因果关系较为明确,容易获得证明,原告有能力完成该类案件中因果关系要件的证明责任,所以此类案件一般也应由原告承担

---

① 毕玉谦:《民事证明责任研究》,法律出版社2007年版,第347页。

第八章 群体诉讼程序类型化——以环境诉讼为视角

因果关系证明责任。

（2）复杂环境侵权适用因果关系证明责任倒置规则。证明责任倒置只是在特殊案件中为追求公平正义而对常规配置的例外突破，这种突破常常需要经历长期的历史和斗争，对证明责任倒置始终坚持审慎态度十分必要。

司法实践中环境侵权案件与日俱增、类型日渐多样化，一味地要求被告承担所有类型环境侵权案件中因果关系不存在之证明责任，确实有失公平、公正。复杂环境侵权案件适用因果关系证明责任倒置规则，即由被告就其行为与原告的损害之间不存在因果关系承担证明责任。复杂环境侵权，环境侵权结果具有潜伏性和持续性，污染物的不断排放所导致的侵害后果通常并不会立即显现，即使立即显现，并且因此而立即停止了污染物的排放，但是其后果却并不会立刻终止。环境的污染会在相当长的时间内持续，因此受害者会在不知不觉中受到环境污染所带来的侵害。1925年日本氮肥公司在水俣湾建厂，长期将没有经过任何处理的含汞废水排向水俣湾，最终导致50年代日本水俣病大规模爆发。

复杂性环境侵权主要是以工业生产中非突发性的环境污染或破坏行为为主。这种类型的环境侵权，一般是由工业生产过程中的排污行为所致。工业生产中产生的有毒有害物质，往往会在排入环境后发生各种物理、化学及生物上的各种反应，使环境遭受破坏，进而导致生态功能的破坏，从而引起人身和财产的损害。该类案件往往会造成较大范围的损害，损害后果也具有一定的复合性，因此，在确定双方主体时存在一定困难，且由于损害后果显现存在滞后性，易导致证据的灭失，加害行为与损害后果之间的因果关系证明问题较难解决，复杂的因果关系也难以由法官进行认定。正如最高人民法院民事审判第一庭在解释制定环境侵权因果关系证明责任倒置规则的理由时写到：按照证明责任的分配原则，损害事实与侵权行为之间的因果关系本应由受害人证明。但是，随着近年来城乡工业化的快速发展，因环境污染引起的损害呈现出多样性、复杂性等特征，如果让受害者就其损害事实与加害者污染环境行为的因果关系承担证明责任，无疑使受害人的权利难以得到及时、有效的保护。复杂的环境侵权，其因果关系要件也具有相当程度的复杂性，其内在的因果关系常常需要非常专业的人员，利用先进的仪器设备方可作出判断和解释，而加害方相比受害人来讲更具备举证的能力和条件。因此，我们采取证明责任倒置的原则，让加害人就其行为和损害结果之间不存在因果关系承担证明责任，能够在很大程度上实现实质上的公平和正义。① 此外环境侵权因果关系证明责任倒置规则，还充分考虑了无过错责任原则、当事人双方距离证据等因素。

从公众视角（包括具体案件当事人和受该规则约束的不特定多数人）对规则设计的合理性、规则运行的实践效果进行考察，都是不可或缺的。② 复杂环境侵权诉讼中实行因果关系证明责任倒置，不仅有利于保护受害人的利益，迎合环境侵权诉讼保护弱势公民政策需求，且让排污者多承担一点成本，有利于减少其供给，也有利于减少污染。从中国当前情况来看，这种加重有其合理性。

（3）赋予法官环境侵权因果关系证明责任分配裁量权。现实中的环境侵权案件具有多样性与复杂性，有些案件可能无法通过法律规定的证明责任分配的一般规则和证明责任倒置方法得到解决。当事人能否充分举证并不能成为法官拒绝裁判的正当理由。我们不能无视可能出现的新情况、新问题而一味固守僵化的规则。证明责任分配不当会直接阻碍当事人利益救济的实现，破坏案件的法律效果与社会效果，更影响诉讼中公平与公正价值的实现。所以，在环境侵权诉讼中，还应当赋予法官因果关系证明责任分配裁量权。

我国民事证据规定第 7 条的规定对法官在司法实践中创制证明责任规则的做法提供合法性支持，使其从"幕后"走向"前台"。然在我国语境下，以制定法方式普遍赋予法官证明责任配置裁量权可能为法官不当行使权力留下制度缺口。就我国目前阶段而言，应当对制定法赋予法官证明责任配置裁量权保持足够的谨慎甚至保守。审慎对待证明责任配置的法官自由裁量问题，有助于防止打着公平自由裁量旗号而严重违背现行法规则和精神的做法。

虽然现行立法确认的证明责任规范存在疏漏与缺失，但是法官必须在司法实践中予以严格适用，不得超出法律规定对证明责任分配问题进行任意处置，这也服务于法的可预测性和法安定性的考量。仅在例外情形，出现适用证明责任配置一般规则或倒置导致明显不公情况，为了实现程序平等、公平以及保护受害者的利益，法官可以在诉讼中根据案件的具体状况、证据情况以及确信程度，对具体证明责任予以分配。在特定情况下，法官甚至可以强化不负证明责任的当事人的证实责任。

---

① 黄松有：《民事证据司法解释的理解与适用》，中国法制出版社 2002 年版，第 43～44 页。

② ［美］弗里德曼：《选择的共和国：法律、权威与文化》，高鸿钧等译，清华大学出版社 2005 年版，第 5 页。

参考文献

一、著作类

1. 邵明:《现代民事诉讼基础理论》,法律出版社 2011 年版。
2. 杨严炎:《群体诉讼研究》,法律出版社 2010 年版。
3. 常怡:《外国民事诉讼法新发展》,中国政法大学出版社 2009 年版。
4. 汤维建等:《群体性纠纷诉讼解决机制论》,北京大学出版社 2008 年版。
5. 沈冠伶:《诉讼权保障与裁判外纷争处理》,北京大学出版社 2008 年版。
6. 中共中央马克思恩格斯列宁斯大林著作编译局:《马克思恩格斯全集》(第一卷),人民出版社 2008 年版。
7. 范跃如:《劳动争议诉讼特别程序原理》,法律出版社 2008 年版。
8. 季卫东:《正义思考的轨迹》,法律出版社 2007 年版。
9. 程汉大、李培锋:《英国司法制度史》,清华大学出版社 2007 年版。
10. 毕玉谦:《民事证明责任研究》,法律出版社 2007 年版。
11. 郭翔:《民事诉讼法关键词》,法律出版社 2006 年版。
12. 张卫平:《民事程序法研究(第二辑)》,厦门大学出版社 2006 年版。
13. 姜炳俊:《德国投资人示范诉讼新制》,载《迈入二十一世纪之民事法学研究》,台湾元照出版有限公司 2006 年版。
14. 陈刚:《自律型社会与正义的综合体系》,中国法制出版社 2006 年版。
15. 范跃如:《劳动争议诉讼程序研究》,中国人民大学出版社 2006 年版。
16. 江伟:《民事诉讼法专论》,中国人民大学出版社 2005 年版。
17. 邱联恭:《程序利益保护论》,台湾三民书局 2005 年版。
18. 范愉:《集团诉讼问题研究》,北京大学出版社 2005 年版。
19. 江伟:《〈中华人民共和国民事诉讼法〉修改建议稿(第三稿)及立法理由》,人民法院出版社 2005 年版。
20. 廖中洪:《民事诉讼法·诉讼程序篇》,厦门大学出版社 2005 年版。
21. 邵明:《民事诉讼法理研究》,中国人民大学出版社 2004 年版。
22. 郭星华:《法律与社会——社会学和法学的视角》,中国人民大学出版社 2004 年版。

23. 顾培东:《社会冲突与诉讼机制》,法律出版社 2004 年版。

24. 季卫东:《法律程序的意义:对中国法制建设的另一种思考》,中国法制出版社 2004 年版。

25. 廖中洪:《中国民事诉讼程序制度研究》,中国法制出版社 2004 年版。

26. 张卫平:《民事诉讼法》,法律出版社 2004 年版。

27. 樊崇义:《诉讼原理》,法律出版社 2003 年版。

28. 杨荣馨:《民事诉讼原理》,法律出版社 2003 年版。

29. 李可:《法学方法论》,贵州人民出版社 2003 年版。

30. 谭兵:《外国民事诉讼制度研究》,法律出版社 2003 年版。

31. 邓冰:《苏益群大法官的智慧——美国联邦法院经典案例选》,法律出版社 2003 年版。

32. 张卫平:《守望想象的空间》,法律出版社 2003 年版。

33. 胡玉鸿:《法学方法论导论》,山东人民出版社 2002 年版。

34. 王亚新:《对抗与判定》,清华大学出版社 2002 年版。

35. 徐昕:《英国民事诉讼与民事司法改革》,中国政法大学出版社 2002 年版。

36. 刘艳红:《开放的犯罪构成要件理论研究》,中国政法大学出版社 2002 年版。

37. 章武生:《民事简易程序研究》,中国人民大学出版社 2002 版。

38. 常怡:《比较民事诉讼法》,中国政法大学出版社 2002 年版。

39. 范愉:《ADR 原理与实务》,厦门大学出版社 2002 年版。

40. 王灿发:《环境纠纷处理的理论与实践》,中国政法大学出版社 2002 年版。

41. 黄松有:《民事证据司法解释的理解与适用》,中国法制出版社 2002 年版。

42. 黄茂荣:《法学方法与现代民法》,中国政法大学出版社 2001 年版。

43. 邱联恭:《程序选择权论》,台湾三民书局 2001 年版。

44. 陈新民:《德国公法学基础理论》,山东人民出版社 2001 年版。

45. 梁慧星:《民法解释学》,中国政法大学出版社 2000 年版。

46. 章武生:《司法现代化与民事诉讼制度构建》,法律出版社 2000 年版。

47. 何勤华:《西方法学史》(第三版),中国政法大学出版社 2000 年版。

48. 樊崇义:《诉讼法学新探》,中国法制出版社 2000 年版。

49. 金林祥:《20世纪中国教育学科的发展与反思》,上海教育出版社2000年版。

50. 吕忠梅:《环境法新视野》,中国政法大学出版社2000年版。

51. 曹明德:《环境侵权法》,法律出版社2000年版。

52. 蔡守秋:《环境资源法学教程》,武汉大学出版社2000年版。

53. 陈桂明:《程序理念与程序规则》,中国法制出版社1999年版。

54. 江伟:《民事诉讼法学原理》,中国人民大学出版社1999年版。

55. 季卫东:《法治秩序的建构》,中国政法大学出版社1999年版。

56. 杨一平:《司法正义论》,法律出版社1999年版

57. 左卫民、周长军:《刑事诉讼的理念》,法律出版社1999年版。

58. 姚辉:《民法的精神》,法律出版社1999年版。

59. 韩志红、阮大强:《新型诉讼——经济公益诉讼的理论与实践》,法律出版社1999年版。

60. 梁治平:《法律解释问题》,法律出版社1998年版。

61. 杨日然教授纪念论文集编辑委员会:《法理学论丛——纪念杨日然教授学术论文集》,台湾月旦出版社有限公司1997年版。

62. 邱联恭:《程序制度机能论》,台湾三民书局1996版。

63. 周枏:《罗马法原论》,商务印书馆1994年版。

64. 吕世伦:《西方法律思潮源流论》,中国人民公安大学出版社1993年版。

65. 邱联恭:《民事程序选择权的法理》,载《民事诉讼法之研究》(四),台湾三民书局1993年版。

66. 刘家琛:《诉讼及其价值论》,北京师范大学出版社1993年版。

67. 王强义:《民事诉讼特别程序研究》,中国政法大学出版社1993年版。

68. 蔡志方:《行政救济与行政法学》(一),台湾三民书局1993年版。

69. 陈兴良:《刑法哲学》,中国政法大学出版社1992年版。

70. 柴发邦:《体制改革与完善诉讼制度》,中国人民公安大学出版社1991年版。

71. 金明焕:《比较检察制度概论》,中国检察出版社1991年版。

72. 柴发邦:《体制改革与完善诉讼制度》,中国人民公安大学出版社1990年版。

73. 何孝元:《诚信原则与衡平方法》,台湾三民书局1977年版。

74. 徐朝阳:《中国古代诉讼法》,商务印书馆1927年版。

75. [美]罗斯科·庞德:《普通法的精神》,唐前宏、廖湘文、高雪原译,法律出版社 2010 年版。

76. [美]昂格尔:《现代社会中的法律》,吴玉章、周汉华译,译林出版社 2008 年版。

77. [美]弗里德曼:《选择的共和国:法律、权威与文化》,高鸿钧等译,清华大学出版社 2005 年版。

78. [美]约翰·亨利·梅利曼:《大陆法系》(第二版),顾培东、禄正平译,法律出版社 2004 年版。

79. [美]E.博登海默:《法理学:法哲学和方法》,邓正来译,中国政法大学出版社 2004 年版。

80. [美]史蒂文·苏本、玛格瑞特·伍:《美国民事诉讼的真谛——从历史、文化、实务的视角》,蔡彦敏、徐卉译,法律出版社 2002 年版。

81. [美]H.W.埃尔曼:《比较法律文化》,贺卫方、高鸿钧译,清华大学出版社 2002 年版。

82. [美]阿瑟·库恩:《英美法原理》,陈朝璧译,法律出版社 2002 年版。

83. [美]A.班杜拉:《思想和行动的社会基础——社会认知论》(上册),林颖等译,华东师范大学出版社 2002 年版。

84. [美]杰弗里·C.哈泽德、米歇尔·塔鲁伊:《美国民事诉讼法导论》,张茂译,中国政法大学出版社 1998 年版。

85. [美]彼德·G.伦斯特洛姆:《美国法律辞典》,贺卫方等译,中国政法大学出版社 1998 年版。

86. [美]理查德·A.波斯纳:《法律的经济分析》,蒋兆康译,中国大百科全书出版社 1997 年版。

87. [美]摩尔根:《古代社会》(上册),杨东苑等译,商务印书馆 1995 年版。

88. [美]伊恩·罗伯逊:《社会学》(上册),黄育馥译,商务印书馆 1994 年版。

89. [美]诺内特·塞尔兹尼克:《转变中的法律与社会》,张志铭译,中国政法大学出版社 1994 年版。

90. [美]科塞:《社会冲突的功能》,孙立平等译,华夏出版社 1988 年版。

91. [美]R.E.帕克、E.N.伯吉斯、R.D.麦肯齐:《城市社会学》,宋俊岭等译,华夏出版社 1987 年版。

92. [美]马斯洛:《动机的形成和个性》,王大安译,四川人民出版社 1985 年版。

93. [美]罗·庞德:《通过法律的社会控制·法律的任务》,沈宗灵、董世忠译,商务印书馆1984年版。

94. [日]中村宗雄、中村英郎:《诉讼法学方法论》,陈刚、段文波译,中国法制出版社2009年版。

95. [日]新堂幸司:《新民事诉讼法》,林剑锋译,法律出版社2008年版。

96. [日]高桥宏志、高田裕成:《新人事诉讼法与家庭裁判所实务》,有斐阁2003年版。

97. [日]谷口安平:《程序的正义与诉讼》(增补本),王亚新译,中国政法大学出版社2002年版。

98. [日]中村英郎:《新民事诉讼法释义》,陈刚、林剑锋、郭美松译,法律出版社2001年版。

99. [日]小岛武司:《诉讼制度改革的法理与实证》,陈刚、郭美松等译,法律出版社2001年版。

100. [日]小岛武司:《裁判外纷争处理与法的支配》,有斐阁2000年版。

101. [日]三月章、汪一凡:《日本民事诉讼法》,台湾五南图书出版公司1997年版。

102. [日]谷口安平:《程序的正义与诉讼》,王亚新、刘荣军译,中国政法大学出版社1996年版。

103. [日]兼子一、竹下守夫:《民事诉讼法》,白绿炫译,法律出版社1995年版。

104. [日]棚濑孝雄:《纠纷的解决与审判制度》,王亚新译,中国政法大学出版社1994年版。

105. [日]末川博:《法学辞典:简易诉讼程序》,日本评论社1973年版。

106. [英]弗·培根:《培根论文集》,张造勋译,中国社会科学出版社2011年版。

107. [英]梅因:《古代法》,沈景一译,商务印书馆2010年版。

108. [英]阿德里安 A. S. 朱克曼:《危机中的民事司法》,傅郁林译,中国政法大学出版社2005年版。

109. [英]布莱恩·巴里:《正义诸理论》,孙晓春、曹海军译,吉林人民出版社2004年版。

110. [英]凯特·斯丹德利:《家庭法》,屈广清译,中国政法大学出版社2004年版。

111. [英]拉尔夫·达仁道夫:《现代社会冲突》,林荣远译,中国社会科学出版社2000年版。

112.[英]约翰·巴罗:《不论:科学的极限与极限的科学》,李新洲译,上海科学技术出版社2000年版。

113.[英]边沁:《政府片论》,沈叔平译,商务印书馆1995年版。

114.[法]让·文森、塞尔日·金沙尔:《法国民事诉讼法要义》,罗结珍译,中国法制出版社2005年版。

115.[法]勒内·达维德:《当代主要法律体系》,漆竹生译,上海译文出版社1984年版。

116.[德]马克斯·韦伯:《经济与社会》,阎克文译,上海人民出版社2010年版。

117.[德]贡塔·托依布纳:《法律:一个自创生系统》,张琪译,北京大学出版社2005年版。

118.[德]米夏埃尔·施蒂尔纳:《德国民事诉讼法学文萃》,赵秀举译,中国政法大学出版社2005年版。

119.[德]考夫曼:《法律哲学》,刘幸义等译,法律出版社2004年版。

120.[德]卡尔·拉伦茨:《德国民法通论》(上册),王晓晔、邵建东、程建英、徐国建、谢怀栻译,法律出版社2003年版。

121.[德]罗尔夫·克尼佩尔:《法律与历史——〈德国民法典〉的形成与变迁》,朱岩译,法律出版社2003年版。

122.[德]伯恩哈德·格罗斯菲尔德:《比较法的力量与弱点》,孙世彦、姚建宗译,清华大学出版社2002年版。

123.[德]弗里德里希·卡尔·冯·萨维尼:《论立法与法学的当代使命》,许章润译,中国法制出版社2001年版。

124.[德]黑格尔:《法哲学原理》,范扬、张企泰译,法律出版社2001年版。

125.[德]马克斯·韦伯:《社会科学方法论》,杨富斌译,华夏出版社1999年版。

126.[德]卡尔·拉伦茨:《法学方法论》,陈爱娥译,台湾五南图书出版公司1996年版。

127.[意]莫诺·卡佩莱蒂:《比较法视野中的司法程序》,徐昕、王奕译,清华大学出版社2005年版。

128.[意]莫诺·卡佩莱蒂:《福利国家与接近正义》,刘俊祥等译,法律出版社2000年版。

129.[意]莫诺·卡佩斯蒂:《当事人基本程序保障与未来的民事诉讼》,徐昕译,法律出版社 2000 年版。

130. [俄]普列汉诺夫:《马克思主义的基本问题》,张仲实译,人民出版社 1957 年版。

131. [古罗马]盖尤斯:《法学阶梯》,黄风译,中国政法大学出版社 1996 年版。

132. Nancy K. Ku base k Gary S. Silverman, *Environmental Law*, New York: Pearson Education Inc, 2002.

133. Carlo Guarmier, Pariazia and Pederzoli and C. A. Thomas: *The Power of Judges: A Comparative Study of Courts and Democracy*, Oxford University Press, 2002.

134. Lord Templeman, Rosamund Reay Evidence, Old Bailey Press, 1999.

135. H. S. Maine, *Early Law and Custom*, Published by B. R. Pub. Corp, 1985.

136. Max Rümelin, etc, *The Jurisprudence of Interests*, Translated and Edited by M. Magdalena Schoch, Harvard Unniversity Press, 1948.

137. John Chipman Gray, *The Nature and Sources of the Law*, The Macmillan Company, 1931.

期刊论文:

1. 王亚新:《民事诉讼法修改中的程序分化》,载《中国法学》2011 年第 4 期。

2. 李义松、苏胜利:《环境公益诉讼的制度生成研究——以近年几起环境公益诉讼案为例展开》,载《中国软科学》2011 年第 4 期。

3. 郑贤宇:《我国环境公益诉讼原告资格的完善》,载《东南学术》2011 年第 4 期。

4 章武生:《非讼程序的反思与重构》,载《中国法学》2011 年第 3 期。

5. 王小钢:《论环境公益诉讼的利益和权利基础》,载《浙江大学学报(人文社会科学版)》2011 年第 3 期。

6. 彭世忠:《基层法院民事速裁改革的理论反观——以"中国特色社会主义法律体系形成"为背景》,载《求索》2011 年第 2 期。

7. 肖建国:《中国民事执行立法的模式选择》,载《当代法学》2011 年第 1 期。

8. 李爱年:《中国环境公益诉讼的立法选择》,载《法学杂志》2010 年第

8期。

9. 陈桂明、赵蕾:《中国特别程序论纲》,载《法学家》2010年第6期。

10. 杨治、李志芬:《对进一步完善民事速裁机制的调查与思考》,载《法律适用》2010年第5期。

11. 周翠:《〈侵权责任法〉体系下的证明责任倒置与减轻规范》,载《中外法学》2010年第5期。

12. 史志君、侯文飞:《保护未成年人子女利益的东方经验——社会关护员参与涉少家事案件调解的理论与实践》,载《青少年犯罪问题》2010年第2期。

13. 朱福勇:《发挥法官能动性保护未成年人权益》,载《理论探索》2010年第2期。

14. 霍海红:《证明责任配置裁量权之反思》,载《法学研究》2010年第1期。

15. 吴明童:《新中国民事诉讼法立法六十年》,载《公民与法》2009年第12期。

16. 郭美松:《日本人事诉讼法及其对我国的启示》,载《太平洋学报》2009年第11期。

17. 黄娟:《原理·传统·政策——民事诉讼法基本原则体系的一种类型化研究进路》,载《湘潭大学学报(哲学社会科学版)》2009年第6期。

18. 齐树洁、徐雁:《群体诉讼的困境与出路:示范诉讼制度的构建》,载人大书报资料中心《诉讼法学、司法制度》2009年第5期。

19. 杨飞雪:《民事审判中未成年人权益保护的问题及对策——以家事案件为视角》,载《天府新论》2009年第4期。

20. 刘卫先:《环境公益诉讼制度独立性的基础及其目的》,载《四川行政学院学报》2009年第3期。

21. 吴汉东:《中国知识产权法制建设的评价与反思》,载《中国法学》2009年第1期。

22. 齐树洁:《论外国司法改革经验之借鉴》,载《江苏行政学院学报》2009年第1期。

23. 王晓松、施忆:《平等语境下的未成年人权益最大化——司法能动性在少年民事审判中的回归》,载《今日中国论坛》2008年第10期。

24. 吕忠梅:《环境公益诉讼辨析》,载《法商研究》2008年第6期。

25. 吴泽勇:《群体性纠纷的构成与法院司法政策的选择》,载《法律科学——西北政法大学学报》,2008年第5期。

26. 蔡淑燕：《离婚案件中儿童利益最大化保护问题》，载《德州学院学报》2008年第5期。

27. 毛立华：《程序类型化理论：简易程序设置的理论根源》，载《法学家》2008年第1期。

28. 陈历幸：《论我国未成年人民事诉讼特别程序的构建》，载《少年司法》2008年第1期。

29. 肖建国、谢俊：《示范性诉讼及其类型化研究——以美国、英国、德国为对象的比较法考察》，载《法学杂志》2008年第1期。

30. 王雪梅：《从〈儿童权利公约〉的视角看中国儿童保护立法》，载《当代青年研究》2007年第10期。

31. 常纪文：《我国环境公益诉讼立法存在的问题及其对策——美国判例法的新近发展及其经验借鉴》，载《现代法学》2007年第9期。

32. 冯彦君、董文军：《中国应确立相对独立的劳动诉讼制度——以实现劳动司法的公正和效率为目标》，载《吉林大学社会科学学报》2007年第5期。

33. 夏吟兰：《离婚亲子关系立法趋势之研究》，载《吉林大学社会科学学报》2007年第4期。

34. 章武生：《论群体诉讼的表现形式》，载《中外法学》2007年第4期。

35. 廖中洪：《制定单行〈民事非讼程序法〉的建议与思考》，载《现代法学》2007年第3期。

36. 杨严炎：《示范诉讼的分析与借鉴》，载《法学》2007年第3期。

37. 吴修新：《独立民事速裁程序的制度探讨》，载《法律适用》2007年第3期。

38. 杨严炎：《共同诉讼抑或群体诉讼——评我国代表人诉讼的性质》，载《现代法学》2007年第2期。

39. 章武生、杨严炎：《我国群体诉讼的立法与司法实践》，载《法学研究》2007年第2期。

40. 吴勇：《可持续发展与环境诉讼的更新》，载《甘肃政法学院学报》2007年第3期。

41. 范跃如：《劳动争议诉讼审判机构研究》，载《法学家》2007年第2期。

42. 傅郁林：《分界·分层·分流·分类——我国民事诉讼制度转型的基本思路》，载《江苏行政学院学报》2007年第1期。

43. 张旭东：《环境民事公益诉讼法律制度研究》，载《北京邮电大学学报（社会科学版）》2007年第1期。

44. 刘敏：《论我国民事诉讼法修订的基本原理》，载《法律科学》2006年第4期。

45. 蔡仕朋：《法社会学视野下的行政纠纷解决机制》，载《中国法学》2006年第3期。

46. 任剑涛：《从冲突理论视角看和谐社会建构》，载《江苏社会科学》2006年第1期。

47. 丁钢全：《我国代表人诉讼制度的经济分析》，载《广州广播电视大学报》2006年第1期。

48. 郑尚元：《劳动争议案件审判制度比较与分析》，载《法律适用》2005年第10期。

49. 杜宇：《再论刑法上之类型化思维——一种基于'方法论'的扩展性思考》，载《法制与社会发展》2005年第6期。

50. 陈苇、谢京杰：《论"儿童最大利益优先原则"在我国的确立——兼论〈婚姻法〉等相关法律的不足及其完善》，载《法商研究》2005年第5期。

51. 王小钢：《环境法侵害排除和排除危害制度——从美、日、德相关诉讼制度的视角》，载《当代法学》2005年第3期。

52. 廖斌、郭云忠：《群体诉讼模式研究》，载《西南民族大学学报（人文社会科学版）》2005年第2期。

53. 姜素红：《程序正义及其价值分析》，载《湘潭大学学报（哲学社会科学出版）》2005年第1期。

54. 章武生：《民事简易程序改革的若干认识误区之剖析——兼论我国多元化民事简易程序体系的建构》，载《中国法学》2004年第6期。

55. 戚道孟：《论海洋环境污染损害赔偿纠纷中的诉讼原告》，载《中国海洋大学学报（社会科学版）》2004年第1期。

56. 王梅：《论环境公益诉讼机制的构建》，载《林业经济问题》2003年第6期。

57. 王福华：《我国检察机关介入民事诉讼之否定》，载《政治与法律》2003年第5期。

58. 谢佑平、万毅：《法内程序和法外程序——我国司法改革的盲点与误区》，载《学术研究》2003年第4期。

59. 李可：《类型思维及其法学方法论意义》，载《金陵法律评论》2003年第2期。

60. 刘敏：《裁判请求权与小额诉讼程序的构建》，载《学习与探索》2003年第 2 期。

61. 傅郁林：《繁简分流与程序保障》，载《法学研究》2003 年第 1 期。

62. 顾培东：《论我国民事权利司法保护的疏失》，载《法学研究》年 2002 年第 6 期。

63. 常怡、唐力：《民事再审制度的理性分析》，载《河北法学》2002 年第 5 期。

64. 何勤华：《法的移植与法的本土化》，载《中国法学》2002 年第 3 期。

65. 潘强、苏东：《司法解释：捍卫劳动者的合法权益——访中华人民共和国最高人民法院民一庭庭长黄松有》，载《中国社会保障》2001 年第 6 期。

66. 郑春燕：《论民众诉讼》，载《法学》2001 年第 4 期。

67. 范愉：《小额诉讼程序研究》，载《中国社会科学》2001 年第 3 期。

68. 陈刚、林剑锋：《论现代型诉讼对传统民事诉讼理论的冲击》，载《云南法学》2000 年第 4 期。

69. 刘作翔：《转型时期的中国社会秩序结构及其模式选择》，载《新华文摘》1999 年第 2 期。

70. 肖建华：《群体诉讼与我国代表人诉讼的比较研究》，载《比较法研究》1999 年第 2 期。

71. 苏力：《农村基层法院的纠纷解决与规则之治》，载《北大法律评论》1999 年第 1 期。

72. 景汉朝、卢子娟：《经济审判方式改革若干问题研究》，载《法学研究》1997 年第 5 期；

73. 赵钢、占善刚：《诉讼成本控制论》，载《法学评论》1997 年第 1 期。

74. 苏力：《法律活动专门化的法律社会学思考》，载《中国社会科学》1994 年第 6 期。

75. 王亚新：《论民事、经济审判方式的改革》，载《中国社会科学》1994 年第 1 期。

76. 季卫东：《法律程序的意义》，载《比较法研究》1993 年第 1 期。

77. [日]小岛武司：《现代型诉讼的意义、性质和特点》，载《西南政法大学学报》1999 年第 1 期。

78. [日]山本弘：《权利保护的利益概念的研究（二）》，法学协会杂志第 106 卷第 3 号(1989 年)。

图书在版编目(CIP)数据

民事诉讼程序类型化研究/张旭东著. —厦门:厦门大学出版社,2012.12
ISBN 978-7-5615-4437-2

Ⅰ.①民… Ⅱ.①张… Ⅲ.①民事诉讼-诉讼程序-研究-中国
Ⅳ.①D925.118

中国版本图书馆 CIP 数据核字(2012)第 243693 号

厦门大学出版社出版发行
(地址:厦门市软件园二期望海路 39 号　邮编:361008)
http://www.xmupress.com
xmup @ xmupress.com
厦门集大印刷厂印刷
2012 年 12 月第 1 版　2012 年 12 月第 1 次印刷
开本:720×970　1/16　印张:16.75　插页:2
字数:309 千字　印数:1~1 200 册
定价:39.00 元
本书如有印装质量问题请直接寄承印厂调换